utb 4450

Eine Arbeitsgemeinschaft der Verlage

Böhlau Verlag · Wien · Köln · Weimar
Verlag Barbara Budrich · Opladen · Toronto
facultas · Wien
Wilhelm Fink · Paderborn
A. Francke Verlag · Tübingen
Haupt Verlag · Bern
Verlag Julius Klinkhardt · Bad Heilbrunn
Mohr Siebeck · Tübingen
Nomos Verlagsgesellschaft · Baden-Baden
Ernst Reinhardt Verlag · München · Basel
Ferdinand Schöningh · Paderborn
Eugen Ulmer Verlag · Stuttgart
UVK Verlagsgesellschaft · Konstanz, mit UVK/Lucius · München
Vandenhoeck & Ruprecht · Göttingen · Bristol
Waxmann · Münster · New York

Andreas Hirsch-Weber
Stefan Scherer

Wissenschaftliches Schreiben und Abschlussarbeit in Natur- und Ingenieurwissenschaften

Grundlagen – Praxisbeispiele – Übungen

Mit Beiträgen von
Beate Bornschein, Evelin Kessel, Lydia Krott und Simon Lang
unter Mitarbeit von Sarah Gari

42 Abbildungen
13 Tabellen

Verlag Eugen Ulmer Stuttgart

Andreas Hirsch-Weber, M. A., Leiter des Schreiblabors des House of Competence am Karlsruher Institut für Technologie. Er entwickelt dort Lehr- und Forschungskonzepte zum wissenschaftlichen Schreiben in den MINT-Fächern. Medien- und literaturwissenschaftliche Lehraufträge an der Hochschule für Wirtschaft und Technik Karlsruhe und Musikhochschule Karlsruhe. Veröffentlichungen zu Ludwig Tieck (2009), wissenschaftlichen Arbeitstechniken des Germanistikstudiums (2011), Hermann Kinder (2012), Erzählverfahren in Fernsehserien (2014) und zum wissenschaftlichen Schreiben (2015).

Stefan Scherer, Prof. Dr. phil., Professor für Neuere deutsche Literaturwissenschaft am Karlsruher Institut für Technologie, Wissenschaftlicher Leiter des Schreiblabors am KIT; Teilprojektleiter der DFG-Forschergruppe *Ästhetik und Praxis populärer Serialität* (zus. mit Claudia Stockinger). Monographien: *Richard Beer-Hofmann und die Wiener Moderne* (1993), *Witzige Spielgemälde* (2003), *Einführung in die Dramen-Analyse* (2. Aufl. 2013), *Förderalismus in Serie* (2014, zur ARD-Reihe *Tatort*, zus. mit Christian Hißnauer, Claudia Stockinger); aktuelle Forschungsschwerpunkte: Mediensozialgeschichte der literarischen Form; Literatur- und Kulturzeitschriften; ‚Synthetische Moderne' (1925–1955).

Bibliografische Information der Deutschen Nationalbibliothek
Die Deutsche Nationalbibliothek verzeichnet diese Publikation in der Deutschen Nationalbibliografie; detaillierte bibliografische Daten sind im Internet über http://dnb.d-nb.de abrufbar.

Das Werk einschließlich aller seiner Teile ist urheberrechtlich geschützt. Jede Verwertung außerhalb der engen Grenzen des Urheberrechtsgesetzes ist ohne Zustimmung des Verlages unzulässig und strafbar. Das gilt insbesondere für Vervielfältigungen, Übersetzungen, Mikroverfilmungen und die Einspeicherung und Verarbeitung in elektronischen Systemen.

© 2016 Eugen Ulmer KG
Wollgrasweg 41, 70599 Stuttgart (Hohenheim)
E-Mail: info@ulmer.de
Internet: www.ulmer.de
Lektorat: Sabine Mann
Herstellung: Jürgen Sprenzel
Umschlaggestaltung: Atelier Reichert, Stuttgart
Satz und Zeichnungen: Bernd Burkart; www.form-und-produktion.de
Druck und Bindung: Graphischer Großbetrieb Friedr. Pustet, Regensburg
Printed in Germany

UTB Band-Nr. 4450
ISBN 978-3-8252-4450-7

Inhalt

Anfangen – Einen Ansatz überlegen und ein Konzept erarbeiten. . . . 7

1	**Ein Abschlussarbeitsprojekt planen** *Simon Lang*	11
1.1	Ein Abschlussarbeitsprojekt mit dem/der Betreuer/in vorbereiten.	12
1.2	Arbeitsaufgaben definieren	18
1.3	Zeit einteilen.	23
1.4	Einen Projektablaufplan schreiben	32

2	**Themen organisieren** *Andreas Hirsch-Weber, Stefan Scherer*	43
2.1	Thema eingrenzen	44
2.2	Eigenes Forschungsvorhaben darstellen und begründen. . .	46
2.3	Forschungsstand ermitteln (Informationskompetenz)	49
	Exkurs: Psychologie des Betreuers/der Betreuerin	55
2.4	Forschungsliteratur strategisch lesen („rastern' und genau lesen)	56
2.5	Wie Betreuer/innen Ihre Abschlussarbeit lesen	59
2.6	Projektskizze anlegen und mit dem/der Betreuer/in absprechen	63

3	**Texte gliedern** *Evelin Kessel*	66
3.1	Standardgliederung auswählen	67
3.2	Gliederung an das Thema anpassen.	71
3.3	Die Teile einer Abschlussarbeit inhaltlich strukturieren . . .	80
3.4	Das Inhaltsverzeichnis formulieren	86

4	**Texte wissenschaftlich formulieren** *Andreas Hirsch-Weber*. .	92
4.1	Beschreiben und Argumentieren	93
4.2	Stil und Sprache im wissenschaftlichen Text	96
4.3	Einleitung schreiben und Fazit schreiben.	107
	Exkurs: Abstract schreiben *Stefan Scherer*.	110

5	**Tabellen und Abbildungen erstellen** *Beate Bornschein*	113
5.1	Daten darstellen	114
5.2	Aussagekräftige Tabellen erstellen	117
5.3	Vom Vergleichstyp zum Diagrammtyp	122
5.4	Diagramme erstellen	126
5.5	Aufbauten, (Mess-)Methoden und Prozesse visualisieren	135
5.6	Tabellen und Abbildungen formal einbinden und beschriften	139
	Exkurs: Visuelle Wahrnehmung im Abschlussvortrag	140
6	**Quellen zitieren** *Evelin Kessel*	143
6.1	Paraphrasieren	145
6.2	Quellen in den Text einbeziehen	151
	Exkurs: Direkt zitieren?	168
6.3	Abbildungen und Tabellen einbinden *Beate Bornschein*	169
6.4	Gute wissenschaftliche Praxis *Andreas Hirsch-Weber*	173
7	**Verzeichnisse und Anhänge erstellen** *Lydia Krott*	177
7.1	Bestandteile von Literaturangaben	178
7.2	Literaturverzeichnis	184
7.3	Weitere Verzeichnisse	192
7.4	Anhänge	194
8	**Texte prüfen** *Lydia Krott*	197
8.1	Checkliste Korrekturkriterien	198
8.2	Inhalt und Logik	200
8.3	Ausdruck und Stil	201
8.4	Formale Kriterien	204

… und dann? 209

Sachverzeichnis 211

Anfangen – Einen Ansatz überlegen und ein Konzept erarbeiten

Immer wenn wir im Schreiblabor des House of Competence (HoC) am Karlsruher Institut für Technologie (KIT) Seminare oder Workshops zum wissenschaftlichen Schreiben in den Natur- und Ingenieurwissenschaften geben, befragen wir in der ersten Seminarstunde unsere Teilnehmer/innen, was denn ihre Motivation sei, sich mit diesem Thema zu beschäftigen. Es handelt sich bei diesen Kursen in der Regel nicht um Pflichtveranstaltungen. Die Studierenden kommen vielmehr freiwillig zu unseren Veranstaltungen, so dass sich die Frage stellt, was sie sich von diesen Angeboten versprechen.

Die Antworten zeigen ein recht weites Spektrum auf. Viele wollen wissen, wie man ein größeres Schreibprojekt beginnt – genauer gesagt diejenigen, die vor ihrer ersten Abschlussarbeit stehen. Schließlich sei es lange her, so sagen sie, dass man einen längeren Text geschrieben habe. Dabei fallen Schlagworte wie *Struktur, Gliederung, Selbstdisziplin* oder *Selbstorganisation*. Andere wiederum erwarten Antworten auf ganz konkrete Fragen: *Wie zitiere ich? Wie drücke ich mich aus? Wo könnte ich ein Plagiat begehen?* Erfahrenere Studierende gehen dagegen eher davon aus, dass der Umgang mit dem Betreuer oder der Betreuerin bei der Abfassung der Qualifikationsschrift Probleme mit sich bringen könnte. Jedenfalls möchten unsere Studierenden fast durchweg wissen, was sie wie richtig machen müssen und welches Vorgehen objektiv falsch ist.

An diesem Punkt müssen wir sie immer wieder ein wenig enttäuschen: Wir wissen es bis ins letzte Detail selbst nicht genau. Denn wissenschaftliches Schreiben ist weit weniger auf Normen und Regeln festgelegt, als viele glauben: Die Regeln, die für ihre Abschlussarbeit gelten, können in einem anderen Fach, an einem anderen Lehrstuhl oder an einer anderen Universität eben verschieden sein. Vielleicht gibt es auch deswegen so viele Ratgeber zum wissenschaftlichen Schreiben. Das Feld ist jedenfalls unübersichtlich, und es produziert ein ebenso unübersichtliches Angebot an Ratgeberliteratur. Warum also dieses Buch?

Als wir im Jahr 2012 unsere Arbeit am Schreiblabor aufnahmen, standen wir vor dem Problem, dass wir Unterrichtsmaterial für unsere Seminare brauchten. ‚Wir', das ist unter anderem das Autorenteam dieses Buches. Es besteht aus studentischen Peer-Tutoren/Tutorinnen (Evelin Kessel, Lydia Krott, Simon Lang und Sarah Gari) sowie aus Wissenschaftlern und Wissenschaftlerinnen, genauer aus einem wissenschaftlichen Mitarbeiter (Andreas Hirsch-Weber), einer leitenden Wissenschaftlerin (Beate Bornschein) und einem Professor (Stefan Scherer) des KIT. Ziel unserer Einrichtung ist es, Studierenden *aller* Disziplinen am KIT Schreibkompetenzen zu vermitteln. Das Schreiblabor wurde im Übrigen auch deshalb gegründet, weil die Vertreter/innen der verschiedenen Fächer im Zuge der Bologna-Reform bemerkten, dass die schriftlichen Arbeiten der Studierenden – sagen wir – verbesserungswürdig sind. Das KIT ist eine Technische Universität, unsere Hauptzielgruppe bilden daher Studierende der Natur- und Ingenieurwissenschaften. Obwohl wir bereits einige Erfahrungen in der Vermittlung von Schreibkompetenzen für bestimmte Fächer hatten, sahen wir es als unsere Aufgabe an, ein Angebot zu schaffen, das alle Disziplinen unserer Universität berücksichtigt. Dafür sondierten wir viele der bereits vorhandenen Ratgeber, wir recherchierten in Aufsätzen der Schreibforschung und Schreibdidaktik, vor allem aber sprachen wir mit zahlreichen Fachvertretern und -vertreterinnen darüber, welches Angebot sie für die je eigenen Anforderungen des Fachs angebracht hielten. Recht zügig bemerkten wir, dass es so einfach nicht sein würde, ein sowohl überfachliches als auch disziplinspezifisches Angebot einzurichten.

Soweit wir das Feld jetzt überblicken, besteht das Hauptproblem in der Vermittlung von Schreibkompetenzen in den Natur- und Ingenieurwissenschaften darin, konkrete Hinweise zum wissenschaftlichen Schreiben (z. B. zu Arbeitstechniken) in den gesamten Schreibprozess zu integrieren. Bei den von uns recherchierten Ratgebern erkannten wir, dass die jeweiligen Autoren/Autorinnen entweder den Schreibprozess thematisieren und dazu wertvolle Anleitungen geben oder dass sie sich darauf beschränken, im Detail Anweisungen zu formulieren, wie beispielsweise Zitiernormen anzuwenden sind. Eine Kombination dieser beiden Zugänge fanden wir nicht vor. Genau diese Verbindung, die **Herstellung von Bezügen** zwischen **allgemeinen Ratschlägen zum Schreibprozess** und Mitteilung **konkreter Regeln in Detailfragen,** führt jedoch nach unserer Erfahrung erst zu jener Kompetenz, die sich für Studierende unserer Zielgruppe als besonders schwer zu erwerben und insofern als herausfordernd darstellt. So kann es z. B. unseres Erachtens nur sinnvoll sein, sich mit Zitiernormen zu beschäftigen, wenn man auch versteht, welchen Zweck Literaturangaben in jeweils verschiedenen Teilen einer Arbeit einnehmen.

Nicht zuletzt ergibt sich aus diesen Aspekten eine vielleicht noch wichtigere Frage: *Wie gehe ich mit dem/der Betreuer/in bei Problemen zwischen allgemeinem Konzept und konkreten Fragen um, wenn ich mir unsicher bin?* Um dies beantworten zu können, gründeten wir Projektteams, die den Auftrag hatten, sowohl disziplinspezifisches als auch schreibtheoretisches Unterrichtsmaterial so aufzuarbeiten, dass es Studierende bei der Abfassung einer Abschlussarbeit anleiten kann. In diesen Projekten arbeiteten wir auch deswegen produktiv, weil wir in offenen Dialogsituationen viel streiten konnten: Es zeigte sich, dass jede/r Fachwissenschaftler/in sehr häufig ganz eigene Vorstellungen von einem guten wissenschaftlichen Text hat. Die Ergebnisse der Projektarbeit, die im konkreten Unterrichtsmaterial verarbeitet wurden, stellten dann entsprechend Kompromisse dar – mit der Folge, dass sich unser Unterricht als ein Balanceakt zwischen normativen Vorgaben und generellen Hinweisen zum Schreibprozess gestaltete.

Über mehrere Semester hinweg konnten wir gemeinsam an den Seminarinhalten weiterarbeiten und begannen, das Material auch für Onlineangebote aufzubereiten. Es durchlief auf diese Weise unzählige Korrekturgänge. Auch dadurch wurde die Akzeptanz unserer Arbeit seitens der kooperierenden Institute und Fakultäten größer, bis wir teilweise sogar den Bedarf an neuen Kooperationen nicht mehr decken konnten. So entstand – ermuntert durch die große Resonanz auf unsere Projekttätigkeit – die Idee für dieses Buch mit dem Ziel, unser Lehrmaterial zu standardisieren und einer breiteren Öffentlichkeit über unsere Universität hinaus zugänglich zu machen.

Wir bemerkten dabei, dass wir eine Fülle von Material erarbeitet hatten, das in dieser Form in keinem anderen Ratgeber zu finden ist. Durch unseren Ansatz, **schreibnahe Arbeitstechniken** bei Würdigung der **spezifischen Anforderungen** und Wünsche der **Disziplinen** selbst zu ermitteln, aufzubereiten und in didaktische Konzepte der Schreibforschung zu integrieren, hatten wir einen Grundstein gelegt. Allerdings fiel das Material teilweise dermaßen differenziert aus, dass wir erkannten, wiederum nur im Team einen Schreibratgeber verfassen zu können. Daraus resultiert das Autorenteam dieses Buches, das sich auch aus Peer-Tutoren und Peer-Tutorinnen des Schreiblabors rekrutiert, die bei der Erarbeitung der Materialbasis bereits stark eingebunden waren.

Aus diesem Vorgehen ergab sich schließlich eine ganz eigene Sichtweise: Wir möchten Ihnen nämlich sowohl **aus studentischer Sicht** als auch **aus Sicht der Wissenschaft**, d. h. des akademischen Mittelbaus (der Perspektive Ihrer ersten Betreuer/innen) und des Professors/der Professorin (der Perspektive Ihrer entscheidenden Instanz der Notengebung) Hinweise über Vorgaben und Strategien zu Ihrer Abschlussarbeit liefern. Gerade diese geteilte Autorschaft in den einzelnen Unterkapiteln bietet uns die Möglichkeit, Ihnen auf Basis des geschilderten Materials Schreibkompetenzen in doppelter Hinsicht zu vermitteln: einerseits auf **Augenhöhe mit Ihnen als Studierenden,** andererseits aber auch im Blick auf **Erwartungshaltungen Ihrer Betreuer/innen** je nach Stellung in der universitären Hierarchie.

Vorliegendes Buch hat damit zum Ziel, Hinweise zum Schreibprozess mit konkreten arbeitstechnischen Vorgaben zu verbinden. Diesen Anspruch verfolgen wir in allen Kapiteln des Bandes. Dennoch hat es sich als praktikabel erwiesen, dass die ersten beiden Kapitel eher den theoretischen und prozessualen Aspekt in den Vordergrund stellen, während die nachfolgenden Kapitel (3–8) eher konkrete Arbeitsanweisungen geben. Dabei haben wir versucht, die Kapitel in die Reihenfolge zu bringen, die der **Chronologie Ihres Arbeitsprozesses** selbst entspricht: Es beginnt mit der Aufnahme Ihres Abschlussarbeitsprojekts (Kap. 1) und reicht bis zur abschließenden Korrektur des Textes (Kap. 8). Diesen Arbeitsprozess im Fortgang des Ratgebers selbst zu simulieren, ist uns nicht in jeder Hinsicht völlig gelungen, gerade weil einige Themen parallel oder auch wiederholt bearbeitet werden müssen. Dennoch verfolgen wir das Ziel, dass Sie unser Buch **sowohl vorbereitend als auch begleitend zu Ihrem Arbeitsprozess** nutzen können. Neben allgemeinen Darstellungen der jeweils zentralen Aspekte gibt es in den Kapiteln nämlich immer wieder auch **Übungseinheiten**, in denen Sie die gewonnenen Einsichten praktisch erproben können. Die Übungen können Ihnen also dazu dienen, für sich selbst zu überprüfen, ob Sie dazu in der Lage sind, den jeweiligen Hinweisen entsprechend zu handeln. Auch hier setzen wir auf Ihre Selbsttätigkeit. Denn nur mit dieser Fähigkeit, die notwendigen Schritte eigenständig einschätzen zu lernen, wird Ihnen der Sinn unserer Empfehlungen einleuchten.

Beachten Sie jedoch, dass wir mit diesem Band in viele Themengebiete lediglich einführen können, indem wir Sie für bestimmte Fragestellungen sensibilisieren. Wir bitten Sie daher um Nachsicht, wenn unsere Hinweise nur zum Teil auf Ihre Situation zutreffen. Berücksichtigen Sie zudem, dass alle Autoren/Autorinnen dieses Ratgebers an einer einzigen Universität arbeiten. Durch unsere Kooperationspartner haben wir zwar auch die Perspektive anderer Fachhochschulen und Universitäten im Blick, aber wir können hierzu nicht aus eigener Erfahrung sprechen. Umso wichtiger ist es, dass Sie für alle Kapitel stets bedenken, dass Ihr/e Betreuer/in die wichtigste und letzte Instanz der Beratung für Ihre Abschlussarbeit darstellt.

Wir danken Rike Beuster, Kristina Kapitel, Simon Niemes, Benjamin Unger, Anette Schmitt, Sebastian Staudt, Katharina Ollendorff, Florian Oswald und Silvia Woll für die zahlreichen hilfreichen Beispiele und Recherchen für unser Buch. Michael Stolle danken wir für die institutionelle Unterstützung durch das House of Competence, ohne die dieser Band nicht möglich gewesen wäre.

1 Ein Abschlussarbeitsprojekt planen *Simon Lang*

Mit dem Abschlussarbeitsprojekt beginnt die letzte Phase Ihres Studiums. Hier stellen Sie unter Beweis, dass Sie wissenschaftlich arbeiten können. In einem festgelegten Zeitraum folgen Sie entweder einer vorgegebenen Fragestellung oder entwickeln diese selbstständig. Dazu führen Sie Untersuchungen nach Maßgaben Ihrer Fachdisziplin durch, deren Ergebnisse Sie anschließend in einem wissenschaftlichen Text darstellen. Gerade als Studierende/r der Natur- und Ingenieurwissenschaften stehen Sie dabei vor dem Problem, dass Sie über lange Zeit Ihres Studiums hinweg hauptsächlich Prüfungen in Form von Klausuren erbringen: d. h. in Formen, in denen Sie zwar bereits schreiben, aber in der Regel eher nur Gelerntes wiedergeben. Sie werden beim Abschlussarbeitsprojekt also mit der Aufgabe konfrontiert, das erste Mal einen längeren Text selbstständig zu verfassen, dessen Inhalte Sie eigenständig erarbeitet haben und nachvollziehbar machen müssen.

In diesem Kapitel zeigen wir Ihnen auf, welche Anforderungen das Abschlussarbeitsprojekt mit sich bringt. Es bietet Ihnen vor allem Hilfestellungen, wie Sie mit Ihrer Zeit ökonomisch umgehen können, indem wir Ihnen erläutern, wie der gesamte Arbeitsprozess vor Beginn dieses Projekts strukturiert werden kann. Bevor wir damit beginnen, müssen wir zunächst zwei grundlegende Begriffe klären, die wir in unserem Ratgeber verwenden:

> Als **Abschlussarbeitsprojekt** versteht dieser Ratgeber alle Tätigkeiten, die im Rahmen Ihrer Abschlussarbeit anstehen. Folgende Arbeitsblöcke sind in der Regel in jedem Abschlussarbeitsprojekt zu bewältigen:
> - *Vorbereitung des Projekts und thematische Einarbeitung,*
> - *Vorbereitung und Durchführung der praktischen und/oder theoretischen Untersuchung,* in der Sie Daten erheben (z. B. Laborversuch, Computersimulation, Literaturrecherche etc.),
> - *Schreibarbeit* am Text,
> - gegebenenfalls *Präsentation und Diskussion* Ihres Projekts im Rahmen einer abschließenden Prüfung.

Der Text, in dem Sie die Befunde der Untersuchung formulieren und den Sie am Ende einreichen, wird hier **Abschlussarbeit** genannt. Er bezieht sich folglich auf den dritten Arbeitsblock im gesamten Abschlussarbeitsprojekt.

Rahmen des Abschlussprojekts

Vorliegendes Kapitel stellt den Rahmen eines Abschlussarbeitsprojekts vor: Eine solche Planung ist als Ganzes unabdingbar, denn sie bildet die Grundlage für ein systematisches Arbeiten, die Ihnen dabei hilft, die Abschlussarbeit in einem festgelegten Zeitraum erfolgreich abschließen zu können.

Zunächst zeigen wir, dass es vor dem Arbeitsbeginn notwendig ist, sich einen **Überblick** über mögliche **Teilaufgaben des Abschlussarbeitsprojekts** zu verschaffen. Zu beachten ist dabei, dass jedes Abschlussarbeitsprojekt individuell geplant werden muss. Mit anderen Worten müssen Sie als Bearbeiter/in in enger Abstimmung mit Ihrem/Ihrer Betreuer/in vorausschauend handeln.

Bearbeitungszeitraum

In einem zweiten Schritt ist es nötig, den Bearbeitungszeitraum so einzuteilen, dass im Arbeitsprozess flexibel Anpassungen vorgenommen werden können. Nicht jede Aufgabe benötigt gleich viel Zeit, vor allem aber können sich an verschiedenen Stellen des Arbeitsprozesses Verzögerungen ergeben. Wir formulieren hier also Vorschläge, wie Sie Ihr **Abschlussarbeitsprojekt vor dem Bearbeitungszeitraum planen können**. Schon vor dem Beginn sollten Sie abschätzen können, zu welchem Zeitpunkt es während der Bearbeitungszeit sinnvoll ist, sich z. B. auf das Experiment, die Computersimulation oder die Literaturrecherche in Ihrem Abschlussarbeitsprojekt zu konzentrieren. Darüber hinaus sollten Sie erkennen, welche Vorarbeit Sie für das Schreiben wann leisten und zu welchem Zeitpunkt Sie dann hauptsächlich am Text selbst arbeiten können.

1.1 Ein Abschlussarbeitsprojekt mit dem/der Betreuer/in vorbereiten

Anhand eines Abschlussarbeitsprojekts zeigen Sie, dass Sie **selbstständig wissenschaftlich arbeiten** können, indem Sie ein Thema Ihres Fachbereichs wählen und sich mit diesem Thema gemäß den Standards Ihrer Disziplin auseinandersetzen.

Themenwahl als autonome Entscheidung

Die Wahl des Themas für das Abschlussarbeitsprojekt ist für viele Studierenden der Natur- und Ingenieurwissenschaften die **erste autonome Entscheidung** im Verlauf ihres Studiums (vgl. Kap. 2.1). Indem Sie sich in ein Thema einarbeiten und einen fachlichen Schwerpunkt setzen, schaffen Sie womöglich auch Grundlagen für die Zeit nach der Universität oder für Ihren akademischen Fortgang – sei es in Bezug auf ein

Masterstudium, auf eine daran anschließende Promotion oder eben für die Berufswelt.

Die Suche nach einem Thema sollte ohne Zeitdruck geschehen, damit Sie die Möglichkeit haben, nach Alternativen Ausschau zu halten, falls sich die Umsetzung Ihrer ursprünglichen Pläne als schwierig erweist. Realistisch gesehen fangen Sie einen Monat oder zwei Monate vor dem tatsächlichen Arbeitsbeginn mit dieser Suche an.

Suche nach einem Thema

In den Natur- und Ingenieurwissenschaften werden die **Themen für das Abschlussarbeitsprojekt** sehr häufig **ausgeschrieben**. An vielen Hochschulen und Universitäten findet dabei insbesondere an großen Fakultäten geradezu ein Wettbewerb um (die besten) Studierenden statt. Es kann aber auch vorkommen, dass sich mehrere Studierende auf ein Bachelor- oder Masterprojekt bewerben, so dass ein eigenes Bewerbungsverfahren notwendig wird. Vorschläge und Angebote für Abschlussarbeitsprojekte ermitteln Sie beispielsweise durch:

- Ausschreibungen auf den Websites der Lehrstühle, Abteilungen und Institute der Hochschule bzw. Universität oder von Firmen,
- Firmenkontakte der Lehrstühle, Abteilungen und Institute,
- Aushänge der Lehrstühle, Abteilungen und Institute,
- direkte Anfrage bei Doktoranden oder Professoren,
- Aushänge und Angebote auf Fach- bzw. Kontaktmessen.

Im Regelfall wird eine mehr oder weniger konkrete Aufgabenstellung geboten. Anhand der Ausführlichkeit des Ausschreibungstexts können Sie das Thema bereits einschätzen (zum Umgang mit einem Thema und einer Aufgabenstellung vgl. Kap. 2.1). Haben Sie ein Thema gefunden, das Ihr Interesse geweckt hat und dem Sie sich gewachsen fühlen, sollten Sie sich zunächst ein paar Tage Bedenkzeit nehmen, bevor Sie sich dafür oder dagegen entscheiden. Beachten Sie dabei folgende Faktoren: Sind die Umstände, in denen ein Abschlussarbeitsprojekt angegangen werden kann, für mich geeignet, oder gibt es Anforderungen, die meiner Arbeitsweise nicht entsprechen?

Falls Sie Ihr Abschlussarbeitsprojekt in einer **Firma** oder einem **Forschungsinstitut außerhalb der Universität** angehen möchten, sollten Sie mehr Zeit einplanen, da hier gegebenenfalls Bewerbungsfristen für ausgeschriebene Projekte einzuhalten sind. Zu berücksichtigen ist dabei zudem, dass für eine externe Abschlussarbeit ein/e Professor/in und die Fakultät Ihrer Universität oder Hochschule als offizielle Aufgabensteller einzubeziehen sind. Sie sollten diese deshalb von Beginn an oder sogar schon vor der Bewerbung über Ihre Pläne informieren. Insofern erfordert eine externe Abschlussarbeit gut abgestimmte Absprachen, die Sie genauer koordinieren müssen als eine Arbeit, die allein über Ihre/n Professor/in bei der Fakultät eingereicht wird. Möglicherweise kommen dabei Interessen und Erwartungen auf Sie zu, die sich widersprechen. In diesem Fall ist ein diplomatisches Vorgehen Ihrerseits nötig, da Sie für Ihr Projekt die Verantwortung tragen und mögliche Kon-

Themen in einer Firma oder einem nicht-universitären Forschungsinstitut

Betreuung des Abschlussarbeitsprojekts

sequenzen bei nicht abgestimmten Absprachen auf Sie zurückfallen können.

Indem Sie ein Abschlussarbeitsprojekt übernehmen, bekommen Sie die Gelegenheit, sich auch in großen Massenfächern bemerkbar zu machen: Sie rücken gewissermaßen näher an die Lehrenden, denn Sie arbeiten jetzt selbstständig wissenschaftlich, bleiben dabei aber nicht für sich, weil Sie von einer oder mehreren Person(en) aus der akademischen Forschung **betreut** werden. Diese Personen sind entweder Doktoranden/Doktorandinnen, Postdocs (d. h. Wissenschaftler/innen nach einer absolvierten Promotion) oder Professoren/Professorinnen und für Ihr Projekt in zweierlei Hinsicht relevant:

- Erstens werden sie Ihr **Projekt fachlich begleiten**, d. h. sie sollen Ansprechpartner/innen sein, beratende Funktionen übernehmen und gegebenenfalls Rückmeldung zu Ihren (Zwischen-)Ergebnissen geben.
- Zweitens absolvieren Sie bei den betreuenden Personen mit dem Abschlussarbeitsprojekt die letzte Prüfungsleistung Ihres Studiums, d. h. diese stellen Ihnen mit dem Projekt eine Aufgabe und **bewerten die geleistete Arbeit** oder tragen zur Bewertung maßgeblich bei.

Unterschiede in den Betreuungsverhältnissen

Das Betreuungsverhältnis kann sich unterschiedlich gestalten. Verschiedene Szenarien sind möglich, von denen wir nachfolgend drei Varianten herausstellen. Ausgangspunkt dieser Unterscheidung ist die Tatsache, dass zur abschließenden Notenvergabe ausschließlich Professoren/Professorinnen an einer Universität oder Hochschule berechtigt sind, während Sie bei Ihrem Abschlussarbeitsprojekt selbst auch von weiteren Personen betreut werden können:

- **Szenario 1:** Ein/e Professor/in Ihrer Hochschule oder Universität stellt Ihnen offiziell die Aufgabe Ihres Projekts und begleitet Sie fachlich während der Bearbeitung. In mehreren Arbeitstreffen stellen Sie Ihre Ergebnisse vor und beraten mit dieser Person das weitere Vorgehen. Es ist dabei auch möglich, dass Sie diese Person während der Bearbeitung aus bestimmten Gründen (z. B. wegen Beteiligung an größeren Forschungsprojekten) nicht treffen können und daher nur per E-Mail oder Telefon erreichen.
- **Szenario 2:** Ein/e Professor/in Ihrer Hochschule oder Universität ist der offizielle Aufgabensteller Ihres Abschlussarbeitsprojekts, begleitet Sie aber selbst nicht aktiv bei der Bearbeitung. Dies übernimmt z. B. ein/e Doktorand/in des Professors/der Professorin, der/die Sie dann direkt betreut und insofern auch die Beurteilung Ihrer Arbeit maßgeblich bestimmen kann, indem er/sie nach Projektabschluss einen Notenvorschlag macht. Der/die Professor/in übernimmt die abschließende Begutachtung und legt die Note fest.
- **Szenario 3:** Ihr Abschlussarbeitsprojekt ist in ein größeres Forschungsvorhaben Ihrer Hochschule oder Universität (eventuell mit externen Partnern) eingebunden. Wissenschaftler/innen unter-

schiedlicher akademischer Grade sind daran beteiligt, indem sie eine Arbeitsgruppe bilden. Diese Gruppe ist hierarchisch organisiert, und Sie als Studierende/r werden von einem Doktoranden/einer Doktorandin betreut. Es kann dabei sein, dass Sie Ihre Ergebnisse in Projekttreffen auch Senior-Betreuern bzw. -Betreuerinnen (z. B. Postdocs) präsentieren müssen. Die Gruppe wird von einem/einer Professor/in geleitet, der/die wiederum die Note gibt.

Es können also verschiedene Personen an der Betreuung beteiligt sein. Als Betreuer/innen gelten dabei sowohl ein/e Doktorand/in, die Sie während der Bearbeitung begleitet, als auch ein/e Professor/in, selbst wenn er/sie lediglich die Aufgabe stellt.

Was ist ein/e Betreuer/in?

Die häufigsten beteiligten Personen an einem Abschlussarbeitsprojekt sind der/die:
- Professor/in (gibt Note und betreut)
- Postdoc-/Senior-Betreuer/in (schlägt Note vor und betreut)
- Externe/r Betreuer/in (betreut z. B. aus Unternehmensperspektive, gibt in der Regel keine Note, stellt aber ein unabhängiges Arbeitszeugnis aus und steht im Optimalfall in Kontakt mit dem/der universitären Betreuer/in)
- Doktorand/in (betreut und gibt eventuell Notenempfehlung ab)
- Technisches Personal (arbeitet den Projektbeteiligten zu)
- Bearbeiter/in (Sie selbst)

Für die Szenarien 2 und 3 gilt zumindest in den großen Fächern: Je höher die akademische Stellung der Betreuenden ist, desto weiter sind diese von Ihnen als Bearbeiter/in entfernt. Um diese Verhältnisse einschätzen und klären zu können, sollten Sie vor Arbeitsbeginn Antworten auf folgende Fragen finden:

- Wer ist mein/e direkte/r Betreuer/in?
- Wie und wie oft kann/soll ich mit ihm/ihr in Kontakt treten?
- Welche Kompetenzen und Entscheidungsbefugnisse besitzt er/sie innerhalb der universitären Hierarchie zwischen Doktorand/in, Postdoc und Professor/in?

Für Sie ist die direkte Ansprechperson zugleich der erste Adressat Ihrer Abschlussarbeit, da sie nah bei Ihnen als Bearbeiter/in steht, Ihre Arbeitsweise einschätzen wird und die Benotung Ihrer Arbeit (mit)bestimmen kann. Sie sollten daher herausfinden, welche **Kompetenzen** und **Pflichten der/die Betreuer/in** hat, zumal auch die direkten Betreuer/innen nicht selten in einem starken Abhängigkeitsverhältnis zu übergeordneten Personen stehen, wenn sie selbst wiederum von diesen auf einer höheren Abschlussebene (z. B. Promotion, Habilitation) betreut werden. Dabei kann es vorkommen, dass Ihre direkten Betreuer/innen selbst erst vor kurzem ihr Studium beendet haben und hinsichtlich der Modalitäten und Formalitäten der Betreuung noch wenig Erfahrung besitzen. Unabhängig von akademischer Stellung und Erfahrung stehen **Betreuer/innen** aber stets über den Studierenden und sollten entsprechend **ernst genommen werden**.

Suche nach einem Thema und einem/ einer Betreuer/in

Oft geht die Themensuche damit einher, dass Sie sich für eine/n betreuende/n Professor/in entscheiden. Direkte Betreuer/innen können Ihnen auf der Ebene der konkreten Bearbeitung Ihres Projekts aber auch zugewiesen werden. Da Betreuer/innen bereits auf Themenbereiche spezialisiert sind, wird es sich früh abzeichnen, wer Sie beim Abschlussarbeitsprojekt begleitet. Entsprechend sollten Sie sich schon in den letzten Semestern Ihres Studiums umsehen, welche Professoren/Professorinnen, wissenschaftliche Mitarbeiter/innen etc. hierfür infrage kommen. Es kann sich dabei um Dozierende der Lehrveranstaltungen handeln, die Sie besonders interessiert haben. Es kann aber auch hilfreich sein, Erfahrungswerte von Studierenden, die das Abschlussarbeitsprojekt abgeschlossen haben, einzuholen oder Personen, die für Sie als Betreuer/innen fachlich interessant sind, in deren Sprechstunde kennenzulernen.

Bringen Sie dabei Ihr Interesse nicht nur dem Thema, sondern auch dem Arbeitskontext entgegen. Denken Sie daran, dass Sie nun Teil eines Teams werden und darin zwar eine eigenständige Leistung erbringen sollen, aber wie später im Beruf oder in der Forschung mit anderen Personen zusammenarbeiten.

Ein Abschlussarbeitsprojekt managen

Wie in einem Unternehmen sollten Sie also mit dem/der Betreuer/in das Abschlussarbeitsprojekt gemeinsam ‚**managen**', wobei stets Ihre Initiative gefragt ist. Es geht ja hier darum, ein Projekt zu konzipieren, zu planen, durchzuführen und auf Schwierigkeiten zu reagieren. Dabei lassen sich Modelle des Projektmanagements (z. B. DIN 69901) auf die Planung eines akademischen Abschlussarbeitsprojekts übertragen (vgl. Kap. 1.3). Haben Sie sich für ein Thema entschieden und herausgefunden, wer Sie während des Projekts fachlich begleitet, gilt es, mit dem/der Betreuer/in Termine für die Absprache der genaueren Arbeitsvereinbarungen festzusetzen.

Vor dem ersten Gespräch mit dem/der Betreuer/in über das Abschlussarbeitsprojekt sollten Sie sich über die **formalen Vorgaben** kundig machen: Informieren Sie sich in der Studien- und Prüfungsordnung Ihrer Fakultät und in kritischen Fällen – falls Ihnen etwas darin unklar ist – bei der entsprechenden Prüfungskommission Ihres Studiengangs. Wenn noch Prüfungsleistungen für die Anmeldung zur Abschlussprüfung zu erbringen sind, fallen darüber hinaus zusätzliche Belastungen an, die zu bedenken sind, weil sie die Arbeit am Projekt verzögern können.

Koordinationstreffen

Als Bearbeiter/in einer Abschlussarbeit haben Sie Anspruch auf angemessene Betreuung. Dennoch sollten Sie die betreuende Person nicht mit jeder (möglicherweise zu kleinteiligen) Frage behelligen. Im Umgang mit Betreuenden gilt das **Holprinzip**. Gemeint ist damit, dass Informationen zu Fristen oder Standards wissenschaftlichen Arbeitens von Ihnen als Bearbeiter/in besorgt werden müssen. Nutzen Sie die **ersten Koordinationstreffen** dazu, grundlegende Fragen zum Abschlussarbeitsprojekt und zum Betreuungsverhältnis zu klären. Mögliche Punkte, die man besprechen kann, sind im Folgenden aufgelistet. Die ermittelten Informationen und getroffenen Vereinbarungen sollten Sie protokollarisch festhalten und dem/der Betreuer/in gegebenenfalls stichpunktartig per E-Mail zuschicken, um Missverständnisse zu vermeiden und sich selbst durch die Zusicherung des Betreuers/der Betreuerin auf die Absprachen berufen zu können. Folgende Aspekte sollten bei diesen Koordinationstreffen geklärt werden:

- **Offizieller Beginn der Arbeit und Anmeldedatum:**
  - Zeitpunkt der Anmeldung beim Prüfungsamt
  - Möglichkeiten der Bearbeitung bzw. notwendige Vorarbeiten vor dem offiziellen Beginn
  - evtl. Möglichkeiten und Formalitäten zur Verlängerung der Bearbeitungszeit, falls bereits absehbar: Bedingungen für Härtefallanträge (z. B. bei Krankheit)
- **Detaillierte Aufgabenstellung:**
  - Erwartungen und Ziele, die der/die Betreuer/in und Sie selbst mit dem Abschlussarbeitsprojekt verbinden
  - inhaltliche Schwerpunkte der Arbeit
- **Gegenstand und Methode der Untersuchung:**
  - methodischer Zugang zum Gegenstand (z. B. Experiment, Beobachtung, Messung, Entwicklung, Konstruktion, Simulation etc.; vgl. dazu Kap. 1.2)
  - praktische Umsetzung mit den Mitteln, die je nach Fachrichtung/ Untersuchungsgegenstand an der Universität oder Hochschule zur Verfügung stehen
- **Erwartungen und Umgangsformen der Kooperation:**
  - Kommunikationswege (Telefon, E-Mail etc.)
  - Termine für regelmäßige Treffen, um Zwischenergebnisse und weiteres Vorgehen zu diskutieren
  - Möglichkeiten der Vorlage von Textproben für ein Feedback z. B. zu Ihrer Arbeitsweise
- **Bearbeitungsumfang und Standards:**
  - Textumfang auch im Blick auf Toleranzbereiche
  - gegebenenfalls auch Umfang der verschiedenen Kapitel, falls der/ die Betreuer/in auf bestimmte Aspekte Wert legt
  - formale Standards wie Layout (Seitenränder, Textausrichtung, Zeilenabstand, Schriftart und -größe), Zitationssystem (vgl. Kap. 6), Aufbau des Literaturverzeichnisses (vgl. Kap. 7), Umgang mit Abkürzungen etc. Zu beachten ist dabei, dass hierfür oft Leitfäden oder fakultätsintern veröffentlichte Bewertungsrichtlinien an den Lehrstühlen, den Abteilungen, den Instituten oder Fakultäten vorhanden sind.

- Mögliche Geheimhaltungsvereinbarungen (besonders bei Abschlussarbeiten in größeren Forschungsprojekten oder externen Unternehmen)
- **Weitere Modalitäten:** Arbeitsverträge, Sicherheitsunterweisungen, Zugangsberechtigungen etc.

Es empfiehlt sich, zu Arbeitsbeginn eine **Projektskizze** anzufertigen, in der Sie Fragestellung, Zielsetzung (vgl. Kap. 2.6), Methodik und Zeitplanung knapp darstellen. Dies kann Ihnen im Umgang mit dem Thema helfen, da Sie damit gezwungen werden, Zusammenhänge zwischen diesen Aspekten herzustellen. So finden Sie heraus, welche Dinge für Sie unklar sind und wo Schwierigkeiten im Arbeitsprozess auftreten können. Zudem bietet die Projektskizze eine Möglichkeit, sich mit den verschiedenen Instanzen der Betreuung über die Zielrichtung des Projekts zu verständigen. Sie sollten dabei genau formulieren und auf Nachvollziehbarkeit achten, da Ihr/e Betreuer/in bereits am Aufbau und der Formulierung einer solchen Vorarbeit ableiten kann, wie Sie arbeiten.

Arbeitsmotivation

Wenn mehrere Personen an der Betreuung beteiligt sind, seien Sie sich dessen bewusst, dass Ihr/e direkte/r Betreuer/in dem/der Professor/in rückmeldet, wie es mit Ihrer **Arbeitsmotivation** steht. Viele Bewertungsbögen zur Benotung einer Abschlussarbeit berücksichtigen nicht nur das Endprodukt, sondern auch den Arbeitseinsatz und die Eigenständigkeit während der Bearbeitung des Themas. Dennoch sind insbesondere junge Betreuer/innen mit wenig Schreiberfahrung mitunter nicht in der Lage, richtig einzuschätzen, wie viel Anleitung notwendig und sinnvoll ist. So kann es sein, dass manche sich zu wenig mit dem Abschlussarbeitsprojekt auseinandersetzen, während andere dazu neigen, zu intensiv daran beteiligt sein zu wollen. Letzteres stellt zudem insoweit ein **rechtliches Problem** dar, als Studierende ihre Abschlussarbeit mit der **Eigenständigkeitserklärung** als **eigene Leistung** ausweisen, so dass Sie sich gegen eine allzu große Mitarbeit Ihres/Ihrer Betreuer/in gegebenenfalls auch wehren müssen, ohne dabei aber zu konfrontativ aufzutreten.

1.2 Arbeitsaufgaben definieren

Theoretische vs. praktische Abschlussarbeitsprojekte

In unserem Band unterscheiden wir zwischen ‚praktischen' und ‚theoretischen' Abschlussarbeitsprojekten. Das ist zum Verständnis der nachfolgenden Übersicht notwendig, weil alle **Teilaufgaben**, die Sie im Rahmen des Projekts absolvieren, von dieser Unterscheidung abhängen. Der hier aufgebrachte Begriff ‚Aufgaben' macht deutlich, dass man es nicht mit abgeschlossenen Einheiten zu tun hat, die in einem strikten Nacheinander abzuarbeiten sind. Zeitliche Überschneidungen können stattfinden, und einzelne der aufgeführten Aspekte müssen mehrmals im Arbeitsprozess angegangen und bearbeitet werden. Die Auflistung der Aufgaben in der Übersicht ist daher nicht als linearer Ablauf zu verstehen. Sie formuliert vielmehr Vorschläge zur zeitlichen Verortung im gesamten Prozess und ist daher auch als **Überblick über unseren Ratgeber** selbst zu verstehen. Entsprechend werden die einzelnen Arbeitsaufgaben in den betreffenden Kapiteln zum größten Teil weiter ausgeführt (vgl. Verweise auf die jeweiligen Kapitel in der nachfolgenden Übersicht). Für die Konzeption der Aufgaben lehnen wir uns an die Modelle von Otto Kruse (2007, 110–176) und Hartwig Junge (o. J.) an.

Tab. 1.1: Arbeitsaufgaben praktischer und theoretischer Arbeiten. (Weder in Bezug auf die Arbeitstypen noch die Arbeitsaufgaben beansprucht die Tabelle Vollständigkeit.)

Praktische Arbeiten	Theoretische Arbeiten
Hier erfolgt der Erkenntnisgewinn durch Empirie, also durch die Erfahrung im praktischen Umgang mit einem Gegenstand. Dies bedeutet z. B. bei • Experimenten, dass Sie u. a. mit Hilfe von Instrumenten und Apparaturen bestimmte Materialien untersuchen; • Entwicklungen von Versuchsanordnungen, dass Sie Apparaturen und Vorrichtungen erst konzipieren, in den Werkstätten konstruieren und testen, so dass im Gegensatz zu Experimenten nicht die Durchführung und Auswertung eines Versuchs im Vordergrund steht; • Feldversuchen, dass Sie sich entweder mit Probanden in ihrer Umwelt auseinandersetzen oder vor Ort die Beschaffenheit und Nutzungsmöglichkeiten eines geografischen Abschnitts untersuchen.	Hier findet kein bzw. nur beschränkter praktischer Umgang mit dem Untersuchungsgegenstand statt. Die Annäherung verbleibt in Form von Konzeptionen, mathematischen Beweisführungen oder Einschätzungen bisheriger Forschungsleistung zum größten Teil auf einer theoretischen Ebene. Dies bedeutet bei • Simulationen oder Modellierungen, dass gegenüber dem Experiment in der Regel mit Hilfe informationstechnologischer Programme Versuche durchgeführt werden, ohne diese in die Praxis umzusetzen; • Rechnungen oder Auslegungen, dass mathematische, natur- und ingenieurwissenschaftliche Fragestellungen anhand mathematischer und physikalischer Modelle behandelt werden; • Literaturarbeiten, dass Sie den aktuellen Stand der Forschung auf einem bestimmten Themengebiet rekonstruieren, bisherige Arbeiten bewerten und dadurch in diesem Forschungsbereich selbst Stellung beziehen.

Vorbereitung

Zur Vorbereitung der Aufgabenbearbeitung sollen die in **Kapitel 1.1** genannten Aspekte umgesetzt werden: Thema wählen, Informationen über die formalen Prüfungsmodalitäten einholen und Vorgespräche mit dem Betreuer führen. Auch die Zeitplanung fällt in diesen Bereich: Selbst wenn diese ein grundlegender Arbeitsschritt ist, sollten Sie nicht zu viel Zeit dafür aufwenden.

Aufgabe 1: Thema entwickeln

Nachdem Sie mit Ihrem/Ihrer Betreuer/in das Thema und die Aufgabenstellung besprochen haben, gilt es, das Thema einzugrenzen (vgl. **Kap. 2.1**) und sich eine Forschungsfrage zu erarbeiten (vgl. **Kap. 2.2**). Es geht hier darum, dass Sie aus der vorliegenden Aufgabe eine **Problemstellung** ableiten (vgl. **Kap. 2.2**) und die **Ziele** des Abschlussarbeitsprojekts, die **methodische Vorgehensweise** und die **Motivation**, die Ihre Forschung leitet, herausarbeiten. Dazu ist es sinnvoll, eine erste Vorrecherche durchzuführen, die gegenüber Aufgabe 2 noch nicht breit angelegt sein muss. Da Sie dadurch bereits einen Einblick in den Forschungsstand gewinnen, sollten Sie versuchen, vorläufige Behauptungen über die Erkenntnismöglichkeiten Ihrer Untersuchung aufzustellen, also formulieren, welche Ergebnisse zu erwarten sind. Dies können Sie dann in Form der **Projektskizze** festhalten.

Tab. 1.1 (Fortsetzung): Arbeitsaufgaben praktischer und theoretischer Arbeiten. (Weder in Bezug auf die Arbeitstypen noch die Arbeitsaufgaben beansprucht die Tabelle Vollständigkeit.)

Praktische Arbeiten	Theoretische Arbeiten
Bei **praktischen Arbeiten in Großprojekten** kann es schwierig sein, zu Beginn eine abgrenzbare Zielstellung zu formulieren. Wichtig ist es aber dabei immer, Ihre Leistungen im Großprojekt (auch für sich selbst) herauszustellen. Oft kristallisiert sich der thematische Schwerpunkt der Arbeit aber erst gegen Ende der Untersuchung heraus.	Diese Schritte können z. B. auch für **Literaturarbeiten** vorgenommen werden. Im Regelfall geht es dabei nicht darum, Informationen aus der Forschungsliteratur lediglich zu sammeln, sondern diese zu systematisieren (z. B. mit einem Literaturverwaltungsprogramm wie Citavi) und kritisch zu sichten, sich also mit deren Aussagen auseinanderzusetzen und selbst argumentativ Stellung zu beziehen.
Aufgabe 2: Gliederung erstellen	
In **Kapitel 3** stellen wir für die verschiedenen Typologien **standardisierte Gliederungen** vor. Bei praktischen Arbeiten kann z. B. eine solche Standardgliederung Kapitel zu Einleitung, theoretischen Grundlagen, Material und Methoden, Untersuchungsergebnissen, Diskussion und Fazit enthalten. Da die Gliederung an den Arbeitsprozess angepasst und **wiederholt überarbeitet** wird, entsteht aus der Standardgliederung allmählich die Gliederung des eigenen Textes, auf deren Grundlage das endgültige Inhaltsverzeichnis erstellt wird.	
Bei **kleineren praktischen Arbeiten**, **Feldversuchen** und **Konstruktionen** ist es möglich, eine vorläufige Gliederung der Abschlussarbeit früh im Arbeitsprozess anzulegen, da der Kontext Ihres Projekts überschaubar ist. Bei **praktischen Arbeiten in Großprojekten** ist zu beachten, dass die Gliederung, die die Struktur des Textes festlegt, meist noch nicht am Anfang erstellt werden kann: Ihre Arbeit steht in Abhängigkeit zu anderen (Teil-)Projekten, so dass Sie z. B. erst die Ergebnisse Ihrer Forschergruppe oder die Funktionsfähigkeit der Konstruktion, an der Sie beteiligt sind, abwarten müssen. Entsprechend geben die Ergebnisse, die Sie am Ende der Untersuchung erhalten, die konkrete Gliederung vor. Diese kann daher erst nach Aufgabe 5 erstellt werden.	Bei **Simulationen, Rechnungen** und **Literaturarbeiten** ist es möglich, eine vorläufige Gliederung der Abschlussarbeit bereits zu Projektbeginn zu erstellen. Dies hat den Vorteil, dass Sie sich weit besser in das Thema einarbeiten können, wenn Sie ungefähr wissen, welche Arbeiten Sie für welche Kapitel durchführen müssen. Außerdem können Sie die vorläufige Gliederung zum Gegenstand für Besprechungen mit Ihrem/Ihrer Betreuer/in machen.
Aufgabe 3: Forschungsliteratur recherchieren	
Gegenüber der Vorrecherche von Aufgabe 1 ist hier die umfassende Suche nach Forschungsliteratur gemeint. Fragen Sie Ihre/n Betreuer/in, ob **Literaturlisten** vorhanden sind, die Sie nutzen sollten. Es bestehen **verschiedene Möglichkeiten, Literatur zu suchen**: systematisch durch Hilfsmittel wie Bibliotheksportale, Fachdatenbanken, Suchmaschinen und Literaturverwaltungsprogramme, oder unsystematisch durch das Schneeballprinzip (vgl. zur Literatursuche Kap. 2.3). Falls Sie noch nicht ausreichend mit den verfügbaren Recherchemöglichkeiten und -werkzeugen vertraut sind, können Sie sich dazu in den universitäts- oder hochschuleigenen Bibliotheken informieren, die in der Regel **Rechercheschulungen** anbieten. Aufgabe 3 bildet keine abgeschlossene Einheit, da Sie auch während der Auswertung auf neue Literaturhinweise stoßen können, es aber auch nicht ausgeschlossen ist, dass während des Bearbeitungszeitraums neue Forschungsbeiträge erscheinen.	
Die **Literaturrecherche** ist nicht zu unterschätzen, auch wenn der Fokus auf der Arbeit am Untersuchungsgegenstand liegt. Im Regelfall reicht es nicht, lediglich die Grundbegriffe oder Theorien, die Ihrer Arbeit zugrunde liegen, anhand der Forschungsliteratur zu klären. Stattdessen ist es nötig, den aktuellen Forschungsstand zu Ihrem Thema zu ermitteln, damit Sie die Stellung Ihres Projekts im Forschungskontext verorten und aus den Rechercheergebnissen gegebenenfalls Konsequenzen für die Konzeption Ihrer Arbeit ableiten können.	Bei **Simulationen** und **Rechnungen** sind dieselben Aspekte wie bei praktischen Arbeiten zu beachten. Bei der **Literaturarbeit** fällt diese Aufgabe umfassender aus. Dies liegt nicht nur darin begründet, dass Sie sich eingehender mit Forschungsliteratur beschäftigen, sondern auch darin, dass Sie stärker von anderen Organisationseinheiten der Universität abhängig sind: Durch Öffnungszeiten und Ausleihfristen von Bibliotheken etwa sind Sie zeitlich gebunden.

Tab. 1.1 (Fortsetzung): Arbeitsaufgaben praktischer und theoretischer Arbeiten. (Weder in Bezug auf die Arbeitstypen noch die Arbeitsaufgaben beansprucht die Tabelle Vollständigkeit.)

Praktische Arbeiten	Theoretische Arbeiten
Aufgabe 4: Untersuchung vorbereiten und durchführen	
In Absprache mit dem/der Betreuer/in konzipieren Sie die Umsetzung Ihrer Untersuchung und führen diese durch. Sie entwerfen die **konkrete Anwendung** der Methode auf einen spezifischen Untersuchungsgegenstand und bestimmen die zu messenden, zu beobachtenden oder zu berechnenden Parameter. Danach erheben Sie Daten, wobei Sie den Großteil der Zeit mit der Arbeit im Labor, der Messung im Feld, der Konstruktion, der Simulation bzw. mit den Rechnungen am Computer oder der Auswertung von Forschungsliteratur verbringen. Planen Sie hierfür genügend Zeit ein, da sich gerade hier unvorhersehbare Schwierigkeiten ergeben können, die dann auch zeitlich zu kompensieren sind.	
Für den Versuchsaufbau oder die Messanordnung ist zu prüfen, welche **Materialien, Geräte** und **Räumlichkeiten** Sie verwenden können. Es kann sein, dass Geräte und Materialien bestellt werden müssen, also Lieferzeiten zu berücksichtigen sind. Andererseits ist es möglich, dass Sie einzelne Untersuchungsschritte nicht selbst vornehmen können und externe Partner beauftragen müssen. Für die Nutzung der Labore, Werkstätten und Gerätschaften sind **Einweisungen** notwendig: Erfragen Sie hierfür rechtzeitig die Termine. Zudem sollten Sie sich über **Öffnungszeiten** und **geltende Regeln** der Werkstätten, Labore und Forschungsanlagen informieren. Bei **praktischen Arbeiten in Großprojekten** ist die Anlage, an der Sie arbeiten, im Regelfall komplexer als bei kleineren Arbeiten. Dadurch ist sie störungsanfälliger, so dass sich größere Verzögerungen ergeben können. Räumen Sie der Untersuchung daher von vornherein mehr Zeit ein, als Sie selbst es realistisch veranschlagen.	Ähnlich wie bei den praktischen Arbeiten müssen auch hier die ‚Materialien' bzw. die Datenbasis bestimmt und gegebenenfalls die Berechnungsschritte festgelegt werden. Zudem ist es möglich, dass Sie **Öffnungszeiten** und die **Regeln** bei der Benutzung von Forschungsräumlichkeiten berücksichtigen müssen: Gerade wenn die Arbeit computergestützt durchgeführt wird, ist oft eine spezielle **Software** notwendig, auf die Sie privat keinen Zugriff haben. Informieren Sie sich daher rechtzeitig über die Zugangs- und Reservierungsmöglichkeiten von Rechnerarbeitsplätzen.
Aufgabe 5: Ergebnisse festhalten und auswerten	
Während der Durchführung der Untersuchung sollten Sie alle Untersuchungsschritte, Ergebnisse und besonderen Vorkommnisse mit Datum und Uhrzeit in Form von **Protokollen** festhalten und regelmäßig durch Kopien archivieren. Bei der Auswertung geht es darum, die gewonnenen Daten zu ordnen und zu interpretieren. Dabei sollten Sie die materiellen, technisch-infrastrukturellen und zeitlichen Bedingungen (vgl. Aufgabe 4) ebenso wie besondere Vorkommnisse während der Untersuchung berücksichtigen. Es empfiehlt sich, Ergebnisse **zeitnah** auszuwerten, weil Sie dann auch gedanklich näher an der jeweiligen Situation in der Untersuchung sind. Bei der Auswertung sollten Sie mit Blick auf die Schreibarbeit versuchen, Ergebnisaussagen bereits so zu formulieren, dass Sie sie später in die Rohfassung übernehmen können. Zudem ist es sinnvoll, Daten nicht nur in Textform, sondern auch in **Tabellen** zu ordnen und in **Abbildungen** zu darzustellen, die gegebenenfalls in die Abschlussarbeit übernommen werden können (vgl. Kap. 5).	
Bei **Laborversuchen** besteht in der Regel die Pflicht, Ihr Vorgehen und sämtliche Ergebnisse in einem **Laborbuch** festzuhalten. Es stellt also eine spezifische Form des Protokolls dar (detaillierter dazu Ebel und Bliefert 2009, 5–14). Hier müssen Sie für Ihren Fall klären, wie der Umgang mit dem Laborbuch gehandhabt wird und wie es für Sie verfügbar ist. Laborbücher bilden im Regelfall ein zentrales Verzeichnis aller Vorgänge im Labor, so dass Sie auch nur dort Zugriff darauf haben. Zudem ist es möglich, dass es lediglich in digitaler Form besteht, d. h. dass Sie Ihre Daten in einen Computer vor Ort eingeben und diese dadurch auf einem zentralen Server gespeichert werden. Deswegen sollten Sie für Ihren Gebrauch zusätzlich Protokolle erstellen.	Bei theoretischen Arbeiten kann es mitunter schwieriger sein, die angemessene Form zu finden, in der Sie Ihren Arbeitsprozess schriftlich festhalten. Dennoch sollten Sie Ihre Vorgehensweise für sich dokumentieren und Befunde notieren.

Tab. 1.1 (Fortsetzung): Arbeitsaufgaben praktischer und theoretischer Arbeiten. (Weder in Bezug auf die Arbeitstypen noch die Arbeitsaufgaben beansprucht die Tabelle Vollständigkeit.)

Praktische Arbeiten	Theoretische Arbeiten
Aufgabe 6: Schreiben	
Planen Sie gegenüber der Untersuchung genügend Zeit für die reine Schreibarbeit ein, damit Sie sich auf den Text gut konzentrieren können. Hier geht es darum, eine Rohfassung der Abschlussarbeit zu erstellen, indem jeder Gliederungspunkt ausformuliert wird. Dabei sollten Sie keine zu frühen Korrekturen vornehmen, weil diese den Schreibfluss behindern können. Wie bei Aufgabe 5 zu sehen ist, entstehen durch die Projektskizze, durch Literaturexzerpte, Mitprotokollieren und eine zeitnahe Auswertung Möglichkeiten, sich die Schreibarbeit zu erleichtern, indem man auf Vorarbeiten zurückgreift. Nicht bei jeder Arbeit ist es allerdings möglich, schon während der Vorarbeiten, der Recherche und der Untersuchung zu schreiben. Was den zeitlichen Umfang betrifft, so gehen wir davon aus, dass das Schreiben rund 25 % der gesamten Bearbeitungszeit einnimmt, auch wenn Sie dies für Ihr Projekt individuell einschätzen müssen.	
Bei **kleineren Experimenten**, **Feldversuchen** und **Konstruktionen** ist der Arbeitskontext eher begrenzt, weswegen die Arbeit am Text bereits vorher planbar ist. Die während der Vorarbeiten, der Recherche und der Untersuchung erstellten Textblöcke können in die Rohfassung übernommen werden. Es findet also bereits während der Datenerhebung Schreibarbeit statt. Bei **praktischen Arbeiten in Großprojekten** ist dies nicht so ohne weiteres möglich. Da Sie vom Arbeitskontext abhängig sind und sich der Schwerpunkt Ihrer Arbeit oft erst gegen Ende des Untersuchungsprozesses herausstellt, können Sie in der Regel erst dann eine Gliederung anlegen und Ergebnisaussagen formulieren.	Bei **Simulationen**, **Rechnungen** und **Literaturarbeiten** ist die Arbeit am Text bereits früh planbar. Anders als bei praktischen Arbeiten in Großprojekten sind Sie von externen Faktoren unabhängiger. Die während der Vorarbeiten, der Recherche und der Untersuchung erstellten Textblöcke können in die Rohfassung übernommen werden.
Aufgabe 7: Text korrigieren und abgeben	
Ist die Rohfassung fertiggestellt, muss die Arbeit korrigiert werden (vgl. **Kap. 8**). Dabei ist es sinnvoll, auf die nachfolgenden vier Kriterien zu achten.	
1. **Inhalt und Logik der Arbeit** (vgl. **Kap. 8.2**)	Hier wird überprüft, ob der Aufbau der Arbeit stimmig ist. Es ist wichtig, dass die inhaltlichen Bezüge zwischen den verschiedenen Kapiteln und Abschnitten im jeweiligen Kapitel deutlich werden. So müssen z. B. die theoretischen Grundbegriffe, mit denen Sie im Kapitel zur Durchführung der Untersuchung arbeiten (sofern diese nicht voraussetzbar sind), zuvor erläutert werden. Ähnlich müssen die Ergebnisse der Untersuchung dargestellt sein, bevor sie unter Berücksichtigung der Rahmenbedingungen diskutiert werden.
2. **Ausdruck und Stil** (vgl. **Kap. 8.3**):	Die sprachliche Verfasstheit bestimmt den Inhalt der Aussagen, die Sie im Text machen, wesentlich mit. Es kann schnell passieren, dass durch unsachgemäße Ausdrücke Missverständnisse oder sogar sachliche Fehler entstehen (vgl. **Kap. 4**). Der/die Betreuer/in weiß dann womöglich nicht, was Sie mit der Formulierung ausdrücken wollten, weil er/sie nur bewerten kann, was schriftlich vorliegt. Darüber hinaus sollten Sie kontrollieren, ob Sie fachspezifische Begriffe und Definitionen richtig verwenden, indem Sie Grundlagenliteratur wie z. B. Fachlexika nutzen.
3. **Rechtschreibung und Grammatik**	Ihr Texteditor kann nicht jeden Fehler erfassen, da er technisch auf spezifische Kriterien festgelegt ist. Anderseits wandelt das Programm gegebenenfalls einzelne Buchstabenkombinationen um, auch wenn Sie es nicht beabsichtigt haben. Falls Sie in Rechtschreibung und Grammatik (z. B. Satzbau, Kommasetzung, Verbformen etc.) unsicher sind, sollten Sie, wenn Sie auf Deutsch schreiben, im **Duden** und auf Englisch etwa im **Oxford English Dictionary** nachschlagen.

Tab. 1.1 (Fortsetzung): Arbeitsaufgaben praktischer und theoretischer Arbeiten. (Weder in Bezug auf die Arbeitstypen noch die Arbeitsaufgaben beansprucht die Tabelle Vollständigkeit.)	
Praktische Arbeiten	Theoretische Arbeiten
4. Formalia (vgl. Kap. 8.4)	Dieser Korrekturgang kontrolliert Schriftart und -größe, Zeilenabstand, Seitenränder, Layout von Tabellen und Abbildungen, Zitationssystem (vgl. Kap. 6), Literaturverzeichnis und Anhang (vgl. Kap. 8). Im Blick auf solche Formalia sollte die Arbeit jeweils einheitlich gestaltet sein, da auch daran ersichtlich wird, ob Sie gewissenhaft gearbeitet haben.
Nicht nur Sie als Verfasser/in sollten die Arbeit korrigieren, sondern auch sowohl **fachlich geschulte** als auch **fachexterne** Personen. Personen aus derselben wissenschaftlichen Disziplin können Ihre Darstellung auf fachliche Richtigkeit prüfen, während Personen aus anderen Disziplinen ihr Augenmerk eher auf Verständlichkeit und Logik bzw. Nachvollziehbarkeit richten. Für die **Abgabe** sollten Sie sich vorher informieren, in welcher Form (gedruckt, gebunden, digital) und in wie vielen Ausführungen die Abschlussarbeit einzureichen ist. Machen Sie sich zudem rechtzeitig über die Öffnungszeiten des Prüfungsamtes und der Copy-Shops kundig.	
Aufgabe 8: Projekt präsentieren	
Informieren Sie sich frühzeitig über den Termin für die Präsentation Ihrer Arbeit. Der Prüfungsausschuss setzt sich in der Regel aus Ihrem/Ihrer Betreuer/in, Zweitgutachter/innen und gegebenenfalls weiteren Personen der Arbeitsgruppe oder des Instituts zusammen. Je nachdem, wann der Termin stattfindet, müssen Sie noch während des Projekts die Präsentation vorbereiten. Klären Sie zudem den **zeitlichen Umfang** des Vortrags, falls dieser nicht in einer Prüfungsordnung oder einem Modulhandbuch benannt wird. Bei der Vorbereitung ist zu berücksichtigen, dass es sich bei der Abschlussarbeit und beim Vortrag um **verschiedene Präsentationsformen** handelt. Dabei können nicht einfach Textblöcke, Tabellen und Abbildungen in die Präsentation 1:1 übernommen werden (vgl. Kap. 5), und Sie können zudem nicht lediglich die Abschlussarbeit wiedergeben. Hinweise und Hilfestellungen für die Strukturierung und die Aufbereitung von Daten bei einer Präsentation finden Sie bei Zelazny (2006), Hartmann et al. (2008), Duarte (2009), Shipside (2010), Nöllke und Schmettkamp (2011) oder Hey (2011).	

1.3 Zeit einteilen

Haben Sie das Thema und die Aufgabenstellung mit dem/der Betreuer/in besprochen, folgt der nächste Schritt, in dem Sie zuerst die möglichen Arbeitsaufgaben definieren. Folgt man den Begrifflichkeiten des Projektmanagements, erstellen Sie die „Grobstruktur" des Projekts (DIN 69901-2:2009–01, 25), indem Sie die einzelnen Stationen in einer Übersicht erfassen.

Im nächsten Schritt sollten Sie die in Kap. 1.2 gegebene Übersicht mit dem Zeitrahmen, der Ihnen zur Verfügung steht, abgleichen. Die Dauer für die Bearbeitung einer Abschlussarbeit ist durch die jeweilige Prüfungsordnung festgelegt. So sind reguläre Bearbeitungszeiten von mehreren Wochen bei Bachelorarbeiten bis zu einem Jahr bei Masterarbeiten möglich. Wie dem auch sei: Für die zeitliche Planung der einzelnen Arbeitsaufgaben ist es in jedem Fall sinnvoll, sich vor Projektbeginn den Zeitraum, der zur Verfügung steht, zunächst grob einzuteilen. Hier gilt es,

- abzuschätzen, **wie viel Zeit** jede der Aufgaben in Anspruch nimmt,
- zu bedenken, **welche externen und persönlichen Faktoren** die Bearbeitung beeinflussen könnten,
- diese Überlegungen schließlich in einem **Zeitplan** festzuhalten.

ALPEN-Methode	In der Unternehmenskultur, aber auch in der Schreib- und Lernforschung (vor allem aus erziehungswissenschaftlicher Perspektive) existieren verschiedene Modelle und Varianten, ein Abschlussarbeitsprojekt zu planen. Dazu gehört die sogenannte ALPEN-Methode, die als flexibel angesehen wird, weil sie auf unterschiedlich große Zeiträume (Phasen von mehreren oder einzelnen Wochen bis hin zum einzelnen Tag) anwendbar ist (vgl. Stickel-Wolf und Wolf 2013, 347). Für jeden dieser Zeiträume wird vorgesehen, zunächst die Aufgaben zu definieren, dann jeweils deren zeitliche Länge zu veranschlagen, Pufferzeiten einzurechnen und schließlich Entscheidungen über Prioritäten zu treffen. Nach Abschluss des jeweiligen Zeitraums findet eine Nachkontrolle der geleisteten Arbeit statt (vgl. Seiwert 1985, 105–115; Stickel-Wolf und Wolf 2013, 347–350). Insofern bietet sich diese Methode insbesondere dort an, wo es darum geht, im Arbeitsprozess selbstdefinierte Phasen zu planen.
Bearbeitungszeitraum planen	Um zu Beginn einen Überblick zu gewinnen und diesen während des Arbeitsprozesses dann auch zu bewahren, empfiehlt es sich, einen Plan für den gesamten Bearbeitungszeitraum zu verfassen. Dabei sind verschiedene Varianten möglich, die sich jeweils danach richten, für wen der Zeitplan angelegt wird. Sie müssen demnach wissen: Ist der Zeitplan

- für Sie persönlich (vgl. Übung 1.1),
- für Sie und den/die direkte/n Betreuer/in,
- für Ihre/n Betreuer/in oder für eine andere übergeordnete Instanz? (vgl. Kap. 1.4)

	Für die persönliche Planung ist es notwendig, ein möglichst flexibles Modell zu verwenden, damit Sie den Plan an den Arbeitsprozess anpassen und so auf Verzögerungen und kurzfristig auftretende Schwierigkeiten reagieren können. Achten Sie darauf, dass der Zeitplan nicht zu viele Informationen enthält, da Sie sonst den Überblick verlieren könnten. Dabei sollten Sie Faktoren berücksichtigen, die die Arbeit am Projekt zeitlich einschränken können: Sonn- und Feiertage, Lehrveranstaltungen, Treffen von Arbeitsgruppen, außeruniversitäre Verpflichtungen, Urlaubstage (nicht nur Ihre eigenen, sondern auch die des Betreuers/der Betreuerin). Auch wenn Sie während des Projekts bei persönlichen Freizeitaktivitäten kürzer treten müssen, sollten Sie sich selbst Pausen gönnen, indem Sie sich regelmäßig einen halben oder ganzen Tag freinehmen (vgl. Theisen 2008, 19). Wenn Sie den Zeitplan erstellen, trennen Sie die Arbeitsaufgaben von Verpflichtungen, denen Sie außerhalb Ihrer Abschlussarbeit nachgehen müssen.
Zeitplanung mit dem/der Betreuer/in	Ein flexibles Modell eignet sich durchaus auch für die **Zusammenarbeit mit dem/der Betreuer/in**, vor allem wenn Sie ein enges Arbeitsverhältnis pflegen. Wir empfehlen, der Projektskizze einen solchen Zeitplan beizufügen. Es kann dann sinnvoll sein, bei regelmäßigen Arbeitstreffen den Zeitplan zu aktualisieren oder ihn neu abzustimmen.

So dokumentieren Sie den Arbeitsfortschritt und machen Ihre Arbeit für den/die Betreuer/in nachvollziehbar. Da sich die Gestaltung Ihres Zeitplans ausschließlich am Adressaten orientiert, sollten Sie private Angelegenheiten in dieser Version nicht aufnehmen.

Tabellarischer Zeitplan

Der **tabellarische Zeitplan** ist ein solches flexibles Modell, das Sie für die Zusammenarbeit mit Ihrem/Ihrer Betreuer/in und für Ihren persönlichen Gebrauch gut nutzen können. So bildet das Gantt-Diagramm (vgl. Kruse 2007, 246–250; Junge o. J.; Theisen 2008, 19–24) eine Darstellungsmöglichkeit für den geplanten Projektverlauf. Darin können die Arbeitsaufgaben mit dem geschätzten Zeitumfang in einer groben Übersicht festgehalten werden (vgl. Übung 1.1). Dabei ist zu berücksichtigen, dass die einzelnen Aufgaben keine abgeschlossenen Einheiten bilden, sondern gegebenenfalls parallel und mehrmals bearbeitet werden. Der Tabellenkopf gibt den zeitlichen Verlauf in Wochen wieder, während in der Seitenleiste die einzelnen Arbeitsaufgaben aufgelistet werden. Markieren Sie mit ‚X' die Wochen, die Sie für den jeweiligen Arbeitsschritt einplanen und denken Sie darüber nach, ob dieser Schritt im Gesamtprozess zeitlich passend positioniert und mit angemessenem Umfang veranschlagt ist. Da sich das Projekt noch in der Planungsphase befindet, können Sie die Kreuze auch einklammern, um zu markieren, dass der jeweilige Arbeitsschritt mehr Zeit in Anspruch nehmen könnte. Der tabellarische Zeitplan sollte während des Arbeitsprozesses stets aktualisiert werden (vgl. Kruse 2007, 246–250; Junge o. J.; Theisen 2008, 19–24).

Übung 1.1

Erstellen Sie einen Zeitplan für Ihr Abschlussarbeitsprojekt. Beantworten Sie für die Erstellung zunächst folgende Fragen:
- Welche Arbeitsaufgaben fallen an?
- Wie sind sie im Arbeitsprozess aufeinander bezogen?
- Was muss ich erledigt haben, bevor ich eine weitere Aufgabe angehe?
- Welche Aufgaben muss ich mehrmals bearbeiten?

Listen Sie die Arbeitsaufgaben in der linken Spalte auf.
　Dann sollten Sie folgende Fragen klären:
- Wie viel Zeit besitze ich insgesamt für das Abschlussarbeitsprojekt?
- Wann bearbeite ich welche Aufgabe?
- Wie viel Zeit benötige ich für jede Aufgabe?
- Bei welcher Aufgabe sind Zeitpuffer notwendig?
- Wo ist es sinnvoll, Aufgaben parallel zu bearbeiten?

Tragen Sie hierfür die Zeiteinheiten in die Kopfzeile der Tabelle ein. Bei kleineren Qualifikationsschriften wie der Bachelorarbeit eignet sich eine Einteilung des Plans in Wochen.

Markieren Sie nun mit ‚X' in der Tabelle, welche Aufgabe Sie wann bearbeiten. Bei Phasenübergängen oder alternativen Parallelarbeiten können Sie ein ‚X' auch einklammern ‚(X)'.

Lösungsvorschläge:
Es gibt bei der Erstellung eines Zeitplans keine ‚richtige' oder ‚falsche' Lösung, denn eine Einteilung kann zunächst sinnvoll und dann unter veränderten Umständen weniger sinnvoll sein, so dass sie vor allem praktisch umsetzbar sein sollte. Da wir Ihnen hier in unserem Ratgeber keine individuelle Lösung für Ihr konkretes Projekt anbieten können, beschränken wir uns auf Hinweise für die Zeiteinteilung an drei Beispielen. Sie werden sehen, dass wir uns an den Arbeitsaufgaben aus unserer Übersicht (s. o.) orientiert haben. Im ersten Beispiel ‚Zeitplan für praktische Arbeiten in Großprojekten' haben wir als zusätzliche Arbeitsaufgabe in der letzten Zeile die ‚Betreuerabsprache' hinzugenommen. Arbeitsaufgabe 4 wurde in die Aufgaben ‚Untersuchung vorbereiten' und ‚Untersuchung durchführen' aufgeteilt.

Zeitplan für Arbeiten in Großprojekten:
Arbeiten in Großprojekten zeichnen sich dadurch aus, dass Sie als Bearbeiter/in stark vom Arbeitskontext abhängig sind. Daher ist es nicht immer möglich, insbesondere verbindliche Daten festzulegen: Dies ersehen Sie an der relativ hohen Anzahl an Phasenübergängen, die wir hier markiert haben.

Die grundlegende Besprechung mit dem/der Betreuer/in findet in Woche 1 oder sogar davor statt. Nachdem Sie sich in den eingegrenzten Themenbereich (Woche 1 bis 3) und in die durch die Arbeitsgruppe vorgegebene Forschungsliteratur eingearbeitet und mit der Untersuchung begonnen haben, besitzen Sie den notwendigen theoretischen Kenntnisstand und bereits etwas praktische Erfahrung mit der Methode und den verwendeten Geräten. Nun ist es sinnvoll, in Woche 3 einen Zeitplan zu erstellen und die genaueren Ziele mit dem/der Betreuer/in festzulegen; eventuell haben Sie bereits genug Einblick in Ihr Thema, um eine vorläufige Gliederung anzulegen. Da der Untersuchungsverlauf aber nicht vorhersehbar ist, erscheint es nicht sinnvoll, den Aufbau der Abschlussarbeit bereits detailliert zu konzipieren, zumal Sie bei diesem Arbeitstyp die Untersuchungsergebnisse abwarten müssen. Ab diesem Zeitpunkt sollten Sie sich vor allem auf die Untersuchung (Woche 3 bis 9) konzentrieren, dabei Ihre Ergebnisse mitprotokollieren und gegebenenfalls ausformulieren.

Etwa in der Mitte der Untersuchungsphase (Woche 6) sollte ein Statustreffen mit dem/der Betreuer/in stattfinden. Hier geht es darum, anhand der bisherigen Ergebnisse zu besprechen, ob die formulierten Ziele mit dem bisherigen Untersuchungskonzept erreichbar sind. Gegebenenfalls müssen Ersatzlösungen gefunden werden, indem der Ansatz Ihres Projekts neu ausgerichtet wird.

Arbeitsaufgabe/Woche	1	2	3	4	5	6	7	8	9	10	11	12
Thema entwickeln	X	(X)				(X)						
Gliederung erstellen			X		X		X		X		X	
Forschungslieratur recherchieren	X	X	(X)									
Untersuchung vorbereiten			X	X	(X)							
Untersuchung durchführen				X	X	X	X	X	X	X		
Ergebnisse festhalten und auswerten				(X)	(X)	X	X	X	X			
Schreiben								X	X	X	X	
Text korrigieren und abgeben									(X)	X	X	X
Projekt präsentieren						(X)						X
Betreuerabsprache	X		X				X			X		

Untersuchung → Schreibarbeit

Abb. 1.1:
Beispielhafter Zeitplan und vereinfachte Darstellung des Arbeitsprozesses für praktische Arbeiten in Großprojekten. Die Arbeitsaufgaben (vgl. Kap. 1.2) werden in Abhängigkeit von der Zeit bei einem Bearbeitungszeitraum von zwölf Wochen dargestellt. Untersuchung und Schreibarbeit sind getrennt, da erst die Ergebnisse den Schwerpunkt der Abschlussarbeit vorgeben (vgl. Kruse 2007, 246–250; Junge o. J.; Theisen 2008, 19–24).

Sobald es möglich ist, anhand der erhobenen Daten Aussagen zu formulieren, sollte das Thema mit dem/der Betreuer/in endgültig festgelegt werden. Sie können nun die finale Gliederung des Textes entwerfen und mit der Rohfassung der Abschlussarbeit beginnen (spätestens in Woche 9). Idealerweise sollten Sie sich nach Abschluss der Untersuchung verstärkt auf den Text konzentrieren, obwohl es sein kann, dass Sie noch Daten auswerten müssen. Jedenfalls sollten Sie so planen, dass Ihnen ein Viertel der Bearbeitungszeit zur Verfügung steht, in der Sie sich auf die Schreibarbeit konzentrieren können. Wie Sie anhand von Abbildung 1.1 erkennen können, scheint es bei dieser Form der Ab-

Arbeitsaufgabe/Woche	1	2	3	4	5	6	7	8	9	10	11	12
Thema entwickeln	X	X	X									
Gliederung erstellen		X			X		X		X			
Forschungslieratur recherchieren	X	X	X									
Technischer Stand	X	X	X									
Entwurf			(X)	X	(X)	(X)						
Implementierung						X	X	X	X	(X)		
Ergebnisse festhalten und auswerten							(X)	X	X	X	(X)	
Schreiben				X	X	X	X	X	X	X		
Text korrigieren und abgeben										X	X	(X)
Projekt präsentieren												X
Betreuerabsprache	X			X		X			X			

Untersuchung → Schreibarbeit

Abb. 1.2:
Beispielhafter Zeitplan und vereinfachte Darstellung des Arbeitsprozesses einer Rechnung. Die Arbeitsaufgaben werden in Abhängigkeit von der Zeit bei einem Bearbeitungszeitraum von zwölf Wochen dargestellt. Es finden Überschneidungen von Untersuchung und Schreibarbeit statt. Die Implementierungs- und Berechnungsarbeit ist in ihrem Umfang gut planbar, so dass bereits während der Untersuchung geschrieben werden kann (vgl. Kruse 2007, 246–250; Junge o. J.; Theisen 2008, 19–24).

schlussarbeit sinnvoll, die Untersuchung und die Schreibarbeit als zeitlich getrennte Arbeitsschritte zu behandeln. Die Präsentation Ihrer Arbeit findet zwar in der Regel am Ende Ihres Teilprojekts statt; es kann aber durchaus vorkommen, dass Sie in kleinen Teamsitzungen Ihr Abschlussarbeitsprojekt bereits vorstellen, um einerseits Ihre Kollegen und Kolleginnen über dessen Status zu informieren und sich andererseits dafür nützliches Feedback einzuholen.

Zeitplan für Rechnungen:
Rechnungen sind im Regelfall Einzelarbeiten, d. h. sie sind weniger vom Arbeitskontext abhängig. Dadurch lässt sich der Untersuchungsverlauf leichter abschätzen und die Abschlussarbeit schon früh konzipieren. Die Arbeitsaufgaben aus unserer Übersicht in Kap. 1.2 (‚Untersuchung vorbereiten und durchführen') haben wir durch die Arbeitsaufgaben ‚Technischer Stand', ‚Entwurf' und ‚Implementierung' spezifiziert (s. u.).

Es ist bereits in der Einarbeitungsphase (Woche 1 bis 3) möglich, Thema, Forschungsfrage, Zielstellung und eine vorläufige Gliederung mit dem/der Betreuer/in abzusprechen. Führen Sie hierfür möglichst früh eine Literaturrecherche durch. Es empfiehlt sich, den Stand der Technik bereits schriftlich festzuhalten, so dass Sie sich in der Schreibphase für das entsprechende Kapitel in der Abschlussarbeit nicht nochmals einlesen müssen.

Vielleicht ist es Ihnen bereits in der Einarbeitungsphase möglich, sich mit der Rechnung auseinanderzusetzen. So können Sie beispielsweise das Programm für die Rechnung entwickeln, die Sie in eine Software implementieren wollen. Bevor Sie den Programmentwurf ausarbeiten, sollten Sie sich mit dem/der Betreuer/in bei einem Gespräch in Woche 3 darüber verständigen. Ist der Entwurf erstellt, so kann das Programm genutzt werden. Da Sie während der Implementierung und bei den Rechnungen sehen, wie das Programm funktioniert, kann der Entwurf entsprechend modifiziert werden.

Steht der Entwurf fest und erhalten Sie die ersten Ergebnisse, sollten Sie beides in einem Statustreffen dem/der Betreuer/in präsentieren (hier Woche 6). Zugleich können Sie parallel zur Untersuchung die Rohfassung Ihrer Abschlussarbeit fortführen (im Zeitplan die Aufgabe ‚Schreiben'), indem Sie den Entwurf und die Implementierung beschreiben sowie die Ergebnisse ausformulieren.

Ist die praktische Arbeit mit der Software abgeschlossen und die Rohfassung weitestgehend fertiggestellt, sollte eines der letzten Treffen mit dem/der Betreuer/in stattfinden. Hier werden die Ergebnisse und die Aussagen, die Sie daraus abgeleitet haben, präsentiert und besprochen.

Auch bei Rechnungen sollten Sie genügend Zeit für die reine Schreibarbeit einplanen. Im Gegensatz zu praktischen Arbeiten in Großprojekten bilden die Untersuchung und die Schreibarbeit also keine getrennten Arbeitsblöcke, sondern können parallel verlaufen, sobald der Programmentwurf steht und sich verwertbare Daten ergeben (siehe Abb. 1.2). Dennoch sollten Sie auch hier die Arbeit am Text nicht unterschätzen. Ob Sie Ihre Rechnung überhaupt vor einer Gruppe präsentieren müssen, hängt in diesem Falle sehr häufig von Ihrem/Ihrer direkten Betreuer/in und der Studienordnung ab. Nach unserer Erfahrung findet dies eher in einem kleinen Kreis vor kundigen Kommilitonen und Kommilitoninnen statt und ist am Ende des Abschlussarbeitsprojekts verankert.

30 Ein Abschlussarbeitsprojekt planen

Arbeitsaufgabe/Woche	1	2	3	4	5	6	7	8	9	10	11	12
Thema entwickeln	X	X	X									
Gliederung erstellen	X		X		X		X		X		X	
Forschungslieratur recherchieren	(X)	X	X	X	X	X	(X)	(X)	(X)			
Auswertung		(X)	(X)	(X)	X	X	X	X	(X)			
Schreiben		(X)	(X)	X	X	X	X	X	X			
Text korrigieren und abgeben								X	X	X		
Projekt präsentieren												X
Betreuerabsprache	X		X		X				X			

Untersuchung/Schreibarbeit →

Abb. 1.3:
Beispielhafter Zeitplan und vereinfachte Darstellung des Arbeitsprozesses einer Literaturarbeit. Die Arbeitsaufgaben werden in Abhängigkeit von der Zeit bei einem Bearbeitungszeitraum von zwölf Wochen dargestellt. Da die recherchierte Literatur zeitnah ausgewertet wird und die Befunde schriftlich festgehalten werden, entsteht die Rohfassung während der Untersuchung (vgl. Kruse 2007, 246–250; Junge o. J.; Theisen 2008, 19–24).

Zeitplan für Literaturarbeiten:
Literaturarbeiten sind im Regelfall Einzelarbeiten, d. h. sie sind weniger vom Arbeitskontext abhängig, können aber auch als Zubringerarbeiten von Dissertationen (Doktorarbeiten) vergeben werden. Dadurch lässt sich der Untersuchungsverlauf leichter abschätzen und die Abschlussarbeit daher schon früh konzipieren. Die Arbeitsaufgaben nach unserer Übersicht in Kap. 1.2 (‚Untersuchung vorbereiten und durchführen' und ‚Ergebnisse festhalten und auswerten') werden hier durch die Aufgabe ‚Auswertung' ersetzt.

Bei Literaturarbeiten ist es bereits in der Einarbeitungsphase (hier Woche 1 bis 3) möglich, eine Gliederung zu erstellen. Bei der Absprache des Projektthemas mit dem/der Betreuer/in müssen die Aspekte des Forschungsbereichs, auf die Sie sich konzentrieren, festgelegt werden. Im Regelfall bearbeiten Sie nicht den ganzen Forschungsbereich, sondern ein begrenztes Feld: Führen Sie eine erste Literaturrecherche durch, um die zentralen Grundbegriffe zu klären und sich einen Eindruck vom Verlauf und dem Stand der Forschung zu verschaffen. Versuchen Sie hier bereits abzuschätzen, was die wichtigsten Beiträge sind und wo Forschungslücken bestehen. Diese Ergebnisse halten Sie in der Projektskizze fest, die Sie zusammen mit der Gliederung dem/der Betreuer/in vorlegen.

Im Anschluss daran ermitteln Sie den Forschungsstand durch eine umfassende Recherche. Hierbei sollten Sie jeden Beitrag im Blick auf zentrale Inhalte und Aussagen (Fragestellung, Methodik, Ergebnisse) zusammenfassen und bewerten, also Leistungen wie Probleme einschätzen. Die Datenerhebung der Recherche geht also idealerweise mit der Auswertung einher, deren Ergebnisse schriftlich festgehalten werden. Entsprechend kann die zu Beginn erstellte Gliederung stetig erweitert und/oder angepasst werden.

Etwa nach der Hälfte des Bearbeitungszeitraums (hier Woche 6) sollte ein Statustreffen mit dem/der Betreuer/in stattfinden. Präsentieren Sie Ihre Einschätzung der wichtigsten Forschungsbeiträge und diskutieren Sie diese mit dem/der Betreuer/in. Besprechen Sie beispielsweise dabei auch, welche Forschungsmeinungen bzw. welche Ansätze Sie miteinander vergleichen möchten. Es empfiehlt sich, wenige Wochen vor der Abgabe ein letztes Treffen zu vereinbaren. Hier stellen Sie die zentralen Aussagen Ihrer Auswertung, die vorgenommenen Änderungen (falls diese nach dem vorangehenden Treffen notwendig waren) und Ihre eigene Position gegenüber der Forschung vor. Damit geben Sie dem/der Betreuer/in die Möglichkeit, Ihre Arbeit einzuschätzen und ein Feedback zu geben.

Bei der Literaturarbeit bilden die Untersuchung (Recherche und Auswertung) und die Schreibarbeit keine zeitlich getrennten Blöcke, sondern finden idealerweise von Beginn an parallel statt (vgl. Abb. 1.3). Zeichnet sich ein Ende der Recherche ab, sollten Sie die Textblöcke zusammenführen und selbst Ihre Position zur Forschung, also die Eigenleistung Ihrer Arbeit ausarbeiten und argumentativ entfalten. Bei Literaturarbeiten kann die Präsentation innerhalb eines Seminars oder Kolloquiums durchaus noch relevant für die Notenvergabe werden. Diese sogenannte Verteidigung Ihrer Arbeit wird häufig vor Kommilitonen und Kommilitoninnen gehalten, die ebenfalls ein eigenes Projekt vorstellen.

Meilensteine des Abschlussarbeitsprojekts

Beim Projektmanagement in der Unternehmenskultur und der Wissenschaft werden für die Zeitplanung oftmals Meilensteine gesetzt, um die Zusammenarbeit in einer Projektgruppe zu koordinieren. In den Wirtschafts- und Erziehungswissenschaften ist zu dieser Meilensteintheorie als Möglichkeit des Zeitmanagements ein breites Instrumentarium erarbeitet worden. Meilensteine zu definieren, bietet sich hauptsächlich bei arbeitsteilig organisierten Projekten an. Hierbei werden Termine festgelegt, zu denen bestimmte Ergebnisse erarbeitet sein sollten, so dass der Bearbeitungszeitraum durch vereinbarte Zwischenziele in Etappen gegliedert wird. Im Projektverlauf bilden diese Termine wie im historischen Straßenbau ‚Meilensteine', d. h. Wegmarken, an denen die Projektgruppe gemeinsam die bisher geleistete Arbeit resümiert und darauf aufbauend das weitere Vorgehen bestimmt. Meilensteine sind also zugleich „Entscheidungspunkte" (Kessler und Winkelhofer 2004, 135). Die Planung von Meilensteinen kann auch für Sie relevant sein, wenn Sie mit Ihrem Projekt in einen arbeitsteiligen Prozess eingebunden sind: wenn Sie also an Großprojekten beteiligt sind, bei denen Sie nicht allein agieren, sondern auf die Ergebnisse Ihrer Arbeitsgruppe angewiesen sind oder bei denen Sie anderen Team-Mitgliedern zuarbeiten.

1.4 Einen Projektablaufplan schreiben

Während der tabellarische Zeitplan eher für den persönlichen Gebrauch und für die Kommunikation mit Ihrem/Ihrer direkten Betreuer/in geeignet ist, wird ein ausformulierter Zeitplan vor allem für Personen notwendig, die Ihre Arbeit nicht gut kennen: in Ihrem Fall Ihr/e bewertende/r Professor/in, der/die in die kontinuierliche Betreuung Ihrer Arbeit nicht direkt eingebunden ist. Das Schreiben eines solchen Plans kann Ihnen zudem helfen, sich die einzelnen Arbeitsaufgaben und ihre Bedeutung für das ganze Projekt bewusst zu machen, da Sie durch die Niederschrift gezwungen sind, die Arbeitsaufgaben in einen logischen Verlauf zu bringen. Ähnlich wie durch die Projektskizze (vgl. Kap. 2.6), die eher die inhaltliche Konzeption der Arbeit darstellt, können Sie sich anhand eines solchen Texts über die Zusammenhänge der einzelnen Schritte im Gesamtkontext klar werden.

Projektablaufplan   Wir verwenden für diese Form des Zeitplans den Begriff des **Projektablaufplans**. Sowohl in der Wissenschaft als auch in der Unternehmenskultur funktioniert die Kommunikation oft über solche Pläne. In der Wissenschaft bilden sie beispielsweise einen wichtigen Bestandteil von Finanzierungsanträgen größerer Forschungsprojekte. Sie kommen aber auch bei der Bewerbung um Stipendien und Plätze in Promotionsprogrammen zum Einsatz. Die jeweiligen Gremien entscheiden u. a. anhand solcher Pläne, ob das Projekt gefördert oder der Promotionsplatz zugestanden wird. Die Pläne sollen dabei erweisen, dass Umfang und Inhalt des Projekts den Bedingungen entsprechen und dass die Konzeption gut durchdacht ist.

Genau das kann man bereits am Aufbau eines Projektablaufplans ablesen: Man erkennt daran, inwieweit der/die Antragsteller/in die Thematik verstanden und das Projekt als Ganzes erfasst hat. Zu beobachten ist daran zudem, ob das Vorgehen und die Motivation, die dem Projekt zugrunde liegt, nachvollziehbar sind. Für die Leser/innen muss es nämlich möglich sein, das gesamte Projekt anhand eines solchen Plans einschätzen zu können, ohne dass sie die Projektumstände genauer kennen. Es kommt also darauf an, dass die einzelnen Schritte in eine richtige Reihenfolge gebracht werden und dass aus dem Plan ersichtlich wird, wo die Arbeitsschwerpunkte liegen.

Wie bereits erwähnt, existieren neben einem/einer direkten Betreuer/in oft Instanzen, die formal an Ihrem Projekt beteiligt sind, aber Ihren Arbeitsprozess nicht im Detail verfolgen oder einschränkende Faktoren wenig kennen. Dennoch bewerten sie am Ende Ihre Arbeit. Stellen Sie sich also vor, dass Sie auch diesen Personen den Projektverlauf anhand eines Plans transparent machen müssen.

Um sich das dazu nötige Vorgehen selbst bewusst und für mögliche Leser/innen plausibel zu machen, muss der Projektablaufplan die Arbeitsaufgabe möglichst konkret beschreiben und begründen. Gegenüber der Tabelle muss der Projektablaufplan also deutlich **mehr Informationen** enthalten. Wenn Sie im tabellarischen Zeitplan für die Treffen mit dem/der Betreuer/in zu unterschiedlichen Zeitpunkten ein ‚X' setzen, so ist für diesen nicht unbedingt ersichtlich, weshalb Sie dies jeweils tun. Sie haben hier aber die Möglichkeit, Ihre Entscheidung mündlich zu erklären. Der ausformulierte Plan muss dagegen diese Erklärung bereits selbst enthalten.

Projektablaufplan vs. tabellarischer Zeitplan

Während Sie die Reihenfolge der Arbeitsaufgaben in einem tabellarischen Plan (vgl. Tab. 1.1) nicht in jeder Hinsicht einhalten müssen, ist es beim Projektablaufplan notwendig, feste **Arbeitsschritte** zu definieren, die in einer logischen und zeitlich festgelegten **Reihenfolge** zueinander stehen. Die Arbeitsschritte werden hierbei einer bestimmten Dauer zugeordnet. So könnte Ihr erster Arbeitsschritt für Sie lauten:

Arbeitsschritte

Woche 1: Es wird eine Recherche zum Thema durchgeführt, die klären soll, inwiefern aktuelle Forschung für die eigene Untersuchung einbezogen werden muss.

Dieses Beispiel zeigt Ihnen, dass es sich bei einer solchen Festlegung um eine idealisierte Planung handelt. Denn Sie können nicht wissen, ob Sie im Verlauf Ihres Projekts eben noch häufiger nach aktueller Forschung recherchieren müssen: sei es, weil sich ihr Thema doch ein wenig verändert, sei es, weil es aktuelle Entwicklungen in der Forschung gibt, auf die Sie reagieren möchten.

Jeder, der einen Projektablaufplan liest (vor allem aber Ihr/e betreuende/r Professor/in), weiß, dass Sie am Beginn Ihres Projektes noch nicht genau abschätzen können, was konkret in den jeweiligen Wochen geschieht. Daher geht es eher darum, zu zeigen, dass Sie genau wissen, wie viel Zeit zur Verfügung steht und was Sie konkret darin erledigen wollen. Unsicherheiten sollten Sie also in Ihrem Zeitplan nicht unbedingt mitteilen. Vermeiden Sie deshalb Ausdrücke wie: *Wahrscheinlich tritt ein ..., anzunehmen ist ..., falls möglich.* Sehen Sie deshalb davon ab,

Unsicherheiten

Form des Projektablaufplans

Ihr Projekt und alle damit verbundenen Arbeitsschritte zu detailliert im Blick auf möglicherweise eintretende Umstände darzustellen. Stellen Sie daher auch weniger heraus, welche Arbeiten parallel geleistet werden müssen, sondern ordnen Sie, wie ausgeführt, dem jeweiligen Zeitraum einen konkreten Arbeitsschritt zu. Ihr/e Leser/in kann so besser erkennen, ob Sie an alle erforderlichen Arbeitsschritte gedacht haben.

Der Projektablaufplan sollte folgendermaßen gestaltet sein, damit seine Übersichtlichkeit gewährleistet bleibt:

- Zu Beginn gibt ein **einleitender Text** in wenigen Sätzen die Thematik, den Bearbeitungszeitraum und die Rahmenbedingungen (Ort, Methodik, gegebenenfalls zur Verfügung stehende Gerätschaften, Räumlichkeiten und Materialien) wieder. Der/die Leser/in muss erkennen können, unter welchen Bedingungen die Untersuchung stattfindet.
- Die **Arbeitsschritte** werden als abgeschlossene Einheiten nacheinander aufgelistet und kurz beschrieben.
- Achten Sie auf einen **einheitlichen Stil**: Formulieren Sie entweder ganze Sätze oder geben Sie die Schritte stichpunktartig wieder. So passiert es Ihnen nicht, dass Mischformen entstehen, die dann in der Arbeit selbst womöglich stehen bleiben.

Übung 1.2

Im Folgenden finden Sie zwei Beispieltexte von Projektablaufplänen. Überprüfen Sie die Texte in Bezug auf die Kategorien, die Sie im Bewertungsbogen finden. Gleichen Sie daraufhin Ihre Einschätzung mit unseren Vorschlägen ab. Versuchen Sie jeweils, Ihre Bewertung zu begründen.

Als Grundlage zur Beurteilung dieser Beispieltexte dient Ihnen folgendes Schema:

1. **Liefert der Einleitungstext genügend Informationen zu Thematik, Methodik und Rahmenbedingungen?**

sehr gut	gut	in Ordnung	zu überarbeiten	stark zu überarbeiten

Begründung:

2. **Wie deutlich sind die einzelnen Arbeitsschritte erkennbar?**

sehr gut	gut	in Ordnung	zu überarbeiten	stark zu überarbeiten

Begründung:

Einen Projektablaufplan schreiben 35

3. Sind die Phasen zielgenau formuliert?

sehr gut	gut	in Ordnung	zu überarbeiten	stark zu überarbeiten

Begründung:

4. Ist der Projektablaufplan insgesamt logisch aufgebaut?

sehr gut	gut	in Ordnung	zu überarbeiten	stark zu überarbeiten

Begründung:

5. Ist der Text stilsicher?

sehr gut	gut	in Ordnung	zu überarbeiten	stark zu überarbeiten

Begründung:

Beispieltext 1

Projektablaufplan Bachelorarbeit
Thema der Untersuchung ist die Herstellung mikroporöser PVdF-HFP Co-Polymermembranen. Hierfür werden mikroporöse Polymermembranen mithilfe der Phaseninversion erzeugt und der Einfluss von Zusammensetzung und Beschichtungsparametern auf die Form und Morphologie der Filme untersucht. Die Versuchsreihen und die Herstellung der Ausgangslösungen finden am Campus Nord des Karlsruher Instituts für Technologie (KIT) statt. Das Labor des Instituts für Thermische Verfahrenstechnik, Abteilung Thin Film Technology, sowie die lokalen Arbeitsplätze stehen hierfür zur Verfügung. Die Bachelorarbeit ist auf zwölf Wochen ausgelegt.
   Woche 1: Zu Beginn werden das Thema und der Umfang der Arbeit mit dem/der Betreuer/in festgelegt. Durch eine erste Literaturrecherche wird mit dem Einarbeiten in das Themengebiet begonnen, um auf dieser Basis die Zielsetzung der Bachelorarbeit zu formulieren.
   Woche 2 bis 4: Eine umfangreiche Literaturrecherche zu den theoretischen Grundlagen mikroporöser Polymermembranen und zum

Forschungsstand liefert die Basis des Untersuchungsansatzes, der mit dem/der Betreuer/in abgesprochen wird. Die Untersuchungen werden vorbereitet, indem die gewählte Methodik und die entworfene Versuchsanordnung vor Beginn der Untersuchung geprüft und in einem Versuchsplan festgehalten werden.

Woche 5 bis 8: Dieser Zeitraum steht für die experimentelle Arbeit zur Verfügung: Die mikroporösen Polymermembranen werden erzeugt und die oben genannten Parameter untersucht. Das Vorgehen und die erhaltenen (Zwischen-)Ergebnisse werden dokumentiert. Die aus der Untersuchung gewonnenen Erkenntnisse werden im Rahmen einer Fehlerbetrachtung und unter Berücksichtigung der Versuchsbedingungen interpretiert. Die Befunde werden in den Kontext der bisher geleisteten Forschung eingeordnet und mit dem Betreuer diskutiert.

Woche 9 bis 11: Da die Untersuchung zu diesem Zeitpunkt abgeschlossen ist, erfolgt die Ausarbeitung des Textes. Hierfür wird auf Grundlage der gewonnenen Erkenntnisse zunächst eine Gliederung formuliert. Ist die Rohfassung des Textes erstellt, werden die einzelnen Kapitel mit dem/der Betreuer/in besprochen und gegebenenfalls überarbeitet, damit die inhaltliche und fachliche Konsistenz gewährleistet ist.

Woche 12: Die Endfassung der Arbeit wird von fachinternen und -externen Personen Korrektur gelesen. Zudem wird das Layout überprüft und die Arbeit in digitaler und ausgedruckter, gebundener Form abgegeben.

Anschließend kann mit der Vorbereitung für die Verteidigung bzw. Abschlusspräsentation der Arbeit begonnen werden.

1. Liefert der Einleitungstext genügend Informationen zu Thematik, Methodik und Rahmenbedingungen?

sehr gut	gut	in Ordnung	zu überarbeiten	stark zu überarbeiten
X				

Begründung: Durch den einleitenden Text erhält der Leser die Eckdaten der Untersuchung: das Thema (Herstellung mikroporöser PVdF-HFP Co-Polymermembranen), die Methodik (Erzeugung mikroporöser Polymermembranen mithilfe der Phaseninversion und Untersuchung der Einflüsse auf die Form und Morphologie der Filme), den Ort (Campus Nord des Karlsruher Instituts für Technologie, Labor des Instituts für Thermische Verfahrenstechnik, Abteilung Thin Film Technology, lokale Arbeitsplätze) und den Bearbeitungszeitraum (zwölf Wochen).

2. Wie deutlich sind die einzelnen Arbeitsschritte erkennbar?

sehr gut	gut	in Ordnung	zu überarbeiten	stark zu überarbeiten
X				

Begründung: Die einzelnen Zeiträume sind als abgeschlossene Phasen des Projekts erkennbar, da sich keine der Arbeitsaufgaben auf zwei Zeiträume erstreckt. Dabei lässt sich deutlich zwischen Vorarbeiten (Woche 1), Vorbereitung der Untersuchung (Wochen 2 bis 4), Untersuchung (Wochen 5 bis 8), Schreibarbeit (Wochen 9 bis 11) sowie Korrektur und Abgabe (Woche 12) unterscheiden. Die einzelnen Arbeitsaufgaben werden nicht für sich in einem jeweils eigenen Zeitraum aufgeführt. Dies liegt darin begründet, dass sie im Arbeitsverlauf verschränkt sind und daher eine Einteilung in Phasen sinnvoll ist. Zudem würde der Plan zu detailliert und unübersichtlich werden.

3. Sind die Phasen zielgenau formuliert?

sehr gut	gut	in Ordnung	zu überarbeiten	stark zu überarbeiten
	X			

Begründung: Die Phasenübersicht ist insofern ausführlich, als alle Schritte benannt und zum Teil ausgeführt werden. Der/die Bearbeiter/in macht wiederholt die Notwendigkeit der einzelnen Schritte für das Projekt deutlich. Beispielsweise zeigt er/sie in Woche 1, dass eine erste Recherche notwendig ist, um sich mit dem Themengebiet vertraut zu machen und eine Zielstellung zu formulieren. Ähnlich stellt er/sie in den Wochen 9 bis 11 deutlich die Motivation des Statustreffens heraus („damit die inhaltliche und fachliche Konsistenz gewährleistet ist"), während bei den vorangehenden Treffen deren Zweck nicht erläutert wird. Indem die einzelnen Schritte teilweise näher beschrieben werden, ersetzt der/die Bearbeiter/in die Argumentation. Dies äußert sich unter anderem darin, dass er/sie in den Wochen 5 bis 8 einen Zusammenhang zwischen den Ergebnissen und der ganzen Arbeit herstellt. Dennoch empfiehlt es sich, diese Zusammenhänge argumentativ deutlich auszuformulieren.

4. Ist der Projektablaufplan insgesamt logisch aufgebaut?

sehr gut	gut	in Ordnung	zu überarbeiten	stark zu überarbeiten
X				

Begründung: In der Phasenübersicht wird deutlich, dass die Arbeitsschritte aufeinander aufbauen. Dies bestätigt sich z. B. in Hinblick auf die ersten drei Phasen: Es ist zunächst notwendig, das Thema auf eine bestimmte Zielsetzung hin einzugrenzen. Erst dann können die Recherche und die Entwicklung des Untersuchungsansatzes gestartet werden. Zudem müssen die Methode und die Versuchsanordnung getestet werden, bevor mit der Untersuchung begonnen werden kann.

5. Ist der Text stilsicher?

sehr gut	gut	in Ordnung	zu überarbeiten	stark zu überarbeiten
	X			

Begründung: Der Plan ist stilistisch einheitlich, da alle Punkte in ganzen Sätzen formuliert werden. Zudem versucht der/die Bearbeiter/in, möglichst objektiv zu bleiben, indem er/sie die eigene Person sprachlich nicht in Erscheinung treten lässt (z. B. durch die 1. Person Singular). Stattdessen verwendet er/sie jedoch etwas zu häufig das Passiv (vgl. Kap. 4).

Beispieltext 2

Projektablaufplan Masterarbeit

Die Masterarbeit ist auf 24 Wochen ausgelegt. Der Fokus der Arbeit liegt auf der Modifikation eines Programms zur digitalen Gesichtserkennung.

Wochen 1 bis 4: Erschließen der vorhandenen Literatur zum Themenbereich und des Programms. Einarbeitung in die Theorie sowie in die softwaretechnische Arbeitsumgebung. Die Gliederung wird erstellt und die Einleitung sowie das Theoriekapitel werden begonnen.

Wochen 5 bis 6: Absprache mit dem Betreuer über die Zielsetzung der Arbeit. Zudem wird der Entwurf für die Modifikation des Programms erarbeitet.

Wochen 7 bis 16: Implementierung in das Programm. Nach jeder Modifikation des Entwurfs werden die neu gewonnen Ergebnisse dargestellt und dem/der Betreuer/in vorgestellt.

Woche 17: Die Ergebnisse der vorhergehenden Phase dienen als Grundlage für die Erstellung eines finalen Protokolls der Implementierung. Die Gliederung wird weiter ausgearbeitet.

Wochen 18 bis 23: Zusammenstellen und Vergleichen aller Ergebnisse. Schreiben und Überarbeiten der Rohfassung. Die Rohfassung mit der finalen Gliederung wird dann dem Betreuer zur Überprüfung und Korrektur vorgelegt.

Woche 24: Letzte Korrekturen werden vorgenommen und die finale Version erstellt. Diese wird gedruckt und gebunden beim der Prüfungskommission eingereicht.

1. **Liefert der Einleitungstext genügend Informationen zu Thematik, Methodik und Rahmenbedingungen?**

sehr gut	gut	in Ordnung	zu überarbeiten	stark zu überarbeiten
				X

Begründung: Der Leser erhält im Einleitungstext kaum Informationen zum Projekt. Er erfährt lediglich den Bearbeitungszeitraum und eine grobe Themenstellung. Was Letzteres betrifft, so ist nicht klar, welches Programm modifiziert wird. Ebenso wird nicht deutlich, wie (Methodik) und an welchem Standort mit welchen Ressourcen (lokale Rahmenbedingungen) dies vorgenommen wird. Dadurch entsteht der Eindruck, dass der/die Bearbeiter/in selbst nicht genau weiß, was Gegenstand und Ziel seines Projekts sind.

2. **Wie deutlich sind die einzelnen Arbeitsschritte erkennbar?**

sehr gut	gut	in Ordnung	zu überarbeiten	stark zu überarbeiten
			X	

Begründung: Die Arbeitsschritte sind nur teilweise voneinander abgegrenzt. So wird bei Woche 7 bis 16 deutlich, dass es sich hier um die eigentliche Untersuchung handelt. Weder davor noch danach wird praktisch am Programm gearbeitet. Dagegen ist der Zeitraum der Wochen 1 bis 4 zu weit gefasst. Er enthält insgesamt fünf (Teil-)Schritte: Literaturrecherche, Einarbeitung, Gliederung sowie Schreibarbeit (Einleitung und theoretische Grundlagen). Die beiden Schritte Gliederung und Schreibarbeit tauchen dann in den Wochen 17 und 18 bis 23 wieder auf: Gerade anhand der Gliederung wird das Prozesshafte der Arbeit betont; dies entspricht dem Charakter des tabellarischen Zeitplans, aber nicht dem eines Projektablaufplans. Andererseits bemüht sich der/die Bearbeiter/in in Woche 17, das Schreiben von der Untersuchung zu trennen. Dabei erscheint es gerade beim Protokoll sinnvoll, zu betonen, dass dieses parallel erstellt wird.

3. **Sind die Phasen zielgenau formuliert?**

sehr gut	gut	in Ordnung	zu überarbeiten	stark zu überarbeiten
				X

Begründung: Wie bereits in Bezug auf die Einleitung angemerkt, fehlen wichtige Informationen. Die Beschreibung sollte zwar knapp gehalten werden, aber dem/der Leser/in dennoch genügend Auskünfte über das Projekt und den Arbeitsablauf geben. Schon bei den Wochen 1 bis 4 ist unklar, in welche Theorie der/die Bearbeiter/in sich einarbeiten will. In Bezug auf den vorangehenden Satz kann es sich sowohl um den Themenbereich als auch konkret um das Programm handeln. Problematisch ist bei der Beschreibung der Untersuchung (Woche 7 bis 16), dass nicht deutlich wird, inwiefern hier der Schwerpunkt des Projekts liegt.

4. Ist der Projektablaufplan insgesamt logisch aufgebaut?

sehr gut	gut	in Ordnung	zu überarbeiten	stark zu überarbeiten
			X	

Begründung: Die Arbeitsschritte werden zwar benannt und knapp beschrieben, aber ihre Motivation wird nur an wenigen Stellen deutlich. Dies führt an zwei Stellen wiederum dazu, dass die Abfolge der Aufgaben nicht logisch erscheint. So sollte das Thema in Woche 1 abgesteckt werden, was erst in Woche 5 erfolgt: Der/Die Bearbeiter/in beginnt demnach mit dem Schreiben, bevor er/sie die Zielrichtung seines/ihres Projekts kennt. Zudem ist bei den Wochen 18 bis 23 problematisch, dass der/die Betreuer/in hier die Arbeit überprüfen und korrigieren soll, bevor die Arbeit abgegeben wird. Nähere Erläuterungen oder genauere Formulierungen könnten das Vorhaben verdeutlichen.

5. Ist der Text stilsicher?

sehr gut	gut	in Ordnung	zu überarbeiten	stark zu überarbeiten
			X	

Begründung: Der Text ist stilistisch nicht einheitlich. Der/Die Verfasser/in wechselt zwischen stichpunktartigem Nominalstil und ganzen Sätzen. Selbst bei den Nominalisierungen verfährt er/sie nicht einheitlich, da er sowohl nominalisierte Infinitive („Zusammenstellen und Vergleichen") und Substantive, die aus Verben abgeleitet sind („Einarbeitung"), verwendet.

Übung 1.3

Schreiben Sie nun den Ablaufplan für Ihr Abschlussarbeitsprojekt, den Sie der Projektskizze (vgl. Kap. 2.6) hinzufügen.

Motivation: Projektablaufpläne dienen oft dazu, sich mit Außenstehenden über die Arbeit an Projekten zu verständigen. Anhand eines ausformulierten Projektverlaufs werden die Arbeitsschritte in einen Zusammenhang gebracht, so dass Außenstehende einen Eindruck gewinnen, wie der/die Forscher/in arbeitet: Sie sollen den Arbeitsprozess, den Arbeitsumfang und die Vorgehensweise nachvollziehen, um die Realisierbarkeit einschätzen zu können. Dazu ist es nötig, dass Sie sich als Forscher/in selbst über den Projektverlauf im Klaren sind.

Übung: Stellen Sie sich vor, dass Sie einer fachlich geschulten Person Ihr Arbeitskonzept für ein Projekt präsentieren müssen. Dies erfolgt unter der Voraussetzung, dass diese Ihr Projekt nicht kennt, Sie selbst aber auf diese Person angewiesen sind (beispielsweise wegen einer finanziellen Förderung). Sie muss durch eine knappe Darstellung darin überzeugt werden, dass Sie alle wichtigen Aspekte im Arbeitsprozess berücksichtigen und Ihre Vorgehensweise die richtige ist.

Durchführung: Formulieren Sie in ca. 30 Minuten einen Projektablaufplan auf einer DIN A4-Seite: Geben Sie die nötigen Informationen zu Thema, Methodik und Rahmenbedingungen in einem Einleitungstext an. Beschreiben Sie dann die Arbeitsschritte und bringen Sie diese in einen idealisierten zeitlichen Verlauf. Achten Sie auf einen einheitlichen Stil. Lassen Sie eine oder mehrere Personen aus Ihrer Arbeitsgruppe oder eine/n Kommilitonen/Kommilitonin anhand des oben benutzten Fragebogens das Ergebnis bewerten und besprechen Sie es.

Ziele: Anhand dieser Übung sollen Sie sich über die einzelnen Arbeitsschritte und deren Umfang bewusst werden. Indem sie dem Arbeitsprozess einen strukturierten Verlauf geben, können Sie sich selbst darüber klar werden, wie die Arbeitsschritte zusammenhängen und aufeinander aufbauen. Zudem lernen Sie, einen Text so zu formulieren, dass die Logik seines Verlaufs für Außenstehende nachvollziehbar und formal richtig dargestellt wird. Bereits durch einen solchen Text vermitteln Sie dem Leser einen Eindruck von Ihrer Arbeitsweise.

Quellenverzeichnis

DIN 69901-2. Projektmanagement – Projektmanagementsysteme – Teil 2: Prozesse, Prozessmodell.

Duarte, N. 2009. slide:ology: Oder die Kunst, brillante Präsentationen zu entwickeln. Köln: O'Reilly Verlag.

Ebel, H.F. und Bliefert, C. 2009. Bachelor, Master- und Doktorarbeit. Anleitungen für den technisch-naturwissenschaftlichen Nachwuchs. 4., aktualisierte Auflage. Weinheim: Wiley-VCH.

Hartmann, M. et al. 2008. Präsentieren. Präsentationen: zielgerichtet und adressatenorientiert. Weinheim, Basel: Weitz.

Hey, B. 2011. Präsentieren in Wissenschaft und Forschung. Berlin [u. a.]: Springer Verlag.

Junge, H. [o. J.]. Aufbau einer wissenschaftlichen Arbeit [online]. Verfügbar unter https://studium-3-0.uni-hohenheim.de/schreibwerksatt-aufbauwissarbeit [Zugriff am 29.07.2015].

Kessler, H. und Winkelhofer G.A. 2004. Projektmanagement. Leitfaden zur Steuerung und Führung von Projekten. 4., überarbeitete Auflage. Berlin [u. a.]: Springer Verlag.

Kruse, O. 2007. Keine Angst vor dem weißen Blatt. Ohne Schreibblockaden durchs Studium. 12., völlig neu bearbeitete Auflage. Frankfurt a. M. [u. a.]: Campus-Verlag.

Nöllke, C. und Schmettkamp, M. 2011. Präsentieren. München: Haufe-Lexware.

Seiwert, L.J. 1985. Mehr Zeit für das Wesentliche. So bestimmen Sie Ihre Erfolge selbst durch konsequente Zeitplanung und effektive Arbeitsmethodik. 3., unveränderte Auflage. Landsberg am Lech: Verlag Moderne Industrie.

Shipside, S. 2010. Präsentieren. Erfolgreich präsentieren und überzeugen. Offenbach: Gabal-Verlag.

Stickel-Wolf, C. und Wolf, J. 2013. Wissenschaftliches Arbeiten und Lerntechniken. Erfolgreich studieren – gewusst wie! 7., aktualisierte und überarbeitete Auflage. Wiesbaden: Springer Gabler.

Theisen, M.R. 2008. Wissenschaftliches Arbeiten. Technik – Methodik – Form. 14., neu bearbeitete Auflage. München: Vahlen.

Zelazny, G. 2006. Say it With Presentations: How to Design and Deliver Successful Business Presentations. New York City: McGraw-Hill.

Weiterführende Literatur

Duarte, N. 2009. slide:ology – oder die Kunst, brillante Präsentationen zu entwickeln. Köln [u. a.]: O'Reilly Verlag.

Hartmann, M. et al. 2008. Präsentieren. Präsentationen: zielgerichtet und adressatenorientiert. Weinheim, Basel: Weitz.

Hey, B. 2011. Präsentieren in Wissenschaft und Forschung. Berlin [u. a.]: Springer Verlag.

Nöllke, C. und Schmettkamp, M. 2011. Präsentieren. München: Haufe-Lexware.

Shipside, S. 2010. Präsentieren. Erfolgreich präsentieren und überzeugen. Offenbach: Gabal-Verlag.

Zelazny, G. 2006. Say it With Presentations: How to Design and Deliver Successful Business Presentations. New York City: McGraw-Hill.

2 Themen organisieren

Andreas Hirsch-Weber und Stefan Scherer

Was ist das Thema einer Abschlussarbeit in den Natur- und Ingenieurwissenschaften? Die Beantwortung dieser Frage ist gar nicht so leicht. Unter einem Thema kann das Abschlussarbeitsprojekt insgesamt gemeint sein, d. h. die theoretische oder praktische Untersuchung und die schriftliche und mündliche Präsentation, aber auch das Thema der Abschlussarbeit selbst (vgl. zu dieser Unterscheidung Kap. 1). Wir wenden uns in diesem Ratgeber von diesem Kapitel an der **Schreibphase** zu. Wenn wir hier also darüber Auskunft erteilen, wie Sie Ihr Thema organisieren, dann meinen wir damit den Umgang mit der **inhaltlich-argumentativen Idee** in Ihrem Text und die **strategische** wie konkrete Umsetzung der schriftlichen Bearbeitung des Themas in diesem Text. Unter Strategie verstehen wir in diesem Zusammenhang in erster Linie den Umgang mit einem/einer Betreuer/in bei der Textarbeit.

Es ist auffällig, dass Studierende technischer Fächer auf die Frage, was eigentlich ihr Thema sei, häufig gar nicht oder nur ausweichend antworten. Manchmal sind sie sogar peinlich berührt, darüber so wenig Auskunft geben zu können. Dies kann daran liegen, dass die Abschlussarbeitsthemen in vielen Fällen eben ‚nur' einen Ausschnitt eines sehr großen Forschungsbereichs abbilden, dessen Dimensionen den einzelnen Bearbeitern zum Teil nicht vollständig bekannt sind. Dieses ‚nur' spiegelt aber auch wider, dass Studierende der Natur- und Ingenieurwissenschaften sehr genau wissen, dass ihre Arbeit im disziplinären Kontext noch keine große Rolle spielt, weswegen sie eher Zubringerdienste zur Forschung leisten, als selbst einer eigenen Idee zu folgen. Da viele Abschlussarbeiten zudem eher den Charakter eines **Berichtes** zu einem konkreten Untersuchungsschritt haben, fällt es vielen Studierenden dann auch schwer, in einer Abschlussarbeit so zu tun, als ob das eigene Thema die Speerspitze der technischen Entwicklung darstellt. Das wird von Ihrem Text aber auch gar nicht verlangt. Es reicht meist, zu zeigen, dass Sie verstehen, was Sie konkret zu welchem Zweck untersucht, welche Methoden Sie angewandt haben oder in welchem übergeordneten Kontext Ihre Überlegungen zu einer Theorie stehen. Es geht uns im Folgenden darum, zu zeigen, wie Sie eine Aufgabenstellung aus-

Was ist ein Thema?

wählen, sich dieser annähern und sie formulieren, und nicht zuletzt, wie Sie sich darüber kundig machen, welche Literatur für Ihr Themengebiet relevant ist. Wir zeigen dabei auch auf, dass es zur Themenbearbeitung Strategien gibt, die mit Ihrem universitären Umfeld in Einklang gebracht werden müssen.

2.1 Thema eingrenzen

Wie Sie sich in ein Thema einarbeiten, hängt von vielen Faktoren ab. Die Spannbreite einer Themenbearbeitung liegt – von Fach zu Fach verschieden – zwischen frei gewählten Themen und festgelegten Verfahren der Themenvergabe. Bevor Sie sich also für die Bearbeitung eines Themas entscheiden, sollten Sie abwägen, welche Arbeitsweise Ihnen liegt. Die folgende Tabelle 2.1 kann Sie bei der Themenwahl unterstützen:

Vom Bericht zum Thema

Während also bei manchen Themenbearbeitungen die Prüfungsleistung darin besteht, die vom Prüfer/von der Prüferin festgelegten Aufgaben und Teilschritte genau zu befolgen oder gemeinschaftlich herauszuarbeiten, gehört in anderen Abschlussarbeitsprojekten die **eigenständige Themenentwicklung** zu den Aufgaben des Bearbeiters/der Bearbeiterin. Diese Eigenständigkeit zu zeigen, ist oftmals aber gar nicht so leicht. Denn wenn es in Ihrer Arbeit vor allem darum geht, die konkrete Umsetzung eines Experiments zu protokollieren und die daraus gewonnenen Ergebnisse aufzuschreiben, nimmt Ihre Arbeit zunächst den Charakter eines Berichtes an.

Ein **Bericht** ist in den Natur- und Ingenieurwissenschaften sowohl an der Universität als auch später im Beruf ein wichtiges Mittel der Kommunikation, das dazu dient, Wissen weiterzugeben oder zu archivieren. Dabei gibt es so viele Varianten, dass wir diese hier nicht spezifizieren

Tab. 2.1: Risiken und Chancen der Themenwahl.

Themenstellung	Vorteile	Nachteile/Gefahren
aus Themenausschreibung übernommen	• Thema vorstrukturiert • klare Erwartungen	• mögliche Erwartungen auf bestimmte Forschungsergebnisse nicht erfüllbar • geringe Flexibilität • wenig Raum für eigene Interessen
gemeinsam mit dem/der Betreuer/in erarbeitet	• Stärkung des methodischen Wissens durch kooperatives Handeln • gemeinsame Verantwortung	• starke Abhängigkeit von Einzelpersonen
selbst erarbeitet	• volle Kontrolle über die Themenwahl • Themengebiet flexibel • keine Abhängigkeiten • Berücksichtigung eigener Interessen/Fähigkeiten	• Implikationen des Themas schwer einzuschätzen und zu kontrollieren • Fortschritte für Betreuer/in schwer einzuschätzen • Thema evtl. ungeeignet

können. Im Grunde orientieren sich solche Berichte an den gängigen Standardgliederungen, die auch für Abschlussarbeiten gelten (vgl. Kap. 3). Mit großer Wahrscheinlichkeit haben Sie in Ihrem Studium im Team oder auch eigenständig viele solcher Berichte verfassen müssen. Aus einem Bericht ein Thema abzuleiten, ist die eigentliche Herausforderung, die sich stellt, wenn Sie in Ihrer Abschlussarbeit zeigen möchten, dass Sie Ihr Thema ‚verinnerlicht' haben. Je offener Ihr Spielraum dabei ist, desto wichtiger ist es, kritisch zu hinterfragen, ob die Arbeiten, die Sie durchführen, in einem Bezug zu Ihrem Thema stehen. Sich zu verzetteln, besteht als Gefahr immer dann, wenn Unklarheit darüber herrscht, wofür Sie bestimmte Teilschritte ausführen. Spätestens bei der Abgabe sollte Ihr Text über einen Bericht oder ein Protokoll hinausgehen, d. h. er sollte sich z. B. mit den Untersuchungsergebnissen auch argumentativ in Bezug auf bisherige und in Zukunft nötige Forschung auseinandersetzen. Ein wissenschaftlicher Text hat nämlich immer nur dann eine Daseinsberechtigung, wenn er einer **Forschungsfrage** nachgeht.

Ein mögliches Problem bei der Eingrenzung Ihres Themas besteht auch darin, dass Sie herausarbeiten müssen, welche Grundlagen für die präzise Formulierung Ihrer Forschungsfrage (vgl. Kap. 2.2) notwendig sind. Zur Themeneingrenzung gehört es also immer auch, den Rahmen der Arbeit genau abzustecken. Sie sollten sich daher vor allem in frühen Bearbeitungsschritten immer wieder folgende Fragen stellen:

Grenzen des Themas

- Welche Informationen gehören zu meinem Thema, welche nicht?
- Welche Überlegungen oder Grundlagen gehen bei der Bearbeitung des Themas zu weit?
- Welche Details kann ich aussparen?

Zwar haben viele Studierende bei der Aufnahme des Projekts das trügerische Gefühl, dass zum eigenen Thema bisher kaum geforscht wurde. Das kann im Einzelfall durchaus so sein. Nach einer gut durchgeführten Recherche wird sich im Normalfall aber herausstellen, dass die **Informationsflut**, die das wissenschaftliche Umfeld bietet, nur schwer in den Griff zu bekommen, dann zu strukturieren und schließlich zu begrenzen ist (vgl. Kap. 2.3).

Sofern Sie sich nicht auf ein Thema bewerben, sondern ein Thema selbst erarbeiten, müssen Sie auch einen geeigneten Titel wählen, der die Arbeit insgesamt abdeckt. Wir raten Ihnen dazu, den **Titel möglichst weit zu formulieren**, um sich einen Spielraum zu erhalten. Insbesondere bei Literaturarbeiten können Sie am Anfang Ihres Projektes selten einschätzen, welchen Schwerpunkt Sie in der finalen Fassung Ihrer Arbeit legen werden. Viele Studierende quälen sich bei der Formulierung des Titels oder sind mit dem vorgegebenen Titel nicht einverstanden, da sie denken, dass dieser bereits die Arbeit in ihrer Struktur und Aussage unumkehrbar festlegt. Zum einen können Titel in vielen Prüfungsordnungen aber noch umgeändert werden, zum anderen ist die

Probleme bei der Titelwahl

Entscheidung auch nicht so folgenschwer, da Betreuer/innen sehr wohl wissen, dass sich ein Forschungsprojekt eben in eine nicht absehbare Richtung entwickeln kann. Dennoch ist es gerade bei der Formulierung des Titels sinnvoll, sich möglichst früh mit dem/der Betreuer/in abzustimmen. Gerade hier ergeben sich nach unserer Erfahrung viele Missverständnisse: Möglicherweise nutzen Wissenschaftler/innen gewisse Formulierungen in einem Kontext, an den Sie bisher überhaupt noch nie gedacht haben. Wenn es also darum geht, dass in diesem Punkt fast jedes einzelne Wort darüber entscheiden kann, wie Sie später handeln, dürfen Sie nicht zögern, nachzufragen, wie Ihr/e Betreuer/in den Titel bis ins Detail versteht.

2.2 Eigenes Forschungsvorhaben darstellen und begründen

Viele Studierende fangen mit ihrem Thema ‚einfach mal an'. Eine gewisse Offenheit gegenüber dem Projekt ist auch unbedingt notwendig: Ihre Motivation, das Projekt anzugehen, steigert sich auch dadurch, wenn Sie davon überzeugt sind, dass Sie genau die richtigen Fähigkeiten besitzen, das Thema methodisch und interessengeleitet zu bearbeiten. Das bedeutet: Sie müssen Ihre Vorgehensweise strukturieren, sofern diese nicht bereits durch Ihre/n Betreuer/in festgelegt sein sollte. Es ist von zentraler Bedeutung, dass Sie möglichst zu Beginn des Abschlussarbeitsprojektes Ihre Forschungsfrage formulieren. Denn damit verbinden sich die beiden Kernelemente Ihres Projekts:
- die methodische Untersuchung
- die Präsentation Ihrer Untersuchung in Textform

Teilbereiche einer Forschungsfrage

Beide Aspekte stehen in einem direkten Bezug zu Ihrer Forschungsfrage. Es ist also notwendig, sich diese immer wieder vor Augen zu führen, um sie bei Bedarf auf beide Aufgabengebiete anzuwenden bzw. anzupassen. Das bedeutet, dass es notwendig sein kann, die Forschungsfrage nach diversen Bearbeitungsschritten neu zu formulieren. Dabei werden Sie merken, dass Ihre Forschungsfrage verschiedene Aspekte aufweist. Bei der Formulierung Ihrer Forschungsfrage (vgl. auch Kap. 4.1) bearbeiten Sie in der Regel folgende Teilbereiche:
- Problemstellung
- Zielsetzung
- Vorgehensweise
- Motivation

In allen Bearbeitungsschritten Ihres Textes müssen Sie diese Punkte berücksichtigen, denn dadurch entwickeln Sie Ihre Argumentationslinien für die gesamte Arbeit.

Unter einer **Problemstellung** verstehen wir den Kern Ihrer Forschungsfrage. Argumentieren heißt immer, dass Sie etwas auf kohärente und überprüfbare Weise vermitteln wollen. Sobald Sie Hauptaussagen definieren können, fällt es Ihnen umso leichter, Spezifikationen, weitergehendes Material etc. um diese Hauptaussagen herum zu gruppieren. Jeder Text, der verstanden werden will, braucht **Botschaften**. Um dies an einem Beispiel zu verdeutlichen, wenden wir diesen für eine Abschlussarbeit zentralen Aspekt auf unseren eigenen Text in vorliegendem Ratgeber an, indem wir die Problemstellung und anschließend die Zielsetzung unseres Buches beschreiben:

Problemstellung

> *Eine Botschaft unseres Ratgebers ist es, dass wir dabei helfen möchten, zu verstehen, dass eine Abschlussarbeit von vielen individuellen Faktoren abhängt. Studierende müssen sich selbstständig und überlegt entscheiden, welche Hinweise Sie auf die Gegebenheiten an Ihrem Standort umsetzen. Dazu ist es nötig, die Leitgedanken der Abschlussarbeit schriftlich zu fixieren, um daran anschließend die weiteren Kapitel formulieren zu können.*
>
> *Ziel dieses Ratgebers ist es, Studierenden der Natur- und Ingenieurwissenschaften Hilfestellungen rund um das wissenschaftliche Schreiben zu geben. Studierende sollen in die Lage versetzt werden, Abschlussarbeiten so zu schreiben, dass sie formal, argumentativ und stilistisch den wissenschaftlichen Ansprüchen Ihrer Disziplin genügen.*

Es geht bei der **Zielsetzung** also darum, zu vermitteln, was Sie mit Ihrem wissenschaftlichen Beitrag erreichen möchten. Sie können hier zudem mitteilen, wie Sie Ihre Arbeit strukturieren, um diese Ziele zu erreichen.

Bei den Ausführungen zum Teilbereich Methodik oder **Vorgehensweise** wird von Ihnen beschrieben, wie Sie Ihr Projekt wissenschaftlich durchgeführt haben. Dabei geht es einerseits um konkrete Tätigkeiten, andererseits um einen Einblick in theoretische Grundlagen. Um es erneut auf das vorliegende Buch anzuwenden:

Vorgehensweise

> *Dieser Ratgeber vermittelt Techniken wissenschaftlichen Schreibens in den Natur- und Ingenieurwissenschaften anhand von Praxisbeispielen und verschiedenen schreibdidaktischen Hilfestellungen. Dabei werden unter anderem sprachwissenschaftliche Untersuchungen anhand von Dissertationen zu Grunde gelegt. Das Material wurde in einem transdisziplinären Team erarbeitet und erprobt.*

Nicht zuletzt ist es wichtig, die **Motivation** zu Ihrer wissenschaftlichen Arbeit begründen zu können. Dabei geht es weniger darum, Ihre eigene Motivation zu beschreiben als vielmehr darum, zu zeigen, warum es relevant ist, sich mit Ihrem Arbeitsgebiet zu beschäftigen. Sie demonstrieren hier, dass Ihre Arbeit auf dem Stand der Forschung argumen-

Motivation

tiert und es gute Gründe für diese Forschungen zu diesem Zeitpunkt gibt. Auch hier soll uns das vorliegende Buch als Beispiel dienen:

> *Wissenschaftliches Schreiben in den Natur- und Ingenieurwissenschaften wurde bislang wissenschaftlich nur wenig untersucht. Auch die Ratgeber zum wissenschaftlichen Schreiben sind noch nicht in hinreichendem Maße auf diese Fächer fokussiert. Vorliegender Ratgeber verknüpft erstmals die Schreibforschung für ingenieur- und naturwissenschaftliche Fächer mit schreibdidaktischen Hilfestellungen, um Studierende bei der Erstellung von Abschlussarbeiten in diesen Disziplinen zu unterstützen.*

elevator pitch   Eine Möglichkeit, die Formulierung einer Forschungsfrage zu üben, ist der sogenannte **elevator pitch**. Diese Methode aus der Unternehmenskultur wird in vielen Arbeitsgruppen in den Natur- und Ingenieurwissenschaften angewendet. Ziel der Betreuer/innen ist es dabei, die Absolventen/Absolventinnen immer wieder dazu zu bringen, das eigene Thema in einer möglichst prägnanten Form zusammenzufassen, damit der Blick auf das Wesentliche geschärft wird.

Im Übrigen ist das eine Kompetenz, die in der Unternehmenskommunikation immer mehr an Bedeutung gewinnt. Auch beim wissenschaftlichen Arbeiten ist es sehr hilfreich, die Hauptaussagen des eigenen Forschungsprojektes so präsentieren zu können, dass sie ein Außenstehender möglichst schnell erfassen kann.

Übung: *elevator pitch*

Der *elevator pitch* ist eine Methode, die Ihnen helfen kann, die Kernbotschaften Ihres Textes genau und pointiert zu formulieren. Der Name für dieses Verfahren geht darauf zurück, dass Ihnen die Dauer einer Fahrstuhlfahrt zur Verfügung steht, um Ihrem Gegenüber Ihr Projekt vorzustellen, d. h. eine andere Person von dessen Idee sowie der Art und Weise der Durchführung zu überzeugen. Stellen Sie sich dafür vor, dass Sie einem Vorgesetzten – in Ihrem Fall z. B. Ihrem/Ihrer Professor/in – in ca. 30 Sekunden Ihr Thema erklären.

Durchführung: Treffen Sie sich mit einem/einer oder mehreren Kommilitonen/Kommilitoninnen, z. B. aus Ihrer Arbeitsgruppe. Jede Person skizziert die oben genannten vier Teilbereiche einer Forschungsfrage schriftlich in Stichworten. Erklären Sie im nächsten Schritt Ihren Kommilitonen und Kommilitoninnen Ihr Thema in eigenen Worten und in zusammenhängenden Sätzen. Diskutieren Sie Ihr Thema mit der Gruppe oder Ihrem Gegenüber. Nehmen Sie sich nun ca. 30 bis 45 Minuten Zeit, um Ihr Thema schriftlich zusammenhängend auszuformulieren. Im Anschluss memorieren Sie Ihren Text; dafür haben Sie ca. 15 Minuten Zeit. Nehmen Sie sich nun eine Stoppuhr und erläutern Sie Ihr Thema, ohne dabei auf den Text zu schauen, in max. 30 Sekunden. Im Anschluss geben Sie sich gegenseitig ein Feedback.

Ziele: Ziel dieser Übung, deren Abfolge Sie je nach Bedarf verändern können, ist es, dass Sie einerseits lernen, Ihr Thema zu strukturieren und argumentativ zu entfalten. Andererseits geht es darum, dass Sie danach in der Lage sind, Ihr Thema in einer mündlichen Situation zielgenau und ohne Hilfsmittel darstellen zu können. Das hilft Ihnen beim Schreiben insofern weiter, als Sie sich beim Abfassen der jeweiligen Kapitel das Thema nun deutlicher und leichter als zuvor vor Augen führen können. Die Übung soll Ihnen also dabei helfen, der gesamten schriftlichen Arbeit eine argumentative Struktur zu geben.

2.3 Forschungsstand ermitteln (Informationskompetenz)

Ein elementarer Schritt bei der Eingrenzung Ihres Themas besteht darin, den Forschungsstand zu ermitteln. In vielen Fällen erhalten Sie von Ihrem Betreuer/Ihrer Betreuerin eine Literaturliste, die die relevante Literatur zu Ihrem Thema enthält. Wenn Sie Ihre Arbeit im Rahmen eines größeren Forschungsprojektes anfertigen, ist es oft üblich, dass andere Beteiligte bereits einen Materialpool angelegt haben, auf den Studierende und Wissenschaftler/innen gleichermaßen zurückgreifen können. Und doch ist es unausweichlich, dass Sie eigenständig ermitteln müssen, ob die Ihnen zur Verfügung gestellte Literatur zur Bearbeitung der Fragestellung ausreicht und ob die Literaturliste, die Sie erhalten haben, noch aktuell ist. Letztendlich sind ausschließlich Sie dafür verantwortlich, dass Ihre Arbeit den aktuellen Forschungsstand enthält. Selbstredend gibt es auch Betreuer/innen, die keine Literaturlisten ausgeben und die Recherche zu den Aufgaben der Studierenden zählen. Schließlich gibt es auch in den natur- und ingenieurwissenschaftlichen Fächern Bachelorarbeiten, die als reine Literaturarbeiten (oftmals auch als Literaturrecherche bezeichnet) angelegt sind.

Bibliotheken auch an technischen Hochschulen spezialisieren sich aktuell immer weiter darin, Studierenden nicht nur die notwendige Literatur zur Verfügung zu stellen, sondern sie auch dahingehend zu schulen, wie man an die Informationsbeschaffung richtig herangeht. In diesem Zusammenhang hat sich der Begriff der Informationskompetenz herausgebildet. Informieren Sie sich über die Angebote Ihrer Bibliothek in diesem Bereich. Dazu gehören neben allgemeinen Recherchestrategien z. B. auch fachspezifische Fachdatenbankschulungen oder E-Learning-Module. Nachfolgend vermitteln wir einen Überblick über verschiedene Möglichkeiten, wie Sie an Ihre Forschungsliteratur kommen und wie Sie herausfinden, ob die Literatur, die Sie finden, für Ihr Thema relevant ist.

Informationskompetenz durch Bibliotheken

Im Grunde gibt es zwei Möglichkeiten, Literatur zu suchen und zu finden:
- durch die systematische Recherche
- durch die unsystematische Recherche

Recherche-Techniken

Systematische Recherche

Wichtigstes Element der **systematischen Recherche** ist die Schlagwortsuche in Datenbanken. Jeder wissenschaftliche Text ist bestimmten Schlagworten zugeordnet; durch ein Schlagwort bzw. einen Oberbegriff wird z. B. ein Fachartikel mit einem Themenfeld in Verbindung gebracht. Mit Hilfe der Suche nach diesen Begriffen lässt sich in der Regel eine große Menge an themenspezifischer Literatur finden. Bei der Suche nach den richtigen Schlagwörtern hilft es z. B., relevante Begriffe auf Deutsch bzw. auf Englisch zu übersetzen. Genauso kann es helfen, mit einem Synonymenwörterbuch zu arbeiten oder die zugewiesenen Schlagworte der bereits gefunden Artikel zu analysieren bzw. in Fachdatenbanken (s. u.) auszuprobieren. Machen Sie sich gegebenenfalls eine Liste, welche Schlagworte Sie bereits in welches System eingegeben hatten. So vermeiden Sie, dass Sie Begriffe wiederholt in die gleiche Suchmaske eingeben – Sie sparen damit Zeit.

In **Fachdatenbanken** haben Sie die Möglichkeit, die Schlagwortsuche auf ein Fachgebiet zu beschränken. Diese sind von Experten der verschiedenen Fächer so eingerichtet, dass sich die Wahrscheinlichkeit erhöht, die relevante Literatur zu einem Themengebiet aufzufinden. Eine Liste der für Sie maßgeblichen Fachdatenbanken finden Sie in aller Regel auf der Homepage Ihrer Bibliothek. Sollte Ihre Bibliothek keine solche Auflistung anbieten, können Sie sich auch auf den Seiten anderer Universitätsbibliotheken informieren. Beachten Sie aber, dass nur ein Teil der Fachdatenbanken als Open-Access-Angebot zur Verfügung steht. Ob Ihre Bibliothek eine bestimmte Fachdatenbank lizensiert hat, erfahren Sie beim jeweiligen Auskunftsdienst. Zudem haben Sie meist nur über das Netz Ihrer Hochschule oder über einen sogenannten **Shibboleth-Zugang** (mit Benutzername und Kennwort Ihrer Hochschule) Zugriff auf die jeweilige Fachdatenbank bzw. auf das jeweilige Onlinemedium.

> **Tipp:** Über einen VPN-Client können Sie von Ihrem Rechner zu Hause aus eine Verbindung zum Netz Ihrer Hochschule schaffen und so kostenlos auf Volltexte etc. zugreifen.

Suchergebnisse eingrenzen

In den Datenbanken Ihrer Bibliothek erhalten Sie ein Mischangebot aus der eben dargelegten Datenbanksuche nach Schlagworten und der **Volltextsuche**. Das liegt meist daran, dass die digitalisierten Medien, die in Ihrer Bibliothek vorliegen, häufig insgesamt durchsucht werden, während jene Literatur, die lediglich in analoger Form vorhanden ist, nach Schlagworten gesucht werden muss. Die Volltextsuche ist eine bequeme Möglichkeit, möglichst viele Quellen auf Relevanz zu prüfen. Allerdings ist die Anzahl der Treffer dabei so groß und das Ergebnis so unübersichtlich, dass eine sinnvolle Recherche nur unter erheblichem Zeitaufwand durchzuführen ist. Die Suchergebnisse müssen dann in mühsamer Kleinarbeit eingegrenzt werden.

Dazu gibt es verschiedene Werkzeuge, die Ihnen helfen können: Die Eingrenzung Ihrer Suchergebnisse wird z. B. durch **facettieren** erleichtert. In der Regel befinden sich am oberen rechten oder linken Rand der Datenbank-Website sogenannte Facetten, die Ihre Suche durch das Setzen eines oder mehrerer Haken beschränken: So können Sie Ihr Ergebnis etwa nach Aktualität, Ressourcentyp (z. B. Onlinequelle, Buch), Sprache, Disziplin etc. filtern. Beachten Sie aber, dass diese Einschränkungen fehlerhaft sein können. Da für eine solche Eingrenzung insbesondere die Metadaten Ihrer recherchierten Informationen gelesen werden, kann es bei einer ungenauen oder falschen Eingabe der Bibliotheksdienste oder Verlage zu falschen Darstellungen kommen. Im Großen und Ganzen können Sie sich auf die Recherchetools Ihrer Bibliothek aber verlassen, so dass es sehr sinnvoll ist, sich darin einzuarbeiten.

Insbesondere Fachdatenbanken, aber auch viele Datenbanken der Bibliotheken bieten sogenannte **Alert-Dienste** an. Sie können hier, nachdem Sie einen Benutzeraccount bei der jeweiligen Datenbank angelegt haben, Ihre Suche abspeichern und so programmieren, dass Sie bei Aktualisierungen über neue Treffer nach Maßgaben Ihrer Sucheinstellung per E-Mail informiert werden. Auf diese Weise stellen Sie auch sicher, dass Sie bei neuen Entwicklungen in Ihrem Thema zeitnah einen Hinweis erhalten. Allerdings sollten Sie sich dabei nicht zu sehr verunsichern lassen, wenn gegen Ende Ihres Arbeitsprojektes neue, aktuelle Recherchergebnisse gemeldet werden, die Sie nicht mehr ausreichend einbeziehen können. In diesem Fall schlagen wir Ihnen vor, in Absprache mit Ihrem/Ihrer Betreuer/in die aktuellen Literaturhinweise in Ihrer Arbeit zu benennen und dies mit dem Zusatz zu versehen, dass die jeweils neuen Publikationen für eine eingehende Berücksichtigung in Ihrer Arbeit zu spät erschienen sind. Erst in der Dissertation muss alle relevante aktuelle Forschungsliteratur präsentiert werden. Da in einer studentischen Abschlussarbeit dagegen Fristen eingehalten werden müssen, kann es vorkommen, dass aktuelle Forschung auch unberücksichtigt bleibt.

Alert-Dienste

Literatursuche mit Google Scholar
Als erster Zugriff bei der Literatursuche bietet Ihnen auch Google Scholar (http://scholar.google.de) einen guten Einblick. Viele Studierende kennen diesen Service von Google nicht, der auf die Suche von Forschungsliteratur spezialisiert ist und zudem auch über einen gut funktionierenden Alertdienst verfügt. An vielen Universitätsbibliotheken lässt sich das Angebot von Google Scholar mit den Katalogen der Bibliotheken automatisch abgleichen. Dafür müssen Sie sich während der Suche bei Google Scholar lediglich im Universitätsnetz befinden oder per VPN-Client einwählen. Da für den Nutzer nicht wirklich ersichtlich ist, wie Google Scholar die Suchergebnisse fin-

det und verarbeitet bzw. welche Datenbanken zur Generierung der Trefferliste durchsucht werden, ist die Recherche in diesem Suchdienst aber eher der unsystematischen Recherche zuzuordnen.

Unsystematische Recherche

Bei der **unsystematischen Recherche** handelt es sich vor allem um die Suche nach dem sogenannten **Schneeballprinzip**. Hierbei geht es darum, einen möglichst aktuellen wissenschaftlichen Text zu finden, der wiederum möglichst nah an Ihrem Forschungsthema verortet ist. Mit Hilfe der Literaturliste oder des Forschungsüberblicks in diesem Text suchen Sie dann nach weiterer Literatur. Ein großer Vorteil dieser Vorgehensweise besteht darin, dass sich Ihr Blick dafür schärft, welche Texte und insbesondere welche Forscher häufig zitiert werden, wer in der *scientific community* die Kommunikation in ihrem Themengebiet bestimmt und welche Forschung als Grundlage für weitere Forschungen diente. Mit anderen Worten befähigt Sie dieses Vorgehen, den Forschungsüberblick in Ihrer Arbeit auch im Kontext zu anderen Arbeiten zu schreiben. Von Nachteil der unsystematischen Literaturrecherche ist es, dass Sie von den jeweiligen Ursprungstexten abhängig sind und keine Möglichkeit haben, aktuellere Forschungsbeiträge zu finden, als es ihr Ausgangstext zulässt.

Eine weitere Möglichkeit, unsystematisch an Literatur zu gelangen, ist das **Stöbern**. Dazu müssen Sie allerdings Zeit in der Bibliothek verbringen, um herauszufinden, was es zu Ihrem Thema ‚sonst noch so gibt'. Ihre Bibliothek ist in der Regel thematisch organisiert: Neben Ihrem Buch könnte deshalb ein weiteres Buch stehen, das mit Ihrem Thema etwas zu tun hat. Nehmen Sie sich dafür Zeit und nehmen Sie dabei auch Bücher zur Hand, die auf den ersten Blick etwas weiter von Ihrem eigentlichen Thema entfernt sind. Einerseits werden Sie dabei nämlich erkennen, dass die Titel von wissenschaftlichen Texten mitunter nicht alle Aspekte eines Textes wiedergeben und das Durchblättern durchaus produktiv sein kann. Andererseits sehen Sie so auch, **wie wissenschaftliche Texte organisiert** bzw. **geschrieben sind**.

> Das Stöbern funktioniert oft auch mit elektronischen Medien. Manche Bibliotheken bieten eine solche Funktion mittlerweile auch digital an. Darüber hinaus gibt es – ähnlich wie bei Onlinehändlern, die Produkte mit anderen Produkten in Beziehung bringen und den Kunden als Kaufvorschläge anbieten – in vielen Bibliotheksportalen eine **Tippfunktion**, die Ihnen Titel vorschlägt, die für Ihr Thema interessant sein können.

Spätestens wenn Sie bei der Suche nicht mehr weiter wissen, können und sollten Sie die Fachreferenten/-referentinnen und Auskunftsdienste der Bibliotheken befragen. Die Mitarbeiter/innen an den ‚Helpdesks' haben oftmals ein Fachstudium absolviert und kennen sich mit der disziplinspezifischen Literatursuche sehr gut aus.

Die eben skizzierten Möglichkeiten zur Informationsbeschaffung bilden insgesamt den ersten Zugang zum Umgang mit Forschungsliteratur. Das Recherchieren erfordert aber auch immer, abzuwägen, inwieweit Ihre Rechercheergebnisse relevant sind. Relevanzkriterien zu finden und für das eigene Thema zu ordnen bzw. zu definieren, ist die eigentliche Herausforderung bei der Literaturrecherche. Zunächst ist es notwendig, sich darüber zu informieren, welche Publikationsformen für Ihren Themenbereich maßgeblich sind (vgl. weiterführend zu akademischen Publikationsformen Ebel et al. 2006). Folgende Tabelle 2.2 zeigt Ihnen verschiedene Publikationsformen, die Ihnen bei der Recherche begegnen können und gibt Ihnen zudem Hilfestellungen, wie diese Quellen zu bewerten sind:

Relevanz von Publikationsformen

Tab. 2.2: Relevanz von Publikationsformen bei der Informationsbeschaffung.

Publikationsform	Vorteile	Nachteile	Relevanz	Zitierbarkeit
Paper (Artikel in Fachzeitschrift)	• hohe Aktualität • Qualitätskontrolle durch Peer-Review-Verfahren	• voraussetzungsreich • thematisch eng	+++	ja
Dissertation (Doktorarbeit)	• Aktualität • Vorbildfunktion für eigene Arbeit • Zusammenhänge einer Argumentation explizit	Qualität schwer einschätzbar	++	ja
Onlinequelle 1: wissenschaftliche Open-Source-Quelle	• hohe Aktualität • Volltext leicht auffindbar	Review-Verfahren oft schwer einschätzbar	+	ja
Onlinequelle 2: Website z. B. Ämter, Firmen	allgemeine Daten bzw. Statistiken	keine wissenschaftliche Quelle	++	nach Absprache
Lehrbuch	fundiertes Wissen	kein wissenschaftlicher Text im Sinne neuer Forschungsergebnisse	+	nach Absprache
Artikel in Sammelband, z. B. Tagungsband	thematisch ähnliche Beiträge	Vorläufigkeit	+	ja
Lexikoneintrag	• Grundlagenwissen • korrekte Informationen		++	ja
Wikipedia		Urheber unbekannt nicht auf Dauer einsehbar	-	nein
Tagungsprotokolle/ Vorlesungsskripte	• Grundlagenwissen • eventuell sehr aktuell	• Argumentation nicht nachvollziehbar • keine zitierbare Quelle (weil nicht jedem verfügbar)	0	nein/ nach Absprache
Abschlussarbeiten	(s. u.)	(s. u.)	(s. u.)	nach Absprache

Angebote von Bibliotheken	Sie sehen, dass es notwendig ist, genau zu prüfen, welche Art von Quelle bzw. welche Publikationsform Sie gerade in der Hand haben, um zu entscheiden, ob Sie die Quelle nutzen dürfen und inwiefern Sie sich auf deren Inhalte verlassen können. Darüber hinausgehend empfehlen wir Ihnen, eine Einführung in fachspezifische Recherchewege und Fachdatenbanken zu besuchen oder ein entsprechendes Onlineangebot zu nutzen. Die Kurse werden von den Universitätsbibliotheken angeboten und von Fachreferenten/Fachreferentinnen durchgeführt. Dort lernen Sie auch weitere Relevanzkriterien kennen, z. B. welcher Zitierindex für Ihr Fach relevant ist bzw. die Reputation einzelner Forscher oder Fachzeitschriften bemisst.
Bachelor- und Masterarbeiten	Der Umgang mit studentischen Abschlussarbeiten im Hinblick auf die Frage danach, ob sie als Forschung anzusehen sind, ist ein kontrovers diskutiertes Thema an technischen Hochschulen und Universitäten. Das Problem besteht darin, dass studentische Arbeiten nicht zitierfähig sind, denn formal gesehen muss eine Quelle, die in einer wissenschaftlichen Arbeit zitiert wird,

1. einen nachvollziehbaren Autor haben,
2. einseh- und abrufbar sein,
3. über einen längeren Zeitraum verfügbar sein,
4. veröffentlicht, bzw. publiziert sein.

	Studentische Texte erfüllen in der Regel die Kategorien 2 bis 4 nicht und sind daher eigentlich nicht zitierbar. Dennoch sind die Grundsätze zur guten wissenschaftlichen Praxis (vgl. wiederum Kap. 6.4) wie bei publizierten wissenschaftlichen Texten zu beachten. Dies heißt für Sie: Sofern Sie die Arbeiten von Studierenden in Ihrer Darstellung verwenden möchten, dürfen Sie keinesfalls verschleiern, dass es sich um Abschlussarbeiten handelt. Oftmals haben Sie dabei auch gar keine Wahl, wenn Ihr/e Betreuer/in von Ihnen verlangt, die Ergebnisse bzw. Vorarbeiten Ihrer Kommilitonen und Kommilitoninnen zu nutzen. Es ist also zwingend erforderlich, sich bereits bei der Recherche genau zu überlegen, ob und in welcher Weise die Arbeiten anderer für Ihre Arbeit verwendbar ist. Die folgende Tabelle 2.3 kann Ihnen als Orientierung dienen.
Abschlussarbeiten und Betreuer/innen	Die beschriebene Tatsache, dass die Abschlussarbeit keine eigene wissenschaftliche Textsorte darstellt, hat möglicherweise Konsequenzen für den Umgang mit Ihrem/Ihrer Betreuer/in. Weil diese/r selbst keine Abschlussarbeiten mehr schreibt, sondern eben überwiegend Paper, kann es sein, dass er/sie seine/ihre genaueren Vorstellungen über die Darstellungskriterien Ihrer Abschlussarbeit gar nicht explizit ausführen kann. Ein Grund dafür besteht darin, dass ein/e Betreuer/in diese Textform, was Themengestaltung, stilistische Merkmale und Aufbauprinzipien angeht, in der Regel seit längerem selbst gar nicht mehr praktiziert. Sie müssen daher auch unter diesem Gesichtspunkt Ihren/Ihre Betreuer/in verstehen lernen.

Tab. 2.3: Umgang mit studentischen Texten in Abschlussarbeiten.

	Abschlussarbeiten anderer Universitäten/ Hochschulen	Abschlussarbeiten des eigenen Instituts	Abschlussarbeiten der eigenen Arbeitsgruppe/ des eigenen Lehrstuhls
inhaltliche Orientierung	ja	ja	ja
formale Orientierung	nein	ja	ja
Grundlagen übernehmen	nein	nein	nach Absprache
Methoden übernehmen	nein	nach Absprache	nach Absprache
Daten/Ergebnisse übernehmen	nach Absprache	nach Absprache	ja
formale Richtlinien übernehmen	nein	nach Absprache	nach Absprache
Zitieren	nach Absprache	nach Absprache	ja

Exkurs: Psychologie des Betreuers/der Betreuerin

Immer wieder ist Ihnen in den vorangehenden Abschnitten die Formulierung ‚nach Absprache' begegnet. Auch bei der Frage danach, wie man mit Forschungsliteratur richtig umgeht, gilt, was unseren Ratgeber überhaupt trägt: dass Sie herausfinden müssen, welche wissenschaftlichen Maßstäbe Ihr/e Betreuer/in an Ihre Abschlussarbeit anlegt. Zu beachten sind dabei die hierarchische Position Ihres Betreuers/Ihrer Betreuerin wie die damit verbundenen Entscheidungskompetenzen, gerade auch was die Notengebung angeht (vgl. Kap. 1.1). Sie sollten also möglichst früh den/die Betreuer/in Ihrer Arbeit ‚verstehen' lernen.

In diesem Exkurs orientieren wir vor allem darüber, wie Ihnen der **Umgang mit Personen** gelingen kann, die Sie bei Ihrem Abschlussarbeitsprojekt begleiten. Für alle Fälle und alle Fächer zugleich gültige Ratschläge kann es dabei nicht geben. Es spielen zu viele Faktoren bis hin zu individuellen Umständen hinein, die z. B. in der Persönlichkeit oder im Erfahrungsstand der Sie betreuenden Personen beschlossen liegen. Allgemein gültige ‚Gesetze' sind daher so wenig zielführend wie allgemeine Regeln über das wissenschaftliche Schreiben. Auch eine persönliche Selbstfindung oder Mechanismen zur Selbstregulation, die Ihnen in Schreibratgebern gerne anempfohlen werden, helfen Ihnen nicht weiter, wenn Sie die konkreten Umstände in der Betreuungssituation nicht beachten. Sie müssen demnach verstehen lernen, dass Sie mit Ihrem/Ihrer Betreuer/in sowohl auf der individuellen Ebene als auch auf der institutionellen Ebene zu tun haben. Gemeint ist damit z. B., dass auch diese Personen in universitäre Hierarchien eingebunden sind, die man kennen muss, um die jeweiligen Entscheidungsspielräume einschätzen zu können. Sie sollten auf der Basis solcher Einsichten möglichst früh beurteilen können, wie strategisch sinnvoll bei der Durchführung einer Abschlussarbeit vorzugehen ist.

> Konkrete Umstände der Betreuungssituation verstehen lernen

| Individuelle Vorlieben des Betreuers/der Betreuerin | Da viele Entscheidungen von den Zustimmungen Ihrer betreuenden Personen abhängig sind, müssen Sie Maßnahmen ergreifen, mit deren Hilfe Sie herausfinden, was diese von Ihnen erwarten. Sie sollten dabei bedenken, dass Sie von diesen Personen solche Erwartungen nicht unbedingt direkt mitgeteilt bekommen – übrigens auch deshalb nicht, weil sie das womöglich selbst kaum genauer formulieren können. Auch das ist oft davon abhängig, auf welcher Karrierestufe (vom/von der Anfänger/in bis zum/zur professionell agierenden Wissenschaftler/in) und in welcher Hierarchie Ihr/e Betreuer/in (vom Promovenden/von der Promovendin bis zum/zur Lehrstuhlinhaber/in) stehen. Auch die Betreuer/innen Ihrer Arbeit unterliegen unter den angedeuteten unterschiedlichen Voraussetzungen einer je eigenen, durchaus **individuellen wissenschaftlichen Praxis des Lesens, Forschens, Schreibens und Publizierens**. In der Regel wissen sie von sich aus zwar ganz genau, was gute und was schlechte wissenschaftliche Praxis ist. Das heißt nun aber wiederum nicht, dass sie Ihnen gegenüber selbst unmissverständlich ausführen können, worin ihre Auffassungen guter oder schlechter wissenschaftlicher Abschlussarbeiten bestehen, damit Sie danach handeln können. Auch bei der Themenfindung und während der Organisation Ihres Themas müssen Sie herausfinden, wie Ihre Betreuer/innen unter den angedeuteten unterschiedlichen Voraussetzungen ‚ticken'. Denn erst dann sind Sie in der Lage, Texte verfassen zu können, die diesen Personen wissenschaftlich zusagen. Dies gelingt letztlich nur auf indirektem Weg, in der Regel vor allem dadurch, dass Sie diesen Personen die richtigen Fragen stellen. |

2.4 Forschungsliteratur strategisch lesen (‚rastern' und genau lesen)

Um herauszufinden, wie Sie Ihre Abschlussarbeit angemessen formulieren, ist es sinnvoll, Forschungsliteratur nicht nur kritisch zu lesen, sondern auch strategisch zur Kenntnis zu nehmen. Und d. h. wiederum, dass Forschungsliteratur nicht nur rein inhaltlich zu lesen ist, sondern eben auch nach dem Gesichtspunkt, ob und wie sie den Vorgaben bzw. Erwartungen Ihres Betreuers/Ihrer Betreuerin entspricht. Zu beachten sind hier die formale Gestaltung und die gliederungstechnische Organisation eines Themas, aber auch der Stil eines Forschungsbeitrags, dies auch im Verhältnis zu seiner Zugehörigkeit zu einer bestimmten Textsorte (Paper, Monographie, Lehrbuch u. a., vgl. Kap. 2.3). Sie müssen demnach auch herausfinden, welcher Art Forschungsliteratur bei Ihrem Betreuer/Ihrer Betreuerin besonderen Zuspruch findet. Auf diese Weise können Sie ein Gefühl dafür entwickeln, mit welchen Textstrategien Sie selbst am besten auf positive Resonanz stoßen. In dieser frühen Phase Ihres Abschlussarbeitsprojekts geht es daher in erster Linie nicht ausschließlich um Inhalte, sondern auch darum, welcher Ton, welche Stilgesten (Bau von Sätzen, Stillagen zwischen sachlicher Nüchternheit und rhetorischem Schmuck u. a.), welcher argumentative Aufbau und welche Organisationsformen der Arbeit überhaupt geeignet sind, Ihre/n Betreuer/in positiv zu beeindrucken.

Genau dies sollte entsprechend Ihr Leseverhalten im Umgang mit Forschungsbeiträgen steuern. Man kann grundsätzlich zwischen dem schnellen, nach Stich- oder Schlagworten ‚**rasternden**' **Lesen** und dem **akribisch genauen Lesen** unterscheiden, das auf Einzelheiten eines Texts achtet (vgl. weiterführend zu verschiedenen Lesetechniken z. B. Lange 2013; Peirick 2013; Rost 2012). Hilft das erste Verfahren dabei, in einem wissenschaftlichen Text die entscheidenden Stellen aufzufinden und erste Eindrücke von der Qualität und Relevanz eines Forschungsbeitrags für die eigene Arbeit zu sammeln, geht es im zweiten Vorgehen um die genauere Erschließung von Inhalten. Diese werden dann durch ebenso genaues **Exzerpieren** (Herausschreiben) gesichert. Das auf diese Weise bereits **schriftlich fixierte Material** kann dann für die eigene Textproduktion genutzt werden, indem man z. B. Textbausteine aus den Exzerpten in die Arbeit übernimmt. Dass Sie jeden Forschungsbeitrag, der für Ihre Arbeit wichtig sein könnte, genau lesen, ist in der Regel unmöglich; **es kostet meist zu viel Zeit**, und es ist auch insofern gefährlich, als man sich dabei gern und leicht ins Detail und so den roten Faden aus dem Auge verliert. Stets geht es also bereits beim Lesen von Forschungsliteratur darum, den zeitlichen Aufwand in ein Verhältnis zum Ertrag zu setzen. Von einem/einer Betreuer/in wird dabei das spezifische Anforderungsniveau der Arbeit beachtet, je nachdem er/sie es mit einer Bachelor- oder Masterarbeit zu tun hat.

> Leseverhalten und schriftliches Fixieren

Forschungsliteratur kritisch wie strategisch zu lesen, heißt deshalb auch, dieses Lesen auf die Tauglichkeit von Forschungsbeiträgen für Ihre Auseinandersetzung mit Ihrem/Ihrer Betreuer/in hin zu lesen. Sie können nämlich auf diese Weise herausfinden, ob Sie mit Ihrer Forschungslektüre vor allem bei derjenigen Instanz auf dem richtigen Weg sind, die Ihre Abschlussarbeit benoten wird: gerade im Hinblick auf die richtige Auswahl und die richtigen Schlussfolgerungen. Dies gelingt Ihnen nur, indem Sie beobachten, ob und wie Ihre betreuenden Personen auf Ihre Forschungslektüren reagieren, wenn Sie diese mit ihnen besprechen. Es geht bei diesem Aspekt also noch nicht in erster Linie darum, wie Sie wissenschaftlich korrekt mit Forschungsliteratur umgehen, sondern auf dieser Stufe der Organisation und Bearbeitung von Themen um Folgendes:

> Forschungslektüre und Betreuer/in-Verhalten

- Wie kann und soll ich Forschung lesen?
- Wie kann ich aus den Erfahrungen mit unterschiedlichen Schreib- und Darstellungsformen etwas für mich übernehmen, um einen
  - eigenen Stil und
  - eigene Darstellungsformen zu entwickeln, die bei meinem/meiner Betreuer/in ankommen.

Man kann sich dabei unter Umständen durchaus am Stil der Arbeiten des Betreuers/der Betreuerin orientieren; nicht in jedem Fall ist das aber das richtige Mittel der Wahl. Stellen Sie sich dabei folgende Fragen: Kann ich einen bestimmten Stil einer Arbeit übernehmen? Sollte ich den Stil meines Betreuers/meiner Betreuerin lieber nicht direkt nachahmen, weil das womöglich als Anbiederung aufgefasst wird? Es ist nicht immer sinnvoll und gut, deren Schreibweisen zu kopieren. Im gegebenen Fall kann es aber eine Möglichkeit sein, um einem gewissen Hang zur Selbstgefälligkeit, der auch einer Forscherpersönlichkeit eignet, zu schmeicheln.

Strategien im Umgang mit einem/einer Betreuer/in

Es ist also mitnichten so, dass Betreuer/innen als Vertreter ihrer Disziplin durchweg homogene Erwartungen an Abschlussarbeiten herantragen. Stets müssen Sie zudem mit Konkurrenzen innerhalb einer Disziplin, besonders zwischen den Lehrstühlen an einem Institut, rechnen. Auch in dieser Perspektive kommt es für Sie entscheidend darauf an, was bei *Ihrem/Ihrer* Betreuer/in mit welchen Textstrategien Anklang findet. Forscher/innen sind eben auch nur Menschen mit Schwächen und Eitelkeiten. Vorsichtig sollte man aber dabei sein, diese menschlichen Züge direkt auszunutzen. Es gibt Betreuer/innen, die es als Bestechung empfinden, wenn ihre eigenen Arbeiten in einer Abschlussarbeit zitiert werden. Andere mögen wiederum beleidigt sein, wenn sie in der Bibliographie nicht erscheinen. Zu welcher Option Ihr/e Betreuer/in neigt, müssen Sie eben herausfinden: indem Sie ihre Reden (z. B. auch über Kollegen) nach solchen Gesichtspunkten hin ‚rastern', ob sie/er eher zu demjenigen Typus gehört, der geschmeichelt sein will, oder eher zu dem, der darin ein anbiederndes Verhalten wittert.

Sie sehen daran: Man kommt auf das, womit man eine/n Betreuer/in beeindrucken kann und was womöglich nicht bei ihm/ihr funktioniert, nicht immer auf direktem Wege. Hören Sie also zu, wie der/die Betreuer/in über die Publikationen seiner Kollegen/Kolleginnen spricht. Achten Sie darauf, mit wem er selbst zusammenarbeitet oder zu wem er in wissenschaftlicher Konkurrenz steht. So finden Sie heraus, was von Ihrem/Ihrer Betreuer/in vertreten wird und was Sie entsprechend für Ihr eigenes Schreiben übernehmen können.

Ganz allgemein formuliert, geht es um die Frage, welche Gestaltungsprinzipien eines Textes Sie sich zum Vorbild nehmen sollten. Rechnen Sie dabei aber unbedingt damit, dass Sie es meist mit erfahrenen Personen zu tun haben, die vieles durchschauen, was als allzu offensichtliches Kalkül daherkommt.

Stilempfinden herausfinden

Die Betreuer/innen einer Abschlussarbeit sind nicht nur die ‚Gate-Keeper' der wissenschaftlichen Bewertung, sondern vor allem auch praktisch deren **einzige Leser/innen**. Versuchen Sie also vor dem Hintergrund des bisher Gesagten, sprachliche Auffälligkeiten, Stilgesten, Bauformen, ja den Gestus (die Ausdrucksweise) von Texten festzustellen, die im Blick auf Vorlieben und Abneigungen dieser einzigen Leser/innen Ihrer Arbeit erfolgversprechend erscheinen: Dies gilt für Formvarianten der äußeren Gestaltung (bis hin zur Frage, welches Textverarbeitungssystem samt Typographie und Seitengestaltung und Visualisierungsformen Ihr/e Betreuer/in bevorzugt) genauso wie für die Frage danach, welche sprachlichen Ausdrucksformen in deren Texten vorherrschen (lange Sätze, kurze Sätze; nüchterner oder eher gespreizter Stil; Knappheit gegenüber den Gesten rhetorischer Gediegenheit usw. (vgl. zu den Varianten Kap. 4.2). Dabei müssen Sie beachten, in welcher Phase innerhalb der Gliederung Ihr jeweiliger Text verortet ist, so dass Sie auch unter diesem Aspekt zwischen einer eher darstellenden gegenüber der argumentativen Schreibweise unterscheiden müssen (vgl. Kap. 4.1).

> **Beobachtungskriterien für Sprache und Stil**
> **Wie lange sind die Sätze?**
> Überlegen Sie sich bei dieser Frage auch, welchen inhaltlichen Grund einerseits und argumentativen Grund andererseits der/die Autor/in haben könnte, einen Satz länger zu belassen und warum an anderen Stellen die Sätze kürzer sind.
> **Wie lange ist ein Absatz?**
> Gerade hier tritt in studentischen Texten häufig der Fehler auf, dass zu viele kurze Absätze gesetzt werden. Schauen Sie in professionellen Texten nach, wie auch unterschiedliche Themen in einem Absatz zusammengeführt werden können.
> **Was bedeutet es, wenn ein Text bestimmte Satzkonstruktionen bevorzugt (Schachtelsätze gegenüber einfachen Aussagesätzen)?**
> Auch hier werden Sie merken, dass der Stil eines Autors/einer Autorin sich innerhalb eines Textes verändern kann. Achten Sie darauf, an welchen Stellen das passiert und überlegen Sie sich, warum das hier der Fall ist.
> **Was macht der Text damit auch auf seiner visuellen Ebene, d. h. auf all seinen Gliederungsebenen?**
> Achten Sie hierbei etwa auf die Reihung von Absätzen mit Spiegelstrichen über den Satz, den Absatz und über die ganze Seite hinaus bis hin zum Aufbau eines Kapitels; dies wiederum innerhalb der Großstruktur der ganzen Abschlussarbeit.

2.5 Wie Betreuer/innen Ihre Abschlussarbeit lesen

Betreuer/innen lesen Ihre Abschlussarbeit nicht notwendig als zuständigen wissenschaftlichen Beitrag, d. h. als eigenständige Forschung, sondern vor allem eben ‚nur' als Abschlussarbeit – abhängig vom akademischen Grad, der damit erworben werden soll: Eine Bachelorarbeit wird ‚gnädiger' im Blick auf vorliegende Fehler oder Schwächen bewertet als eine Masterarbeit, die ja die Bachelorarbeit voraussetzt und so auch auf einer höheren Niveaustufe ansetzt. Stets also fließen auch die Niveaustufen eines Studiengangs und seiner entsprechend gestuften Module (im Bachelor- gegenüber dem Masterstudium) ein.

Simulationsspiel: die Perspektive eines Betreuers/ einer Betreuerin bei der Beurteilung einer Abschlussarbeit einnehmen

Beurteilungskriterium ist stets, ob man wissenschaftlich solide gearbeitet hat. Folgende Fragen können Sie sich selbst stellen, indem Sie sich Antworten aus der Sicht des Betreuers/der Betreuerin bei der Bewertung Ihrer Abschlussarbeit geben:

- Werden die Kriterien wissenschaftlichen Arbeitens eingehalten, d. h. ist die Überprüfbarkeit bzw. Wiederholbarkeit der Ergebnisse garantiert?
- Werden die Ergebnisse plausibel und kohärent nach Maßgabe der eingesetzten Methode abgeleitet und ebenso sauber begründet?
- Gibt es zu viele formale Mängel? Ist die Arbeit also genau genug Korrektur gelesen worden, was Zeichensetzung, Rechtschreibung oder Flüchtigkeitsfehler angeht? Ist die Arbeit demnach gewissenhaft oder nachlässig verfasst?
  - Wenn nachlässig: Gehen die Mängel auf kognitive Grenzen des Verfassers/der Verfasserin oder eher auf Faulheit oder fehlende analytische Energie zurück?
  - Hat der fehlende analytische Aufwand etwas mit Grenzen im Bereich bestimmter Kompetenzen zu tun?
  - Oder ist er eher Folge einer mangelhaften oder auch zu wenig genauen Auseinandersetzung mit dem Thema?
- Bildet die Arbeit ein Ganzes, hat sie also einen Anfang, eine Mitte und einen Schluss? (So definiert übrigens Aristoteles in seiner *Poetik* das, was ein Ganzes ist: Bereits aus dieser ersten europäischen Gründungsschrift zur Anfertigung gelungener Texte im Bereich der schönen Literatur kann man also Gesichtspunkte ableiten, was einen guten Text ausmacht.) Fehlt demnach etwas, das bei einer bestimmten Themenstellung eigentlich unbedingt dazu gehört?
- Zeichnet sich die Arbeit durch biedere Beflissenheit oder Gesten der Originalität aus?
  - Sind diese dann auch gedeckt?
  - Oder dienen sie nur der sprachlichen ‚Angeberei'?
- Will der/die Kandidat/in nur gut durchkommen? Oder will er mir als Betreuer/in auch beweisen, dass er wissenschaftliche Qualitäten hat – dass er also auf ‚gleicher Augenhöhe' mitreden will?
  - Steckt demnach eine bestimmte Energie in der Arbeit, indem sie ihr Erkenntnisinteresse als besonders motiviert ausweist?
  - Oder will der/die Kandidat/in nur mit minimalem Aufwand Erfolg haben?
  - Verhält er/sie sich also eher wie ein Schüler/in oder beansprucht er/sie, von der Forschergemeinschaft wissenschaftlich ernst genommen zu werden?

Es geht hier insofern auch um den Gestus einer Abschlussarbeit, indem ihr/e Verfasser/in ausstellt, ob er/sie etwas ‚will' und damit auch seine/n Betreuer/in wissenschaftlich beeindrucken kann – oder ob er/sie mit seiner/ihrer Arbeit eben nur möglichst glatt ‚durchkommen' will, weil er/sie sich nicht wirklich für das wissenschaftliche Arbeiten interessiert. Auf solche Dinge achtet jede/r erfahrene Betreuer/in bewusst oder unbewusst bereits zu Beginn eines Abschlussarbeitsprojekts. Man kann also davon ausgehen, dass sich bei ihm/ihr früh der Eindruck über dessen Qualität festigen wird.

Ansonsten gelten die ‚üblichen' Bewertungsmaßstäbe für wissenschaftliche Arbeiten, die in allen Disziplinen gleich sind: Bewertungs-
maßstäbe

- argumentative Kohärenz in Aufbau, definiertem Forschungsziel, dazu gewählter Methode und daraus hervorgehendem Forschungsergebnis
- Einhaltung der Kriterien wissenschaftlichen Arbeitens: Überprüfbarkeit für kompetente Dritte, Wiederholbarkeit der Ergebnisse bei gleicher Anlage, gleicher Methode, gleicher Argumentation und/oder gleichem Versuchsaufbau

In der Regel legt ein/e Betreuer/in bei der Beurteilung einer Abschlussarbeit nicht seine eigenen Kriterien für gute Forschung an, sondern diejenigen, die er für dieses Format im Rahmen von Prüfungsordnungen und Modulhandbüchern erwartet.

Hüten sollte man sich vor dem *bluff*, indem man wissenschaftlich tut, ohne dabei sein eigenes Tun wirklich zu durchschauen. Angeberei (z. B. durch wissenschaftlich aufgeblasene Sprache, steile, aber nicht ausgewiesene Behauptungen) entlarvt sich dort schnell als Hochmut, wo man anspruchsvolle Forschung in der Ausdrucksweise simuliert, diesen Anspruch dann aber inhaltlich und darstellungstechnisch nicht wirklich durchhalten kann. So weisen Fremdwörter, die man aus einem Lexikon übernimmt, dabei aber erkennbar nicht beherrscht, auf solche Diskrepanzen zwischen Anspruch und tatsächlichem Können hin. Betreuer/innen insbesondere auf der Ebene der Postdocs und Professoren/Professorinnen sind Profis: Sie kennen die Spiele der Positionierung und damit die Tricks, die es im Wissenschaftsbetrieb allenthalben gibt. Ein/e Professor/in merkt bei einer Abschlussarbeit sofort (eigentlich schon auf den ersten Seiten), ob mit ihr angegeben wird oder ob sie plagiiert wurde. Man braucht dazu im Übrigen **keine Plagiatssoftware**, weil routinierte Leser/innen sogleich spüren, ob ein bestimmter Stil im ganzen Text gleichmäßig durchgehalten wird oder der Text Stilbrüche schon zwischen Absätzen aufweist; ob seine Argumentation zerfällt, weil der/die Verfasser/in Textbausteine zusammengebastelt hat, die nicht zusammengehören. Man sollte diese Kompetenzen Ihrer betreuenden Personen, all diese Dinge sehr genau registrieren zu können, niemals unterschätzen. Keine Angebereien

Man glaube nicht, dass man Betreuer/innen durch ein bestimmtes wohlgefälliges Verhalten besonders beeindrucken kann. Es gilt die Leis- Noch einmal:
Psychologie
des Betreuers/
der Betreuerin

tung der wissenschaftlichen Arbeit und nicht eine persönliche Vorliebe, denn nur diese kann gegenüber dem/der Zweitgutachter/in oder einem Masterprüfungskollegium gerechtfertigt werden – nicht aber, dass man einen zu Prüfenden sympathisch findet oder dass man ihn besser beurteilt, nur weil er einen hilfsbedürftigen Eindruck macht.

Dennoch sind auch Betreuer/innen trotz ihrer Professionalität nicht nur menschlich, sondern auch spezifisch begrenzt: Sie folgen selbst meist eher ihren eigenen Einsichten, die sie im langjährigen akademischen Sozialisationsspiel aufgrund ihrer wissenschaftlichen Erfolge erworben haben. Diese Vorlieben sind selten zu verallgemeinern. Betreuer/innen arbeiten daher möglicherweise mit starken Urteilen über richtig und falsch, die allein ihnen einsichtig sind (und nicht einmal mehr vom Kollegen/von der Kollegin von nebenan im Büro so geteilt werden müssen).

Studierende glauben dagegen zu Beginn, sehr viel offener in ihren Entscheidungen ihr Schreibprojekt angehen zu können, zumal ihnen auch von nicht wenigen Schreibratgebern nahegelegt wird, sie sollten ihren eigenen Schreibstil als individuelles Verdienst entwickeln. Das ist aus der Sicht unseres Ratgebers ein Fehler, denn man verkennt damit die **je eigenen Wertmaßstäbe von Betreuern/Betreuerinnen** auch bei der Beurteilung von Abschlussarbeiten – eben weil auch sie Menschen mit Vorlieben, Schwächen und Eitelkeiten sind. Sie wissen dabei aber sehr wohl, was sie für richtig und falsch halten, auch wenn diese spezifischen Normen unausgesprochen bleiben – und daher von ihnen unter Umständen auch gar nicht so recht selbst formuliert werden können.

> **Berücksichtigung individueller Umstände beim Umgang mit dem/der Betreuer/in**
>
> Grundsätzlich geht es darum, dass Sie das Verhalten Ihres Betreuers/Ihrer Betreuerin beobachten, indem Sie genau sondieren, was dieser empfiehlt und worüber er positiv oder negativ spricht: sei es auf die gesamte *scientific community* bezogen, sei es an fachlichen Gegebenheiten international, national, regional, lokal orientiert oder sei es nur an die Verhältnisse innerhalb der Fakultät, des Instituts oder gar der Abteilung oder zuletzt sogar nur auf einzelne Lehrstühle angepasst. Ein/e Lehrstuhlinhaber/in ist in seinen Forschungen grundsätzlich autonom (Freiheit und Einheit von Forschung und Lehre nach dem Grundgesetz). Das ist immer zu beachten, denn nicht selten schätzen sich Professoren und Professorinnen gerade trotz größerer Nähe ihrer Forschungen womöglich untereinander sehr gering. **Insofern gilt für Sie immer als Gesetz, was am Lehrstuhl Ihres Betreuers/Ihrer Betreuerin an Regeln formuliert wird!**
>
> Bei diesem Gesichtspunkt liegt auch eine Gefahr insbesondere dann beschlossen, wenn Sie andere Abschlussarbeiten für Ihr eigenes Schreibprojekt beobachten: Es kommt hier nämlich sehr darauf an,

ob die Arbeit am gleichen oder an einem anderen Lehrstuhl verfasst wurde. Wenn man die denkbare **Geringschätzung unter Kollegen** einkalkuliert, kann es wiederum sogar ein Fehler sein, wenn man Stil- und Darstellungseigentümlichkeiten einer sehr gut bewerteten Arbeit übernimmt: eben dann, wenn sie unter einem Lehrstuhl verfasst wurde, dessen wissenschaftliche Leistungen Ihre betreuende Person nicht akzeptiert. Beim Paper verhält es sich hingegen insofern anders, als dieses im Peer-Review-Verfahren nach dem Gesichtspunkt begutachtet wird, ob es zur Publikation reif ist. Hier können Sie tatsächlich gut überprüfen, womit andere Wissenschaftler/innen in Ihrer Disziplin Erfolg haben, indem Sie innerhalb der strikt formalisierten Anlage eines Papers (Abstract, IMRAD-Schema, vgl. Kap. 3) die jeweiligen Akzente sondieren. Sie beobachten darin potentielle Spielräume in der Gestaltung von Texten in dem Fach, in dem Sie Ihre Abschlussarbeit schreiben.

2.6 Projektskizze anlegen und mit dem/der Betreuer/in absprechen

Um über die gesamte Dauer des Schreibprozesses die Kontrolle über Ihr Thema zu behalten, empfehlen wir Ihnen, gemeinsam mit Ihrem/Ihrer Betreuer/in eine Projektskizze anzulegen. An vielen Lehrstühlen wird dieses Schriftstück auch **Exposé oder Textprobe** genannt. In einem solchen Dokument binden Sie alle konzeptionellen Ideen für Ihr Projekt ein und passen diese über den Verlauf der Projektphase je nach Stand an. Dieser Ratgeber wird die Idee der Projektskizze in den folgenden – eher praktisch orientierten – Kapiteln an verschiedenen Stellen wieder aufgreifen. An dieser Stelle geben wir Ihnen lediglich einen Überblick über die Projektskizze, bevor wir die einzelnen Teile in den verbleibenden Kapiteln weiter ausführen. Eine Projektskizze für ein Abschlussarbeitsprojekt besteht im Wesentlichen aus diesen Teilen:

- Deckblatt
- Gliederung der Abschlussarbeit
- Ausformulierte Themenstellung
- Textprobe
- Ausformulierter Zeitplan
- Literaturverzeichnis

Das Design der Projektskizze orientiert sich im optimalen Fall bereits an einer Formatvorlage der Abschlussarbeit. Sie erfahren dadurch zu diesem frühen Zeitpunkt, welche Formatierungsrichtlinien für Ihre Arbeit insgesamt gelten. Dies betrifft bereits das **Deckblatt**, das im Grunde mit dem Deckblatt der Abschlussarbeit identisch sein wird. In der Regel beinhaltet es:

Deckblatt

- Institut
- Fakultät
- eventuell externe Firma
- Thema
- Erstgutachter/in, Zweitgutachter/in
- Namen des/der Studierenden, Matrikelnummer, Kontaktdaten.

Beachten Sie, dass es inzwischen üblich ist, dass auch das **Logo** der jeweiligen Hochschule auf das Deckblatt gesetzt wird. Dennoch kann es sein, dass dies an verschiedenen Instituten sehr unterschiedlich gehandhabt wird. Das Logo dürfen Sie übrigens nur dann verwenden, wenn es für einen konkreten Zweck wie zur gestaltenden Verwendung in der Abschlussarbeit auch explizit vorgesehen ist. Wir haben erfahren, dass es an Hochschulen zu Abmahnungen gekommen ist, weil Studierende Instituts-, Fakultäts- oder Hochschullogos unerlaubt genutzt haben.

Gliederung

Die **Gliederung** in einer Projektskizze stellt eine Vorstufe zum Inhaltsverzeichnis der Abschlussarbeit dar. In Kapitel 3 erhalten Sie umfangreiche Hilfestellungen, die den Übergang von einer Gliederung zum Inhaltsverzeichnis behandeln. Je früher Sie eine vorläufige Gliederung für Ihren Text haben, desto genauer können Sie sich auch mit Ihrem/Ihrer Betreuer/in über die verschiedenen Teile Ihrer Arbeit verständigen.

Ausformulierte Themenstellung

Die ausformulierte **Themenstellung** stellt einen ersten Versuch dar, Ihr Thema schriftlich zu fixieren. Hier formulieren Sie Problemstellung, Ziele, Vorgehensweise und Motivation Ihres Abschlussarbeitsprojektes (vgl. Kap. 2.2). Aus diesen Textelementen entwickeln Sie schließlich die Einleitung der Arbeit selbst (vgl. Kap. 4.3).

Textprobe

Sofern Sie die Möglichkeit haben, ist es von Vorteil, bereits eine **Textprobe** in Ihre Projektskizze aufzunehmen. Auf diese Weise erhält Ihr/e Betreuer/in einen ersten Einblick darüber, wie Sie Ihre Ergebnisse oder Ihre Grundlagen darstellen werden. Damit testen Sie zugleich aus, ob Sie die notwendigen formalen Vorgaben erfüllen. Die Textprobe sollte sich bestenfalls aus einem oder mehreren in sich abgeschlossenen (Unter-)Kapiteln aus Ihrer Gliederung zusammensetzen, die Sie stellvertretend auswählen und mit Ihrem/Ihrer Betreuer/in absprechen.

Zeitplan/Literaturverzeichnis

Der **ausformulierte Zeitplan** (vgl. Kap 1) zeigt einerseits, wie Sie Ihr Projekt im Prozess strukturieren, andererseits, ob Sie die verschiedenen Arbeitsphasen mit Ihrem Thema bereits genau genug abgeglichen haben. Das **Literaturverzeichnis** enthält die relevante Forschung zu Ihrem Thema. Hier hat Ihr/e Betreuer/in sowohl die Möglichkeit, Sie auf etwaige Lücken hinzuweisen als auch formale Fehler frühzeitig zu identifizieren.

Die Projektskizze berücksichtigt also bereits alle Teile, die für Ihre Abschlussarbeit eine Rolle spielen. Sie werden dadurch in die Lage versetzt, möglichst früh mit dem/der Betreuer/in die Modalitäten, Inhalte und Formalien abzuklären, und Sie erhalten Rückmeldung über Ihren Stil und die Gliederung. Mit anderen Worten handelt es sich um einen

Text, der Ihnen dabei hilft, die Zusammenarbeit mit Ihrem/Ihrer Betreuer/in auf einer professionellen Ebene zu begründen. Auch wenn ein solches Dokument in vielen Arbeitsgruppen anders heißen mag und verschiedene Voraussetzungen mit sich bringen kann: Nach unseren Erfahrungen ist es selten ein Fehler, diesen Schritt systematisch in den eigenen Arbeitsprozess zu integrieren. Zeigen Sie also bereits hier durchaus auch Eigeninitiative, selbst wenn ein solches Vorgehen von Ihnen nicht explizit verlangt wird.

Offene Übung

Legen Sie eine Projektskizze über ein Thema Ihrer Wahl an. Das Thema kann z. B. ein Projektbericht oder ein Versuchsprotokoll oder bereits Ihr gewähltes Abschlussarbeitsthema sein. Für diese Übung integrieren Sie in Teilschritten die Übungen aus weiteren Kapiteln dieses Buches. Der Text besteht dann aus den oben genannten Teilen: 1. Deckblatt, 2. Gliederung der Abschlussarbeit (vgl. Übungen 3.1 und 3.2), 3. Ausformulierte Themenstellung, 4. Textprobe, 5. Projektablaufplan (vgl. Übung 1.2), 6. Literaturverzeichnis (vgl. Übungen 7.1 und 7.2). Im letzten Schritt überprüfen Sie Ihr Dokument anhand der Checkliste aus Kapitel 8. Im Anschluss geben Sie Ihre Projektskizze sowohl einer fachexternen als auch einer fachinternen Person zur Korrektur. Bearbeiten Sie Ihre Projektskizze noch einmal anhand des dazu jeweils erhaltenen Feedbacks.

Weiterführende Literatur

Ebel, H. F. et al. 2006. Schreiben und Publizieren in den Naturwissenschaften. 5. Auflage. Weinheim: Wiley VCH. [Hier sehr ausführlich die Kap. 1, 2 u. 3 zu den wichtigsten Textsorten sowie in Kap. 9 der Unterabschnitt 9.5.2 „Die verschiedenen Formen von Quellen"]

Lange, U. 2013. Fachtexte lesen – verstehen – wiedergeben. Paderborn: Ferdinand Schöningh.

Peirick, C. 2013. Rationelle Lesetechniken: schneller lesen – mehr behalten. 4., überarbeitete und erweiterte Auflage. Bad Honnef: Bock.

Rost, F. 2012. Lern- und Arbeitstechniken für das Studium. 7., überarbeitete und aktualisierte Auflage. Wiesbaden: Springer VS. [Hier insbesondere Kap. 9]

Evelin Kessel

3 Texte gliedern

Nachdem Sie Ihr Thema ausgewählt, Ihr Abschlussarbeitsprojekt zeitlich geplant und mit den themenbezogenen Recherchen begonnen haben, geht es nun darum, dass Sie sich Gedanken über die Struktur Ihrer Abschlussarbeit machen. Dabei müssen Sie darauf achten, dass die Inhalte logisch aufeinander aufbauen und dass der/die Leser/in dem roten Faden Ihrer Arbeit folgen kann. Einerseits soll Ihre Arbeit dadurch insgesamt ein geschlossenes Ganzes ergeben, andererseits müssen die einzelnen Kapitel auch für sich selbst lesbar sein.

Erster Textzugang: Das Inhaltsverzeichnis

Sie kennen es bestimmt aus Ihrer eigenen Leseerfahrung: Meist lesen Sie zur Erstinformation zunächst das **Inhaltsverzeichnis**, um festzustellen, ob der vorliegende Text für das eigene Interesse relevant ist. Dadurch erhalten Sie einen ersten Eindruck vom gesamten Text und wählen dann diejenigen Kapitel aus, die Sie lesen möchten. Neben der Einleitung ist das Inhaltsverzeichnis also eine Art Visitenkarte Ihres Textes. Ihr/e Betreuer/in geht häufig ebenso vor und liest Ihre Arbeit nicht notwendigerweise von vorne bis hinten durch, sondern sucht sich gegebenenfalls anhand des Inhaltsverzeichnisses zunächst diejenigen Stellen aus, die für ihn oder sie interessant sind. Hierbei erkennt er/sie häufig schon auch etwaige Lücken Ihrer Arbeit. Insofern kann allein die Struktur Ihres Textes, die das Inhaltsverzeichnis aufzeigt, bereits maßgeblich dazu beitragen, wie Ihre Arbeit bewertet wird.

Gliederungsprinzipien

Die Grundlage für ein gutes Inhaltsverzeichnis ist die Gliederung, die Sie im Laufe des Abschlussarbeitsprojekts entwickeln. Das Inhaltsverzeichnis stellt dann die **endgültige Ausarbeitungsstufe** Ihrer Gliederung dar. Vorliegendes Kapitel arbeitet mit dem Begriff ‚Gliederung'. Alternativ wäre dafür auch die Bezeichnung ‚vorläufiges Inhaltsverzeichnis' möglich. Allerdings wird ein Text nicht ausschließlich durch Kapitel gegliedert. Es gibt vielmehr folgende Möglichkeiten, einen Text zu unterteilen (vgl. Abb. 3.1):

- 1. Kapitel mit Überschriften,
- 2. Unterkapitel mit Überschriften und
- 3. Absätze ohne Überschriften.

Absätze bilden Sinnabschnitte eines zusammenhängenden Textes und stellen die kleinteiligste Möglichkeit dar, Ihren Text zu gliedern. Achten Sie darauf, dass Sie nach ca. zehn bis zwölf Zeilen einen Absatz setzen; weniger als fünf Zeilen sind für einen Absatz hingegen wiederum oft zu kurz. Viele Studierende fügen häufig schon nach jedem Satz einen Absatz ein. Bedenken Sie, dass ein solcher Text auf den/die Leser/in konfus wirkt, weil man durch zu viele Absätze beim Lesen ins Stocken gerät. Selbst wenn Ihre Arbeit viele Formeln oder Abbildungen enthält, sollten Sie daran festhalten, Ihren Text nach Absätzen in einer bestimmten Länge zu gliedern, um den Lesefluss für den/die Leser/in zu verbessern.

Alle Kapitel und Unterkapitel erhalten Überschriften, die nummeriert werden. Dabei hängen die Überschriften der Unterkapitel von den Überschriften der Kapitel insofern ab, als Sie die Nummer des jeweiligen Kapitels übernehmen: Unterkapitel von Kapitel 1 werden also durch 1.1, 1.2 etc. nummeriert.

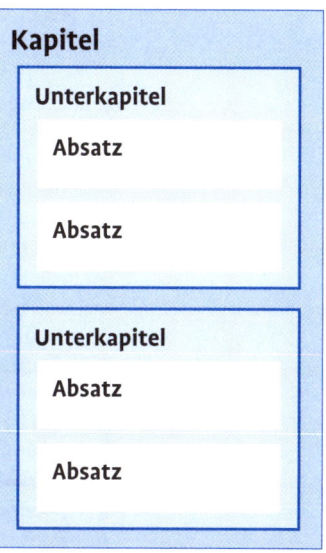

Abb. 3.1:
Einteilung eines Textes in Kapitel, Unterkapitel und Absätze.

Achtung: Eine Gliederungsebene darf nicht nur ein einziges Unterkapitel beinhalten: Auf ein Kapitel 1.1.1 muss demnach mindestens ein Kapitel 1.1.2 folgen. Kann ein solches nicht formuliert werden, ist die Untergliederung nicht sinnvoll. Darüber hinaus sollten Sie Unterkapitel, die kürzer als eine halbe Seite ausfallen, möglichst mit anderen Textteilen zusammenfügen.

3.1 Standardgliederung auswählen

Wissenschaftliche Texte folgen Konventionen, auch was ihren Aufbau angeht. Es existieren standardisierte Gliederungsmuster je nach Fach, an die sich sowohl Verlage als auch Wissenschaftler/innen in ihren Veröffentlichungen mitunter sehr penibel halten. Abschlussarbeiten lehnen sich an diese Konventionen zwar an, folgen in ihrer Struktur aber wiederum eigenen Standardgliederungen: Allein aufgrund des größeren Textumfangs können keine Gliederungsmuster z. B. aus Zeitschriftenartikeln (Paper) unreflektiert übernommen werden. Die standardisierten Gliederungen von Abschlussarbeiten unterscheiden sich von Disziplin zu Disziplin; und nicht selten gibt es je nach Institut, Lehrstuhl oder Betreuer/in andere Vorgaben. Darüber sollten Sie sich informieren, bevor Sie die eigene Gliederung angehen. Orientieren können Sie sich dabei an Dissertationen aus Ihrem Fachbereich oder Ihrem Institut, hier vor allem an solchen Arbeiten, die von Ihrem/Ihrer Betreuer/in begleitet wurden (vgl. Kap. 2.4). Insbesondere in Fällen, in denen der/die Betreuer/in keine Vorgaben macht, ist es sinnvoll, sich an standardisierten Gliederungen zu orientieren.

Solche **Standardgliederungen** lassen sich innerhalb unserer Unterscheidung zwischen praktischen und theoretischen Abschlussarbeiten (vgl. Kap. 1) weiter differenzieren. Einige Abschlussarbeiten stellen dabei Mischformen aus mehreren Typen dar, so dass eine Zuordnung nicht immer eindeutig möglich ist. Auch deshalb beanspruchen wir mit den von uns vorgeschlagenen Standardgliederungen, an denen sich der Aufbau Ihrer Abschlussarbeit orientieren kann, keine Vollständigkeit. Vielmehr liefern wir eine vereinfachte Darstellung im Blick auf die in Kapitel 1 aufgeführten wichtigsten Abschlussarbeitstypen. Bevor Sie Ihre Gliederung erstellen, ist es daher nötig, zu klären, welchem Typ Ihre Arbeit angehört.

IMRAD-Schema

Ein in den Natur- und Ingenieurwissenschaften weit verbreitetes Schema ist das IMRAD-Schema (zit. nach Ebel 2006, 34):

I – *introduction* (dt. Einleitung),
M – *materials and methods* (dt. Material und Methoden),
R – *results* (dt. Ergebnisse),
A – *and*
D – *discussion* (dt. Diskussion).

Die jeweiligen Punkte müssen keine eigenen Kapitel der Arbeit bilden, sie sollten aber auf jeden Fall in einer bestimmten Form und möglichst in dieser Reihenfolge vorkommen. Abweichungen von diesem Schema sind allerdings denkbar, soweit sie begründet erscheinen.

Die **Einleitung** ist der Textteil, der zum gegebenen Thema hinführt. Im Teil **Material und Methoden** beschreiben Sie die Voraussetzungen, unter denen Ihre Untersuchung stattfindet. Dazu gehören Versuchsmaterial, Versuchsaufbau und Versuchsdurchführung. Der **Ergebnisteil** beschreibt die gewonnenen Erkenntnisse (im natur- und ingenieurwissenschaftlichen Bereich sind dies oftmals Datenreihen), während der **Diskussionsteil** diese bewertet und in einen Zusammenhang stellt. Beachten Sie auch hier, dass dieses Schema in den verschiedenen Disziplinen auf unterschiedliche Weise umgesetzt werden kann. Zum Beispiel können sich in den Naturwissenschaften (insbesondere in den Lebenswissenschaften) die hinführenden Kapitel auf über 30 Seiten ausdehnen, ohne dass die Themenstellung (vgl. Kap. 2) zu Beginn der Arbeit benannt wird, während sich die Einleitung in den Ingenieurwissenschaften meist prägnant auf einige wenige Seiten beschränkt. Insbesondere bei interdisziplinären Studiengängen (z. B. Bio- oder Chemieingenieurwesen) müssen Sie konkret mit dem/der Betreuer/in absprechen, was er/sie unter einer Einleitung versteht und wo Sie die Themenstellung platzieren sollen.

Teile einer wissenschaftlichen Arbeit

Nachfolgende Übersicht zeigt verschiedene Standardgliederungen, die das IMRAD-Schema zum Teil in abgewandelter Form als Grundlage nutzen (vgl. Tab. 3.1). Die einzelnen Gliederungsteile stellen später im

Tab. 3.1: Übersicht über Standardgliederungen für verschiedene Abschlussarbeitstypen nach der Unterscheidung praktische Arbeiten (links) vs. theoretische Arbeiten (rechts) (vgl. dazu Kap. 1).

PRAKTISCHE ABSCHLUSSARBEITEN	THEORETISCHE ABSCHLUSSARBEITEN
Standardgliederung: Experiment 1 Einleitung 2 Theorie 3 Material und Methoden 4 Ergebnisse 5 Diskussion 6 Zusammenfassung und Ausblick	**Standardgliederung: Rechnungen** 1 Einleitung 2 Grundlagen 3 Rechnungen und Beweise 4 Numerische Ergebnisse 5 Diskussion 6 Zusammenfassung und Ausblick
Standardgliederung: Entwicklung von Versuchsanordnungen 1 Einleitung 2 Theorie 3 Konzeption 4 Test und Optimierung 5 Ergebnisse 6 Diskussion 7 Zusammenfassung und Ausblick	**Standardgliederung: Simulationen** 1 Einleitung 2 Grundlagen 3 Modellierung und Simulation 4 Ergebnisse 5 Diskussion 6 Zusammenfassung und Ausblick
Standardgliederung: Feldversuch 1 Einleitung 2 Theorie 3 Untersuchungsgebiet 4 Material und Methoden 5 Ergebnisse 6 Diskussion 7 Zusammenfassung und Ausblick	**Beispielgliederung*: Literaturarbeiten** 1 Einleitung 2 Überblick über das Thema 3 Darstellen des Forschungsstandes 4 Bewertung 5 Zusammenfassung und Ausblick

* Für Literaturarbeiten scheint es uns nicht sinnvoll, eine Standardgliederung anzugeben, da diese je nach Aufgabenstellung stark variieren kann. Wir geben hier stattdessen eine beispielhafte Gliederung an.

Inhaltsverzeichnis nicht notwendigerweise eigene Kapitel dar, sondern können z. B. in einem Kapitel zusammengefasst oder auf mehrere Kapitel aufgeteilt werden. In unseren Modellen bilden die Punkte ‚Grundlagen' bzw. ‚Theorie' einen eigenen Teil, während sie im IMRAD-Schema in der Einleitung (wie oben z. B. für die Lebenswissenschaften erwähnt) untergebracht werden. Ein weiterer Teil der Arbeit, der im IMRAD-Schema nicht explizit aufgeführt wird, in unseren Vorschlägen jedoch in allen Arbeiten vorkommt, ist der Teil ‚Zusammenfassung und Ausblick'. Hinzu kommen gegenüber dem IMRAD-Schema weitere spezifische Teile, die in den Arbeiten je nach Ausrichtung vorkommen sollten.

Unsere Schemata besitzen Empfehlungscharakter und sollten daher weder unbedacht noch ohne Anpassung für Ihre Abschlussarbeit übernommen werden. Jedes Thema hat seine eigenen Schwerpunkte und verlangt nach einer eigenen Gliederung. Die nachfolgend aufgeführten Standardgliederungen können für Sie aber eine Orientierungshilfe bei der Strukturierung Ihrer Arbeit sein.

Abschluss-arbeitstypen

In unseren Modellen sind praktische und theoretische Arbeiten in drei Unterkategorien differenziert, die jeweils einen Abschlussarbeitstypus repräsentieren. Unter einer **experimentellen Arbeit** verstehen wir eine Abschlussarbeit, die eigene praktische Untersuchungen zum Schwerpunkt hat. Die Versuchsanordnung ist hier gegeben, und es geht beispielsweise darum, in einem Labor Messungen an einem Gerät durchzuführen, diese zu dokumentieren und zu bewerten. Andere denkbare Formen sind Prognosemodelle, bei denen experimentelle und numerische Untersuchungen zusammengeführt werden.

Untersuchungen im Rahmen eines **Feldversuchs** finden im Gegensatz dazu in einem bestimmten Untersuchungsgebiet (dem ‚Feld') statt. Dies schlägt sich im Aufbau der Arbeit nieder, da ein Teil der Arbeit dieses Untersuchungsgebiet selbst beschreiben muss. Dies kann auch im Teil ‚Material und Methoden' geschehen.

Bei der **Entwicklung einer Versuchsanordnung** geht es darum, einen Versuch so anzuordnen, dass eine vorliegende Fragestellung beantwortet werden kann. Dies kann z. B. die Entwicklung eines Messsystems sein. Je nach Aufgabenstellung und Umfang der Arbeit finden nach der Entwicklung des Versuchs und nach Testläufen Optimierungen der Versuchsanordnung statt. Im Gegensatz zu den experimentellen Arbeiten geht es hierbei nicht primär um die Durchführung und Auswertung eines Versuchs; es soll vielmehr der optimale Versuchsaufbau für eine bestimmte Fragestellung entwickelt werden.

Arbeiten, die **Simulationen** vornehmen, zielen meist auf die Entwicklung von computerbasierten Modellen ab. Solche Simulationen können auch Teil einer experimentellen Arbeit sein, wenn z. B. Ergebnisse von Laborversuchen mit Ergebnissen von Versuchen am Computer verglichen werden. Die Standardgliederung für diesen Typ der Abschlussarbeit ist in unseren Modellen der Gliederung für Experimente sehr ähnlich, da Simulationen nach dem gleichen Prinzip ablaufen, nur eben auf einer theoretischen Ebene. Die Simulationen werden mit einer geeigneten Software am eigenen PC oder auf einem Institutsrechner (möglicherweise mit Zugang zu Rechenclustern) durchgeführt.

Eine weitere Form der theoretischen Abschlussarbeit, die z. B. in der Physik oder der Mathematik häufiger vorkommt, ist die **Rechnung**. Hier geht es um mathematische Modellierungen oder um rechnerische Durchführungen solcher Modellierungen mit dem Ziel, praktische Umsetzungen auszutesten.

Schließlich gehört die **Literaturarbeit** zu den häufigen Abschlussarbeitstypen. Sie stellt jedoch insofern einen Sonderfall dar, als deren Gliederung nicht dem IMRAD-Schema entspricht. Sie weicht entsprechend auch von den Standardgliederungen in unseren Modellen ab (siehe dazu weiterführend den Abschnitt ‚Literaturarbeit' in Kap. 3.3).

3.2 Gliederung an das Thema anpassen

Je nachdem, wie Ihre genaue Aufgabenstellung lautet, müssen Sie die ausgewählte Standardgliederung anpassen. Dabei gibt es Unterschiede, da Aufgabenstellungen methodisch, inhaltlich und auch vom Umfang her sehr verschieden ausfallen können. Jede daran gekoppelte Forschungsfrage verlangt nach einer eigenen Gliederung. Besprechen Sie die Anpassung Ihrer Gliederung daher unbedingt mit Ihrem/Ihrer Betreuer/in. Im Folgenden finden Sie Beispiele, in denen wir unser Schema aus sechs Standardgliederungen auf konkrete Aufgabenstellungen aus der Praxis übertragen.

Beispiel Experiment
Titel: Aufreinigung der *Alternariol-O-Methyltransferase* aus *Alternaria alternata* (verändert nach Oswald 2012)

Gliederung

1 Einleitung, Zielsetzung und theoretische Grundlagen
   1.1 Einleitung
   1.2 Zielsetzung der Arbeit
   1.3 Theoretische Grundlagen
       1.3.1 Die Gattung Alternaria mit der Art *Alternaria alternata*
       1.3.2 Mykotoxine
       1.3.3 AOH-O-Methyltransferase
       1.3.4 Chromatographie
       1.3.5 Matrixunterstützte Laserdesorption/Ionisations Massenspektrometrie mit Flugzeitanalysator (MALDI-TOF)

2 Material und Methoden
   2.1 Chemikalien und Lösungen
   2.2 Geräte
   2.3 Anzuchtmedium
   2.4 Medienanalytik
       2.4.1 Extraktion
       2.4.2 Dünnschichtchromatographie
   2.5 Schockgefrieren von reifen Mycel
   2.6 Proteinisolation
   2.7 Proteinaufreinigungsmethoden
   2.8 Aufkonzentration von Proteinen mittels Größenausschluss-Membran
   2.9 MALDI-TOF

3 Ergebnisse und Diskussion
  3.1 Vorversuche
  3.2 Proteinfällung mit Ammoniumsulfat (AS)
  3.3 Säulenchromatographie
     3.3.1 Anionenaustauschchromatographie
     3.3.2 Hydrophobe Interaktionschromatographie
  3.4 MALDI-TOF

4 Zusammenfassung und Ausblick

Kommentar: In dieser Gliederung einer experimentellen Arbeit beinhaltet das Einleitungskapitel bereits die theoretischen Grundlagen, so dass kein eigenständiges Theoriekapitel notwendig ist. Der Material und Methoden-Teil ist sehr ausführlich ausgestaltet. Ergebnis- und Diskussionsteil sind zu einem Kapitel zusammengefasst.

Beispiel Feldversuch
Titel der Arbeit: Geologie und Tektonik der Karbon- und Devonvorkommen von Fontanamare bei Gonnesa (Sardinien/Italien)

Gliederung

1 Einführung (Einleitung)
2 Grundlagen (Theorie)
  2.1 Geographischer Überblick über Sardinien
  2.2 Erdgeschichtliche Entwicklung Sardiniens
  2.3 Variskischer Sockel Sardiniens
  2.4 Geologie des Iglesientes

3 Methodik der Kartierung (Material und Methoden)

4 Geographische Einordnung und landschaftliche Beschreibung des Kartierungsgebietes (Untersuchungsgebiet)

5 Geologie der Gesteinsabfolgen des Kartierungsgebietes (Ergebnisse)
  5.1 Karbonabfolge
     5.1.1 Lithologie
     5.1.2 Tektonik
     5.1.3 Regionale Zusammenhänge

5.2 Devonabfolge
   5.2.1 Lithologie
   5.2.2 Tektonik
   5.2.3 Regionale Zusammenhänge
5.3 Sonstige Vorkommen
   5.3.1 Cabitzaformation
   5.3.2 Triasabfolge
   5.3.3 Quartäre Sandsteine
   5.3.4 Quartäre Kalksteine

6 Kinematische Entwicklung der Gesteinsabfolgen (Diskussion)

7 Zusammenfassung und Ausblick

Kommentar: Bei dieser Arbeit wurde das Untersuchungsgebiet, also der Teil, der die Standardgliederung bei Feldversuchen von allen anderen Standardgliederungen in unserem Schema unterscheidet, als eigenes Kapitel zwischen das Material- und Methodenkapitel und den Ergebnisteil gestellt. Der Ergebnisteil ist wegen drei verschiedener Gesteinsabfolgen in drei Unterkapitel geteilt.

Beispiel Entwicklung einer Versuchsanordnung
Titel: Entwicklung eines Experiments zur Untersuchung optischer Fenster in Tritiumumgebung und Bewertung der ersten Untersuchungen (verändert nach Schönung 2011)

Gliederung

1 Einleitung und Motivation dieser Arbeit

2 Überblick über das KATRIN-Experiment (Theorie)

3 Mögliche Beschädigungsmechanismen der optischen Fenster
   3.1 Identifizierung der für das KATRIN-Experiment
       unverzichtbaren optischen Eigenschaften der LARA-Fenster
   3.2 Überblick über den gegenwärtigen Forschungsstand
       zu KATRIN-spezifischen Beschädigungsmechanismen

4 Entwicklung eines Experiments zur Untersuchung optischer
   Fenster in Tritiumumgebung (Konzeption)
   4.1 Überblick über das Experiment

4.2 Auswahl der optischen Fenster
  4.2.1 Kriterien zur Auswahl der optischen Fenster
  4.2.2 Nicht-eingeschweißte Fenster mit Probebeschichtungen
  4.2.3 In CF16-Flansch eingeschweißte Fenster

5 Erste Untersuchungen an mit Tritium beaufschlagten Proben (Test und Optimierung)
  5.1 Voruntersuchung der bereits beschädigten, eingeschweißten Fenster
  5.2 Die Beaufschlagung der Proben mit Tritium
  5.3 Ergebnisse der ersten Untersuchungen beaufschlagter Proben (Ergebnisse)
    5.3.1 Überblick über die Ergebnisse
    5.3.2 Messergebnisse der beaufschlagten, mittels Magnetronsputtern beschichteten Probe I1
    5.3.3 Messergebnisse der beaufschlagten, mittels ionenstrahlgestützter Deposition beschichteten Probe I2
  5.4 Zusammenfassung und Bewertung der Ergebnisse im Rahmen des KATRIN-Experiments (Diskussion)

6 Zusammenfassung und Ausblick

Kommentar: Vorliegende Gliederung einer Diplomarbeit im Bereich der Experimentalphysik folgt der Standardgliederung zur Entwicklung einer Versuchsanordnung. Die Konzeption sowie die ersten Untersuchungen finden in Kapitel 4 und am Anfang des fünften Kapitels statt, worauf in Kapitel 5.3 die Ergebnisse folgen. Die Diskussion der Ergebnisse findet ebenfalls noch innerhalb des fünften Kapitels statt.

Beispiel Rechnung
Titel: Inexakte Adaptive Finite Elemente Methoden für Elliptische Eigenwertprobleme

Gliederung

1 Einleitung

2 Voraussetzungen (Grundlagen)
  2.1 Partielle Differentialoperatoren
  2.2 Eigenwertprobleme

3 Modellprobleme (Rechnungen und Beweise in 3, 4, 5)
   3.1 Laplace-Eigenwertproblem
   3.2 Konvektions-Diffusions-Eigenwertproblem

4 A posteriori Fehlerschätzer für selbstadjungierte Eigenwertprobleme
   4.1 Kombinierter Fehlerschätzer
   4.2 Balancierter AFEM Algorithmus
   4.3 Numerische Experimente
       (Numerische Ergebnisse, Diskussion)

5 Adaptiver Homotopie-Ansatz für nicht-selbstadjungierte Eigenwertprobleme
   5.1 Homotopie-Ansatz für Operator-Eigenwertprobleme
   5.2 A posteriori Fehlerschätzer
   5.3 Algorithmen
   5.4 Numerische Experimente (Numerische Ergebnisse, Diskussion)

6 Fazit (Zusammenfassung und Ausblick)

Kommentar: Vorliegende Gliederung einer Rechnung behandelt Modellprobleme, die in den darauffolgenden Kapiteln differenziert betrachtet werden. Dementsprechend werden mehrere Rechnungen und Beweise durchgeführt, die jeweils eigene Numerische Ergebnisse und deren Diskussion nach sich ziehen.

Beispiel Simulation
Titel: Simulation von Generatoren für Windkraftanlagen

Gliederung

1 Einleitung und Zielsetzung
   1.1 Motivation
   1.2 Aufgabenstellung

2 Theoretische Grundlagen der Synchronmaschine (Grundlagen)
   2.1 Aufbau der Synchronmaschine
   2.2 Erzeugung des Drehstromes
   2.3 Koordinatentransformation
       2.3.1 Clarke-Transformation
       2.3.2 Park-Transformation
       2.3.3 Rücktransformation
   2.4 Mathematisches Modell und vereinfachende Annahmen

3 Simulationsmodell (Modellierung und Simulation)
3.1 Grundlagen der Windkraftanlage
3.2 Umsetzung in MATLAB®/Simulink®
   3.2.1 Signalflussplan in Simulink®
   3.2.2 Modell mit Simscape™
3.3 Modelldaten

4 Ergebnisse und Modellvalidierung (Ergebnisse, Diskussion)

5 Zusammenfassung und Ausblick

Kommentar: Diese Arbeit folgt der Standardgliederung für Simulationen. Lediglich der Diskussionsteil bildet kein eigenes Kapitel, sondern ist dem Ergebnisteil angeschlossen. Der Grundlagenteil ist – wie man aus der differenzierten Aufgliederung schließen kann – sehr ausführlich gehalten.

Beispiel Literaturarbeit
Titel: Stand von Forschung und Entwicklung CO_2-neutraler Antriebskonzepte am Beispiel der Elektromobilität

Gliederung

1 Einleitung

2 Grundlagen der Elektromobilität (Überblick über das Thema)
2.1 Entwicklung
2.2 Antriebskonzepte
2.3 Projekte in Deutschland
2.4 Förderung durch die Wirtschaft

3 Stand von Forschung und Entwicklung
(Darstellen des Forschungsstandes)
3.1 Forschungsgebiete im Bereich der Elektromobilität
3.2 Deutschland und die EU im internationalen Vergleich

4 Chancen und weitere Entwicklungen (Bewertung)

5 Zusammenfassung und Ausblick

Kommentar: Die hier aufgezeigte Gliederung folgt unserem empfohlenen Gliederungsschema für Literaturarbeiten, wobei dieses je nach Thema flexibler ist, als es bei den anderen Abschlussarbeitstypen der Fall ist. Das zweite Kapitel gibt eine thematische Einführung; im dritten Kapitel wird, basierend auf aktuellen Veröffentlichungen zum Thema, der Forschungsstand rekonstruiert. Kapitel 4 bewertet den aufgezeigten Forschungsstand in Hinblick auf Anschlussforschung.

Übungen

Rike Beuster

Übung 3.1: Kapitel einer Gliederung sortieren

Ordnen Sie die folgenden Gliederungspunkte in schlüssiger Reihenfolge.

Titel: Bewegungs- und Verschleißverhalten von Hartmetalllamellen bei der Betonbearbeitung (verändert nach Hentschel 2014; Disziplin Bauingenieurwesen)

Erste Gliederungsebene:	Lösungsvorlage
• Relevante Werkstoffeigenschaften und Materialverhalten	
• Fazit und Ausblick	1
• Experimenteller Versuchsaufbau und Versuchsprogramm	1.1
• Einleitung	1.2
• Ergebnisse und Auswertung der experimentellen Versuche	1.3
• Grundlagen zum Abtragen von Betonoberflächen	2
•	2.1
Zweite Gliederungsebene:	2.2
• Analyse der Vorversuche zur Überprüfung der Randbedingungen	2.3
• Zielstellung	3
• Auswertung der Verschleißkenngrößen	3.1
• Beton als Werkstoff	3.2
• Ausgewählte Fließbedingungen für Beton und Stahl	3.2
• Hartmetall als Schlagwerkzeug	4
• Analyse der Kraftreaktionen als Funktion der Haupteinflussparameter	4.1
• Oberflächenabtrag durch den Einsatz von Schlagwerkzeugen	4.2
• Verschleißmechanismen beim Abtragen von Betonoberflächen	5
• Versuchsprogramm	5.1
• Problematik	5.2
• Versuchsaufbau	5.3
• Beton unter allgemeiner Stoßeinwirkung	5.4
• Aufbau der Arbeit	6
• Vergleich und Bewertung der Ergebnisse	

Musterlösung

1 Einleitung
   1.1 Problematik
   1.2 Zielstellung
   1.3 Aufbau der Arbeit
2 Relevante Werkstoffeigenschaften und Materialverhalten
   2.1 Beton als Werkstoff
   2.2 Ausgewählte Fließbedingungen für Beton und Stahl
   2.3 Hartmetall als Schlagwerkzeug
3 Grundlagen zum Abtragen von Betonoberflächen
   3.1 Beton unter allgemeiner Stoßeinwirkung
   3.2 Oberflächenabtrag durch den Einsatz von Schlagwerkzeugen
   3.3 Verschleißmechanismus beim Abtragen von Betonoberflächen
4 Experimenteller Versuchsaufbau und Versuchsprogramm
   4.1 Versuchsprogramm
   4.2 Versuchsaufbau
5 Ergebnisse und Auswertung der experimentellen Versuche
   5.1 Analyse der Vorversuche zur Überprüfung der Randbedingungen
   5.2 Analyse der Kraftreaktionen als Funktion der Haupteinflussparameter
   5.3 Auswertung der Verschleißkenngrößen
   5.4 Vergleich und Bewertung der Ergebnisse
6 Fazit und Ausblick

Erläuterung

Das erste Kapitel (Einleitung) führt zum Thema der Arbeit hin. Es werden Motivation und Zielsetzung der Arbeit dargestellt; außerdem erfolgt eine kurze Inhaltsangabe der Arbeit.

Die Kapitel ‚Relevante Werkstoffeigenschaften und Materialverhalten' und ‚Grundlagen zum Abtragen von Betonoberflächen' bilden den Theorieteil der Arbeit. Hier werden die Grundlagen erläutert, die für das Verständnis der Arbeit wichtig sind; in diesem Fall werden die beiden dem Versuch zugrunde liegenden Materialien Beton und Hartmetall charakterisiert.

Das Kapitel ‚Experimenteller Versuchsaufbau und Versuchsprogramm' entspricht dem Teil ‚Material und Methoden' der Standardgliederung für Laborversuche. Hier werden das zugrunde liegende Konzept und der Aufbau des Versuchs vorgestellt.

Das Kapitel ‚Ergebnisse und Auswertung der experimentellen Versuche' ist der Ergebnis- und Diskussionsteil dieser Arbeit. Hier werden die Ergebnisse des Versuchs dargestellt und analysiert. Außerdem erfolgt ein Vergleich mit Daten aus der Literatur.

Im Kapitel ‚Fazit und Ausblick' wird ein Resümee der Arbeit gezogen und ein Ausblick auf weiterführende Forschung gegeben.

Übung 3.2 Gliederungstypen erkennen

Welchem Gliederungstypus sind folgende Beispiele jeweils zuzuordnen?

Beispiel 1
Titel: Eine geoökologische und fernerkundliche Prozessanalyse zum Risikozusammenhang zwischen Landnutzung und Biodiversität an einem Beispiel aus Chile (verändert nach Braun 2013; Disziplin Geoökologie)

1 Einleitung
2 Einführung in das Untersuchungsgebiet Zentralchile
   2.1 Topographische Einordnung
   2.2 Geologische Einordnung
   2.3 Vegetationskundliche Einordnung
   2.4 Untersuchte Landnutzungssysteme
3 **Landnutzungswandel im Untersuchungsgebiet Zentralchile**
   3.1 Landnutzungskartierung des Untersuchungsgebiets
   3.2 Identifizierung und Analyse der landnutzungsverändernden Prozesse
4 **Biodiversität im Untersuchungsgebiet Zentralchile**
   4.1 Methodik der Biodiversitätsforschung
   4.2 Qualitative Charakterisierung der Biodiversität
   4.3 Ergebnisse zur Alpha-, Beta- und Gammadiversität
   4.4 Ergebnisse zur taxonomischen Diversität
5 **Diskussion**
   5.1 Diskussion der Ergebnisse zum Landnutzungswandel
   5.2 Diskussion der Ergebnisse zur Biodiversität
6 **Schlussfolgerungen und Ausblick**

Lösung: Feldversuch

Beispiel 2
Titel: Studien zu einem Röntgendetektorsystem zur Bestimmung der Aktivität in der KATRIN Tritiumquelle. (verändert nach Röllig 2011; Disziplin: Physik)

1 Einleitung
2 **Die β-induzierte Röntgenspektroskopie (BIXS) mit Tritium**
   2.1 Grundlagen der BIXS-Methode und Anforderungen an ein BIXS-System zur Überwachung von tritiumführenden Anlagen
   2.2 Physikalische Grundlagen der BIXS-Methode im Zusammenhang mit Tritium
   2.3 Vorangegangene BIXS-Experimente im Zusammenhang mit Tritium
   2.4 Motivation eines BIXS-Tritium-Testexperiments mit erhöhter Sensitivität für KATRIN

3 **Das Tritium Rearwall Experiment (TriReX)**
3.1 Der Siliziumdriftdetektor (SDD)
3.2 Konzept des Experiments
3.3 Physikalische und technische Anforderungen an TriReX
3.4 Experimenteller Aufbau
4 **Vorversuche zu TriReX**
4.1 Dichtheitsprüfung des Berylliumfensters
4.2 Energiekalibrierung und Charakterisierung des Detektors
5 **Tritiummessungen mit TriRex**
5.1 Überblick über die Messungen
5.2 Bestimmung des intrinsischen Detektoruntergrunds im TriReX-Aufbau
5.3 Tritiumnachweisgrenze und Nachweiseffizienz des TriReX-Aufbaus
5.4 Bestimmung eines möglichen Memoryeffekts im TriReX-Aufbau
5.5 Diskussion der Messergebnisse
6 **Zusammenfassung und Ausblick**

Lösung: Experiment

3.3 Die Teile einer Abschlussarbeit inhaltlich strukturieren

Um die Teile einer Abschlussarbeit inhaltlich zu strukturieren, müssen sie zunächst in eine Reihenfolge gesetzt werden. Das IMRAD-Schema (vgl. Kap. 3.1) gibt dazu erste wichtige Anhaltspunkte, da es im Grunde bereits die Grobstruktur fast aller Abschlussarbeiten vorgibt. Hilfreich ist es zudem, den einzelnen Teilen bereits bestimmte Überschriften zuzuordnen, die später das Inhaltsverzeichnis abbilden (vgl. Kap. 3.2 und 3.4). Bevor wir uns in diesem Kapitel aber den einzelnen Teilen der Abschlussarbeit selbst zuwenden und uns überlegen, wie sie sich inhaltlich strukturieren bzw. füllen lassen, geben wir in Tabelle 3.2 eine Übersicht über die Reihenfolge der Teile einer Abschlussarbeit, ausdifferenziert nach dem jeweiligen Abschlussarbeitstyp.

Wie Sie sehen, variiert die Reihenfolge der Teile einer Abschlussarbeit je nach thematischer Ausrichtung nur wenig. Innerhalb der Ordnungsnummern, die den Teilen in Tabelle 3.2 zugeordnet sind, sind aber Unterschiede zu erkennen. Je nach Abschlussarbeitstypus wählen Sie die Teile aus und bringen diese in die hier vorgeschlagene Reihenfolge. Im Folgenden zeigen wir auf, wie Sie die einzelnen Teile jeweils inhaltlich strukturieren können (vgl. Tab. 3.2).

Teil 1: Einleitung
Der erste Teil einer Abschlussarbeit ist die Einleitung. Sie stellt eine Hinführung in das Thema dar und bildet in aller Regel zugleich auch das erste eigenständige Kapitel. Als Einstieg stellen Sie dazu zuerst die Ausgangssituation dar, indem Sie z. B. ein aktuelles Forschungsproblem be-

Tab. 3.2: Reihenfolge der Teile in den verschiedenen Standardgliederungen.

	Praktische Arbeiten			Theoretische Arbeiten	
Teile	Experiment	Feldversuch	Versuchsanordnung	Simulation	Rechnungen
1	Einleitung	Einleitung	Einleitung	Einleitung	Einleitung
2	Theorie	Theorie	Theorie	Grundlagen	Grundlagen
3	Material & Methoden	Untersuchungsgebiet	Konzeption	Modellierung & Simulation	Rechnungen & Beweise
		Material & Methoden	Test & Optimierung		
4	Ergebnisse	Ergebnisse	Ergebnisse	Ergebnisse	Numerische Ergebnisse
5	Diskussion	Diskussion	Diskussion	Diskussion	Diskussion
6	Zusammenfassung & Ausblick	Zusammenfassung & Ausblick	Zusammenfassung & Ausblick	Zusammenfassung & Ausblick	Zusammenfassung & Ausblick

nennen, auf das Ihre Untersuchungen Bezug nehmen; oder Sie entfalten eine Problemstellung, die aus Ihrer Aufgabenstellung hervorgeht. (Beachten Sie hier mögliche Ausnahmen wie die bereits in Kap. 3.1 benannten Naturwissenschaften, insbesondere die Lebenswissenschaften.) Überlegen Sie sich dabei, warum es relevant ist, dass Sie sich mit genau dieser Fragestellung auseinandersetzen. Sie klären die Zielsetzung Ihrer Arbeit und zeigen Ihre Vorgehensweise. Eine Rolle spielen auch die Rahmenbedingungen, unter denen Ihre Untersuchung stattgefunden hat: Welche Versuchsanlagen stehen Ihnen zur Verfügung? Wann und wie können Sie bestimmte Einrichtungen nutzen? Besondere Liefer- und damit verbundene Wartezeiten für verwendete Materialien gehören ebenfalls in diesen Teil. Die Einleitung kann dabei auch schon ausführlicher den methodischen Ansatz beschreiben oder den aktuellen Forschungsstand rekonstruieren (vgl. Kap. 2.3). In einem solchen Fall ist es unter Umständen sinnvoll, diesen Teil in weitere Kapitel zu untergliedern. Sind der Theorie- und der Methodenteil bereits in der Einleitung untergebracht, ist kein eigenes Kapitel zu diesen Aspekten nötig. Am Ende der Einleitung geben Sie einen Überblick über Inhalte der nachfolgenden Kapitel, bei dem Sie sich aber kurz fassen sollten (vgl. weiterführend Kap. 4.3).

Teil 2: Theorie/Grundlagen

Der Theorieteil dient der Einordnung des eigenen Themas in ein größeres Umfeld sowie der Klärung der für die Arbeit relevanten Grundlagen und Fachbegriffe. Sie legen hier den aktuellen Forschungsstand zu dem in Ihrer Arbeit behandelten Thema dar und fassen damit die Erkenntnisse zu diesem Thema aus bisherigen Arbeiten zusammen. Daraus leiten Sie dann die Konsequenzen im Blick auf Ihre eigenen Forschungen in

Ihrer Arbeit ab. Idealerweise haben Sie zu diesem Zweck eine Literaturrecherche durchgeführt, so dass Sie bereits über umfassende Kenntnisse auf dem Gebiet verfügen. Nicht immer stellt der Theorieteil ein eigenständiges Kapitel dar: Für einige Arbeiten bietet es sich an, die ‚Theorie' bereits in der Einleitung zu behandeln. Oft besteht der Theorieteil aber auch aus einem Unterkapitel des Teils ‚Material und Methoden'.

Teil 3
Untersuchungsgebiet

Der Teil ‚Untersuchungsgebiet' beschreibt das ‚Feld', in dem die Untersuchung stattfindet. In den Geo- und Umweltwissenschaften kann dies ein tatsächliches Gebiet sein; bei Arbeiten, in denen Befragungen vorgenommen werden, handelt es sich z. B. um eine bestimmte Gruppe von Personen, die interviewt wird. Zunächst gilt es, die allgemeinen Gegebenheiten zu beschreiben; im ersten Fall sind dies Topographie, Vegetation, Bebauung, Gewässernetz etc., im zweiten Fall beschreiben Sie die Gruppe der Befragten. Dabei nennen Sie alle für die Untersuchung relevanten Parameter. Hier führen Sie zudem, soweit vorhanden, Messstationen und Messdaten auf. In diesem Teil werden Angaben und Parameter aus der Literatur vor allem dazu verwendet, das Untersuchungsgebiet zu charakterisieren. Es fließen jedoch auch eigene Beobachtungen in die Beschreibung des Gebietes ein.

Material und Methoden

Im Teil ‚Material und Methoden' stellen Sie die im Versuch aufgegriffene Methodik dar, und Sie erläutern und begründen die praktische Umsetzung der Aufgabenstellung. Hierzu beschreiben und erläutern Sie die verwendeten Materialen (z. B. Chemikalien und deren Herkunft) und den Versuchsaufbau. Sie begründen damit Ihre Entscheidungen, indem Sie Antworten auf folgende Fragen geben: Warum haben Sie den Versuch so und nicht anders aufgebaut? Warum verwenden Sie diese Materialien? Teilweise können Sie dabei Bezug auf die Einleitung nehmen, wenn Sie bereits dort die Rahmenbedingungen geschildert haben. Ebenso werden hier in diesem Teil die Versuchsbedingungen und die Versuchsdurchführung beschrieben. Hier können Sie Forschungsliteratur verwenden, um die eigene Methodik und das verwendete Material mit anderen Versuchen zu vergleichen, vor allem aber auch, um die Begründung der gewählten Methodik und des Materials durch Literatur zu stützen. Wenn die Beschreibung vorangegangener Versuche bereits im Theorieteil erfolgt, können Sie an dieser Stelle darauf verzichten, noch einmal auf diese Aspekte zurückzukommen.

Konzeption

Im Teil ‚Konzeption' wird der Entwicklungsprozess Ihres Versuchs dargestellt. Dazu gehört die Darstellung von Vorüberlegungen und Vorversuchen ebenso wie das Erläutern und Begründen der gewählten Methode. Hier wird die Entwicklung des Versuchskonzeptes auf Grundlage der gewählten Methode nachvollzogen und der schließlich gewählte Versuchsaufbau im Detail beschrieben. Dabei können Sie bereits vorhandene Konzepte und Versuchsdesigns in die eigene Entwicklung einbeziehen.

Test und Optimierung
Dieser Teil schließt direkt an die ‚Konzeption' an. Hier werden die Durchführung erster Testläufe und deren Ergebnisse dargestellt. Anhand der Testläufe werden eventuelle Schwachstellen aufgezeigt und die nötigen Korrekturen beschrieben. Zuletzt stellen Sie das endgültige Versuchsdesign vor. Insgesamt arbeiten Sie mit den eigenen, bereits gewonnenen Ergebnissen, um den Versuchsaufbau zu verfeinern.

Modellierung und Simulation
Dieser Teil beinhaltet die Beschreibung und Erläuterung des naturwissenschaftlichen, mathematischen und numerischen Modells, das Ihren Untersuchungen zugrunde liegt. Sie stellen darin die verwendeten Parameter und die Datenbasis vor und begründen die von Ihnen festgelegten Randbedingungen. Außerdem beschreiben und erläutern Sie den Simulationsablauf.

Rechnungen und Beweise
Bei der Rechnung und Implementierung werden die wesentlichen Berechnungsschritte bzw. der Aufbau des zur Berechnung geschriebenen Programms vorgestellt und eventuell nötige Modifikationen und Anpassungen beschrieben. Algorithmen oder Daten anderer Autoren/Autorinnen können Sie dabei in die eigenen Berechnungen einbinden oder zum Vergleich heranziehen.

Teil 4
Ergebnisse
Dieser Teil diskutiert die Ergebnisse Ihrer Untersuchung. In den meisten Fällen bedeutet dies, dass Sie eine Vielzahl von Daten graphisch und/oder tabellarisch aufbereiten (vgl. Kap. 5). Daneben müssen Sie die Ergebnisse aber auch noch einmal in Worte fassen. Nicht notwendig ist es dabei, jeden einzelnen Wert ausführlich zu diskutieren: Der Text dient vielmehr dazu, zusammenfassend darzustellen, was in den Abbildungen und Tabellen zu sehen ist. Große Tabellen und Abbildungen sollten Sie in einen Anhang setzen.

Numerische Ergebnisse
Hier werden Ergebnisse der Rechnungen formal überprüft, d. h. es wird festgestellt, ob die Werte tatsächlich mögliche Ergebnisse darstellen. Dies geschieht dadurch, dass Sie programminterne Kontrollen auswerten und Vergleiche mit unabhängigen Rechnungen anstellen.

Teil 5: Diskussion
Zu Ihrer Aufgabe im Rahmen Ihrer Abschlussarbeit gehört neben der reinen Beschreibung der Ergebnisse auch deren anschließende Auswertung und damit auch die Bewertung und Einordnung im Blick auf die Forschungsfrage. Dies findet im Diskussionsteil statt. Mit dem Begriff der Bewertung ist nicht Ihre persönliche Meinung gefragt, sondern eine faktenbasierte Interpretation Ihrer Ergebnisse und deren Einordnung. Diese Ergebnisse beurteilen Sie, indem Sie die Versuchsbedingungen berücksichtigen und eine Fehlerbetrachtung durchführen. Außerdem stellen Sie hier den Bezug der Ergebnisse zur Theorie her, und Sie begründen mögliche Abweichungen von eventuell vorliegenden theoretischen Prognosen.

> Keine Ergebnisse sind auch Ergebnisse!
> Machen Sie unzureichende Daten, z. B. bei fehlgeschlagenen Experimenten, zum Argument und stellen Sie die Notwendigkeit weiterer Forschung auf diesem Gebiet heraus.

Anschließend erfolgt ein Vergleich mit Versuchsergebnissen aus der Forschung. Zuletzt stellen Sie den Gesamtzusammenhang aller bisherigen Kapitel her, so dass Sie daraus Konsequenzen für die Forschung ableiten können. Dabei werden die Ergebnisse anderer Autoren/Autorinnen herangezogen, um die eigenen Ergebnisse zu bestätigen oder die neuen Erkenntnisse herauszustellen.

Teil 6: Zusammenfassung und Ausblick
Der letzte Teil Ihrer Arbeit stellt meistens auch ein eigenständiges Kapitel dar. Es dient der prägnanten Beschreibung der zentralen Ergebnisse der Arbeit. Zudem erfolgt an dieser Stelle eine rückblickende Bewertung, in der die gesamte Abschlussarbeit als solche beurteilt wird. Hier zeigen Sie Stärken und Schwächen des Versuchsdesigns auf, und Sie diskutieren, ob und wie ein Versuch hinsichtlich zukünftiger Forschung optimiert werden könnte. Stellen Sie sich dazu die Frage, wie Ihr Versuchsaufbau und die Rahmenbedingungen für Anschlussforschungen verändert werden müssen. Dabei können Sie einen Ausblick geben, ob und in welcher Form die Forschung auf dem behandelten Gebiet fortgesetzt werden soll. Um mögliche Forschungsansätze darzustellen, die dazu einzusetzen wären, können Sie in diesem Kapitel Forschungsliteratur verwenden. Literatur kann auch bei der Evaluierung des Versuchs zu Hilfe genommen werden, um auf die wissenschaftlichen Erkenntnisse Ihrer Disziplin zurückzugreifen. Auf dieser Basis werden die Resultate des Versuchs und mögliche Verbesserungen diskutiert. Zuletzt formulieren Sie begründete Anregungen für ein zukünftiges Vorgehen auf dem Forschungsgebiet Ihrer Abschlussarbeit (vgl. auch hier weiterführend Kap. 4.3).

Literaturarbeiten

Die Literaturarbeit kommt als Abschlussarbeitstypus häufig vor, obgleich deren methodische Herangehensweise im wissenschaftlichen Kontext und im Studium selbst nur eine untergeordnete Rolle spielt. Dieser Typus kann daher für Studierende gefährlich sein, zumal es dabei nicht nur darum geht, ‚einfach mal zu recherchieren'. Auch in einer solchen Arbeit gilt es, eine wissenschaftliche Fragestellung im Rahmen einer Disziplin zu beantworten und zu diesem Zweck Literatur zu recherchieren, zusammenzufassen und zu bewerten. Ziel ist hier z. B. die Rekonstruktion eines Forschungsstands zu einem Thema. Eine weitere mögliche Form der Literaturarbeit besteht darin, Forschung nachzuvollziehen und auf Ihre Triftigkeit hin zu überprüfen. Hier beschäftigen Sie sich dann nicht unbedingt damit, möglichst viel Forschung zu einem bestimmten Thema zusammenzutragen und auszuwerten. Vielmehr analysieren Sie meist im Forschungskontext relevante Quellen, indem Sie deren Inhalt nachvollziehen und bewerten.

Für die Literaturarbeit lässt sich, wie in Tabelle 3.1 bereits angezeigt, nicht ohne weiteres ein standardisiertes Gliederungsschema angeben. Sie ist, was den Aufbau angeht, flexibler als eine praktische oder theoretische Arbeit, die sich beide nach dem IMRAD-Schema gliedern lassen. Unsere Beispielgliederung in Tabelle 3.1 stellt daher nur eine Option dar, die Sie noch mehr als bei den anderen Abschlussarbeitstypen kritisch im Blick darauf prüfen sollten, ob sie auf Ihr Thema anwendbar ist.

Im Folgenden sind, analog zu der vorhergehenden Beschreibung, die Bestandteile einer Literaturarbeit aufgelistet.

Einleitung
Funktion: Einführung in das Thema und die zugrundeliegende Forschungsliteratur

Hier gibt es noch wenig Unterschiede zu den Einleitungen in den anderen Typen, weil auch hier die Fragestellung, das Vorgehen, die Zielsetzung sowie ein Überblick über den Aufbau der Arbeit gegeben werden.

Überblick über das Thema
Funktion: Eingrenzung und gegebenenfalls geschichtliche Einordnung des Themas; ersetzt den Teil ‚Theorie' bzw. ‚Grundlagen'

Im Überblick über das Thema werden die zentralen Aspekte des Themas herausgestellt, die in der Arbeit abgehandelt werden. Es werden ein Überblick über die wichtigsten Inhalte der Aufgabenstellung gegeben und die für das Thema wichtigen Fachbegriffe erläutert. Das zu analysierende Thema kann zudem in den historischen Forschungsverlauf Ihrer Disziplin eingeordnet werden.

Darstellen des Forschungsstandes
Funktion: Beschreibung der wichtigsten Aspekte zu einem Thema

Dieser Teil stellt die wichtigsten und aktuellsten Arbeiten zum Thema vor. Anhand dieser Arbeiten erfolgt eine Aufarbeitung der Fragestellung, indem die Arbeiten miteinander verglichen werden: Übereinstimmungen und Widersprüche werden herausgearbeitet, schließlich wird der aktuelle wissenschaftliche Konsens zum Thema dargestellt.

Bewertung
Funktion: Bewertung ersetzt den Ergebnis- und Diskussionsteil
  Im Bewertungsteil einer Literaturarbeit werden die Argumente bzw. Ergebnisse der verschiedenen Arbeiten zum Thema gegeneinander abgewogen. Sie können darin Alternativen zum aktuellen wissenschaftlichen Konsens über das Thema aufzeigen und Ihre eigenen Ansichten dazu auf Grundlage fundierter Argumente darlegen. Dieser Teil ist somit Ergebnis- und Diskussionsteil zugleich.

Zusammenfassung und Ausblick
Funktion: Übersicht über die gewonnenen Erkenntnisse
  Wie bei der Einleitung gibt es hier keine gravierenden Unterschiede zu den entsprechenden Teilen in anderen Abschlussarbeitstypen.

3.4 Das Inhaltsverzeichnis formulieren

Nachdem Sie die Gliederung Ihrer Arbeit konzipiert und die verschiedenen Teile definiert haben, geht es darum, alle Teile Ihrer Abschlussarbeit in Kapitel zu überführen. Dabei ist die konkrete Formulierung der Kapitelüberschriften ein wichtiger Aspekt, auf den/die Betreuer/in bei der Bewertung Ihrer Arbeit besonders achten: Am Inhaltsverzeichnis kann ein/e erfahrene/r Betreuer/in auf den ersten Blick erkennen, wie sorgfältig ein/e Student/in gearbeitet hat – ob die Arbeit einer klaren Linie folgt und wie gut er/sie mit den Vorgaben und Vorgehensweisen seiner/ihrer Disziplin umgehen kann. Aus diesem Grund kommt es nicht selten vor, dass Betreuer/innen ‚ihren' Student/innen abverlangen, vor der eigentlichen Schreibarbeit den Entwurf eines Inhaltsverzeichnisses vorzulegen.

Endgültiges Inhaltsverzeichnis

Auf der Basis der Gliederung entsteht schließlich das **Inhaltsverzeichnis**. Wir empfehlen, es am Anfang des Abschlussarbeitsprojektes zu erstellen, bevor Sie den Text schreiben. In die endgültige Form gelangt es, wenn der gesamte Text verfasst ist. Im Inhaltsverzeichnis sind alle Überschriften (Kapitel, Unterkapitel) Ihres Textes aufgeführt und mit Seitenzahlen versehen (vgl. Ebel 2006, 39).

Folgende Elemente sollte Ihre Arbeit neben dem eigentlichen Text in jedem Fall beinhalten:
- Titelblatt
- Inhaltsverzeichnis
- Abkürzungsverzeichnis (wenn Abkürzungen verwendet werden)
- Abbildungs- und Tabellenverzeichnis (wenn Darstellungen verwendet werden)
- Literaturverzeichnis

Weitere Elemente einer Abschlussarbeit

Folgende Elemente sind optional:
- Aufgabenstellung
- Vorwort und Danksagung
- Abstract
- Anhang
- Erklärung zur Eigenständigkeit

Beachten Sie, dass Aufgabenstellung, Vorwort, Danksagung, Abstract, Inhalts-, Abkürzungs-, Abbildungs- und Tabellenverzeichnisse in der Regel *vor* dem eigentlichen Text stehen, während das Literaturverzeichnis, der Anhang und die Eigenständigkeitserklärung (in dieser Reihenfolge) *nach* dem Text aufgenommen werden.

Reihenfolge im Inhaltsverzeichnis

Im Inhaltsverzeichnis führen Sie folgende Elemente mit alternativer Seitenzählung (z. B. römische Ziffern) auf:
- Vorwort und Danksagung
- Abkürzungs-, Tabellen-, Abbildungs-, Literaturverzeichnis
- Anhang

Formatieren Sie Überschriften im Textverarbeitungsprogramm: Meist gibt es Formatvorlagen für Überschriften erster, zweiter und dritter Ordnung. Damit kann das Programm bei entsprechendem Befehl automatisch ein Inhaltsverzeichnis erstellen. Überprüfen Sie vor der Abgabe jedoch noch einmal sorgfältig, ob alle Überschriften im Text mit dem Inhaltsverzeichnis übereinstimmen; aktualisieren Sie dabei vor allem auch die Seitenzahlen.

Formatierung von Überschriften

Das Inhaltsverzeichnis können Sie durch typografische Mittel übersichtlich machen (vgl. Ebel 2006, 61). Je kleinteiliger die Gliederung ausfällt, desto nötiger ist ein solches Vorgehen. Grundsätzlich gilt aber hier: Weniger ist oft mehr. So sollten Sie mit Hervorhebungen (Fettdruck, Unterstreichungen) sparsam umgehen; arbeiten Sie daher lieber mit Einrückungen und Absätzen je nach Hierarchieebene. Kapitel bzw. Unterkapitel auf derselben Ebene sollten dieselbe typografische Gestaltung (gleiche Schriftgröße, gleiche Schrifttype) aufweisen.

Für die Nummerierung der Gliederungspunkte empfehlen wir arabische Ziffern. Teile außerhalb dieser Gliederung, die im Inhaltsverzeichnis auftauchen, sollten Sie alternativ nummerieren. Folgt man DIN 1421, stehen nach den Ziffern der Kapitelnummerierung (also Kapitel 1, 2, 3 ...) keine Punkte; lediglich bei den verschiedenen Gliederungsebenen (z. B. Kapitel 2.1.2) wird jeweils ein Punkt gesetzt. Beachten Sie, dass alle Überschriften, die Sie in der Endfassung Ihres Textes verwenden, nummeriert werden und somit im Inhaltsverzeichnis auftauchen müssen.

Formulierung von Überschriften

Beachten Sie bei der Formulierung der Überschriften folgende Punkte: Durch die Einteilung in Ober- und Unterkapitel muss gerade im Blick auf den jeweiligen Seitenumfang die inhaltliche Gewichtung der einzelnen Bestandteile ersichtlich werden. Im Text sollten Unterkapitel nicht kürzer als eine halbe Seite sein. Wenn das dann doch der Fall ist, ist es sinnvoll, Unterkapitel zusammenzufassen. Wichtig ist es insgesamt, dass das Inhaltsverzeichnis stilistisch **einheitlich** gestaltet ist (vgl. Kap. 8.2). Dabei bietet es sich an, bei der Formulierung von Überschriften den Nominalstil zu verwenden. Sie könnten dann etwa so lauten, wie wir es oben (Kap. 3.2) bereits durchgespielt haben:

> 1 Einleitung
> [...]
> 3 Messung der Mischungen
> [...]
> 5 Diskussion

Vermeiden Sie für Kapitelüberschriften Sätze oder Halbsätze wie z. B. *3 Die Mischungen werden gemessen*. Abgesehen davon, dass Sie in einer wissenschaftlichen Arbeit Ihr konkretes Vorgehen nicht auf diese Weise ‚nacherzählen', lassen sich solche Überschriften kaum für alle Kapitel durchhalten, so dass sich diese Formen schon wegen der mangelnden Einheitlichkeit nicht anbieten. Verwenden Sie auch keine Zitate in doppelten oder einfachen Anführungszeichen und auch keine (rhetorischen) Fragen wie *Was bedeutet dies für die Forschung?* Ebenso wenig eignen sich Spannung erzeugende Mittel und Formulierungen (z. B. *Was nun ... ?*), weil Sie in Ihrer Arbeit eben keine Geschichte erzählen, sondern Ergebnisse einer Forschungsfrage präsentieren. Abkürzungen, Formeln und unbekannte Symbole sollten ebenfalls nicht in Kapitelüberschriften verwendet werden, da sie eigens erläutert werden müssen, d. h. als Überschrift allein kaum verständlich sind. Es sieht zudem unschön aus, wenn Formulierungen in Überschriften der ersten Gliederungsebene in der zweiten Gliederungsebene wiederholt werden. Mögliche Fehlerquellen in der stilistischen Gestaltung eines Inhaltsverzeichnisses zeigt Ihnen nachfolgende Abbildung 3.2 an einem entsprechend modifizierten Beispiel auf:

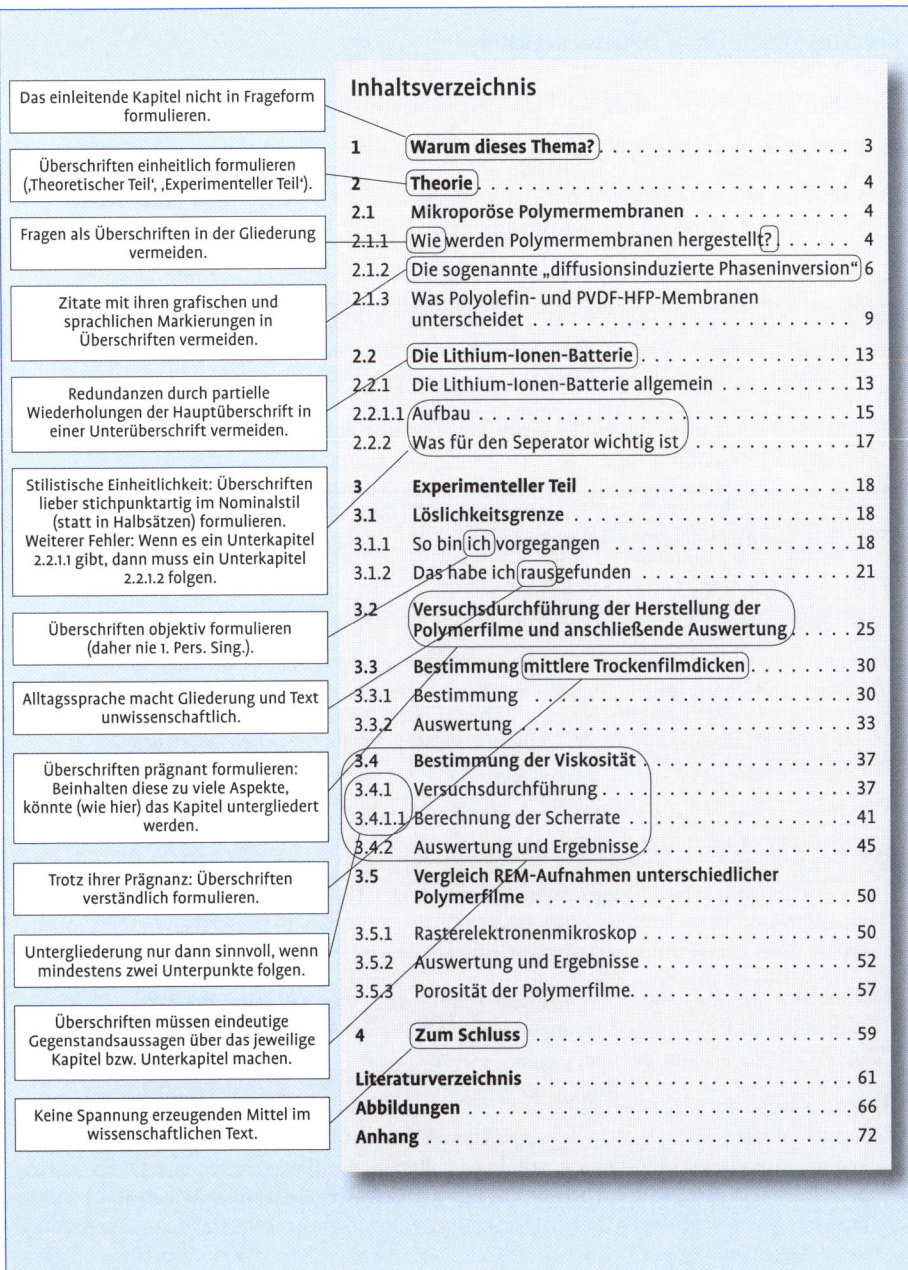

Abb. 3.2:
Mögliche Fehlerquellen in einem Inhaltsverzeichnis.

Checkliste Gliederung / Inhaltsverzeichnis

- ☐ Prüfen Sie, ob alle Kapitelüberschriften nach den genannten Kriterien aussagekräftig sind.
- ☐ Überprüfen Sie die Anzahl der Gliederungsebenen.
- ☐ Prüfen Sie, ob Ihre Absätze tatsächlich Sinnabschnitte sind. Gliedern Sie nicht zu kleinteilig, machen Sie also Unterkapitel und Absätze nicht zu kurz.
- ☐ Verwenden Sie mindestens zwei Einträge für jede Gliederungsebene: Kapitel 1.1.1 darf nicht alleine stehen, ein Kapitel 1.1.2 muss dann zwingend folgen.
- ☐ Alle Überschriften sollten im Inhaltsverzeichnis auftauchen. Vermeiden Sie unnummerierte Zwischenüberschriften.
- ☐ Arbeiten Sie von Anfang an mit einer Arbeitsgliederung und passen Sie diese an den jeweiligen Arbeitsstand an.
- ☐ Prüfen Sie, ob Ihre Gliederung den fachspezifischen Konventionen folgt. Fragen Sie im Zweifel Ihre/n Betreuer/in.
- ☐ Der Schwerpunkt der Arbeit sollte schon aus der Gliederung ersichtlich sein: Wichtige Teile differenzieren in der Regel auch die Gliederung.
- ☐ Setzen Sie nach den Ziffern der Kapitelnummerierung keine Punkte. Zwischen den Kapitel- und Unterkapitelnummern steht dagegen jeweils ein Punkt.
- ☐ Aktualisieren Sie am Ende der Arbeit in Ihrem Textdokument die Seitenzahlen des Inhaltsverzeichnisses.
- ☐ Achten Sie darauf, welche Teile Ihrer Arbeit im Inhaltsverzeichnis aufgeführt sein müssen und welche nicht.
- ☐ Verwenden Sie in Ihrem Textprogramm Formatvorlagen für Überschriften erster, zweiter und dritter Ordnung, so dass Sie das Inhaltsverzeichnis automatisch erstellen lassen können. Prüfen Sie es dann aber unbedingt auf Richtigkeit.
- ☐ Achten Sie auf eine stilistisch einheitliche Formulierung Ihrer Gliederungspunkte. Vermeiden Sie z. B., dass sich Formulierungen in Titeln von Kapitelüberschriften und Unterkapitelüberschriften wiederholen.
- ☐ Achten Sie auf formale Einheitlichkeit: Nummerieren Sie einheitlich mit arabischen Ziffern; Ausnahme: Elemente, die nicht dem textlichen Teil der Arbeit angehören wie Verzeichnisse, können eine alternative Zählung erhalten. Gestalten Sie die Gliederungsebenen typografisch einheitlich und passen Sie das Verzeichnis typografisch an die gesamte Arbeit an. Halten Sie Oberkategorien linksbündig und rücken Sie Unterkategorien gegebenenfalls ein; Seitenzahlen werden rechtsbündig positioniert.

Abb. 3.3:
Checkliste Gliederung/Inhaltsverzeichnis.

Quellenverzeichnis

Braun, A. Ch. 2013. Eine geoökologische und fernerkundliche Prozessanalyse zum Risikozusammenhang zwischen Landnutzung und Biodiversität an einem Beispiel aus Chile. Dissertation. Karlsruhe.

DIN 1421 1983. Gliederung und Benummerung in Texten.

Ebel, H. F. et al. 2006. Schreiben und Publizieren in den Naturwissenschaften. 5. Auflage. Weinheim: Wiley VCH.

Hentschel, S. 2014. Bewegungs- und Verschleißverhalten von Hartmetalllamellen bei der Betonbearbeitung. Dissertation. Karlsruhe.

Oswald, F. 2012. Aufreinigung der Alternariol-O-Methyltransferase aus Alternaria alternata. Studienarbeit. Karlsruhe.

Röllig, M. 2011. Studien zu einem Röntgendetektorsystem zur Bestimmung der Aktivität in der KATRIN Tritiumquelle. Dissertation. Karlsruhe.

Schönung, K. 2011. Entwicklung eines Experiments zur Untersuchung optischer Fenster in Tritiumumgebung und Bewertung der ersten Untersuchungen. Diplomarbeit. Karlsruhe.

Andreas Hirsch-Weber

4 Texte wissenschaftlich formulieren

Wissenschaftliche Forschung in Textform zu bringen, gehört zu den wichtigsten Aufgaben von Wissenschaftlerinnen und Wissenschaftlern aller Fachbereiche. Die Reputation eines Forschers/einer Forscherin ergibt sich in aller Regel über seine/ihre Publikationen. Dabei geht es in der Wissenschaft in erster Linie darum, den zu vermittelnden Gegenstand möglichst **klar, sachlich** und **argumentativ nachvollziehbar** darzustellen. Sprache hat hier die Funktion, das eigene Vorgehen, die behandelten Sachverhalte und Forschungszusammenhänge möglichst eindeutig zu präsentieren. Vor allem in den Natur- und Ingenieurwissenschaften darf es keine Zweifel über die Aussagen aller Teile eines Textes geben. Wiederholbarkeit als Kriterium für wissenschaftliche Erkenntnisse ist nur dann gewährleistet, wenn auch bei der Darstellung von Forschung präzise gearbeitet wird. Gutes wissenschaftliches Formulieren heißt also nicht, besonders ‚schön' zu schreiben. Vielmehr geht es darum, sowohl bei der Beschreibung oder Darstellung von Inhalten als auch bei der argumentativen Entfaltung von Positionen so zu schreiben, dass andere Wissenschaftler/innen der gleichen Disziplin dem Text und seinen Aussagen vollständig folgen können.

Verständlich Schreiben

Beim Formulieren Ihrer Abschlussarbeit demonstrieren Sie, ob Sie wissenschaftlich korrekt arbeiten können. Dazu gehört es eben auch, die Darstellung eigener Untersuchungen in einer Sprache zu verfassen, die von Ihren Gutachtern/Gutachterinnen auf Anhieb verstanden wird. In vielen studentischen Texten zeigt es sich dagegen, dass die Autoren/Autorinnen zwar der Meinung sind, einen Sachverhalt triftig beschrieben zu haben, der/die bewertende Korrektor/in jedoch diesen Sachverhalt im Text womöglich so nicht erkennen kann. Es handelt sich dabei um Kommunikationsprobleme, die von beiden Seiten häufig nicht aufzulösen sind: Ist der/die Betreuer/in auf der einen Seite nicht selten fassungslos darüber, welche Lücken in der Darstellung vorliegen, zeigt sich der/die Studierende wiederum fassungslos über eine solche Reaktion, weil er/sie überzeugt war, das zu Beschreibende auch angemessen schriftlich wiedergegeben zu haben.

In diesem Kapitel geht es deshalb vor allem darum, Ihnen Hinweise zu geben, wie Sie Ihren Text sprachlich präzise verfassen können. Eventuell erscheinen Ihnen unsere Hinweise dabei gelegentlich zu kleinteilig oder akribisch. Umfassend oder gar verallgemeinernd über das Schreiben zu schreiben, würde Ihnen aber kaum helfen. Das liegt an der Sache selbst - Schreiben bedeutet mitunter, sich immer und immer wieder zu entscheiden: Sie haben unzählige Möglichkeiten, den gleichen Gegenstand zu beschreiben; und doch offenbaren sich in studentischen Arbeiten sehr häufig die gleichen Schreibroutinen, d. h. die gleichen Fehler oder sogar sprachliche Unbeholfenheiten. Genau diese lassen sich über einige wenige, also tatsächlich nicht allzu viele textspezifische Hinweise korrigieren. Sie werden in den Kapiteln 4.2 und 4.3 beschrieben, ohne dass wir Ihnen an dieser Stelle verschweigen wollen, dass präzises Schreiben sehr oft auch harte Arbeit bedeuten kann. Kapitel 4.3 wiederum legt den Fokus auf die Einleitung. In der Einleitung entwickeln Sie Ihre Argumentation, führen in das Themengebiet ein, erläutern die wichtigsten Grundlagen und stellen die Motivation für Ihr Thema heraus (vgl. auch Kap. 3). Wir zeigen Ihnen, wie Sie bereits hier Schreibstrategien für Ihre gesamte Arbeit anlegen und Ihre/n Leser/in an Ihr Themengebiet heranführen können.

4.1 Beschreiben und Argumentieren

Eine studentische Abschlussarbeit in den Natur- und Ingenieurwissenschaften ist eine Textsorte, die in der wissenschaftlichen Kommunikation dieser Disziplinen kaum oder gar nicht vorkommt, weil sie im Normalfall nicht publiziert wird. Wenn überhaupt können Sie sich bei der Anfertigung Ihrer Arbeit an Dissertationen orientieren, die ähnlich wie eine Abschlussarbeit monographisch angelegt sind. Monographisch bedeutet, dass ein/e oder mehrere Autoren/Autorinnen für den Gesamttext eines Buches verantwortlich zeichnen. Eine solche selbstständige Publikationsform existiert in Ihrem Fachgebiet in der Regel nur selten. Meist läuft die Wissenschaftskommunikation über Paper, die in Zeitschriften, Onlinemedien oder Sammelbänden veröffentlicht werden (vgl. Kap. 2.3 und 2.4). Und selbst bei Dissertationen kommt es immer häufiger vor, dass kumulativ promoviert wird, d. h. dass ein/e wissenschaftliche/r Mitarbeiter/in in der Phase seiner/ihrer Promotion mehrere Artikel in Fachzeitschriften veröffentlicht und dann unter diesen Voraussetzungen seinen/ihren Doktortitel erhält.

Weshalb ist dies nun für Sie relevant? Sie stehen vor einem Paradoxon: genauer vor dem Widerspruch, dass Sie einen wissenschaftlichen Text schreiben sollen, den es als Formvariante in Ihrer Disziplin vielleicht überhaupt nicht gibt, da wissenschaftliche Bücher in den Natur- und Ingenieurwissenschaften eher selten publiziert werden. Für Sie gibt es daher womöglich keine Vorlage, an der Sie sich für Ihre Abschluss-

Stil finden

arbeit orientieren können. Gleichzeitig sollen Sie sich aber so ausdrücken, wie es in Ihrer Disziplin üblich ist. Gemeint ist damit, dass Sie das Ausdrucks- bzw. Stilempfinden Ihres Lesers/Ihrer Leserin (also des Gutachters/der Gutachterin Ihrer Abschlussarbeit) treffen. Wie Sie das herausfinden, d. h. wie in Ihrer Disziplin geschrieben wird und welche Aspekte in Bezug auf mögliche Vorlieben Ihres Betreuers/Ihrer Betreuerin hier einfließen können, haben wir bereits in Kapitel 2.4 aufgezeigt. Im Folgenden geht es uns darum, die dort gegebenen allgemeineren Hinweise auf die konkrete eigene Arbeit anzuwenden.

Argumentieren und Beschreiben

Um zu entscheiden, wie Sie Ihren Text in einem Kapitel formulieren, hilft es, sich über die Logik des jeweiligen Kapitels Klarheit zu verschaffen. Wir gehen davon aus, dass alle Kapitel in Ihrem Text sich stilistisch in einem Spektrum bewegen, das von folgenden Polen gerahmt wird:

Argumentation |————————————————| Beschreibung

Bei der **Argumentation** werden unterschiedliche Positionen, Ideen und Ansätze einander abwägend gegenübergestellt. Es geht darum, die vorliegenden Sachverhalte zu interpretieren, sie zu begründen und Konsequenzen daraus zu ziehen. Zielt die Beschreibung z. B. auf die Darstellung von Informationen, stellt die Argumentation erörternd und bewertend Zusammenhänge her. Forschungsliteratur dient hierbei dazu, Positionen der Forschung zu Ihrem Thema nicht nur darzustellen, sondern sich mit ihr auch kritisch auseinanderzusetzen, um das eigene Vorgehen und Ergebnisse der Arbeit zu begründen, beides zu legitimieren oder Gegenpositionen aufzubauen (vgl. Kap. 2). Die **Einleitung** der Arbeit, die **Diskussion der Ergebnisse** und der **Forschungsausblick** erfordern überwiegend argumentative Strukturen (vgl. Tab. 4.1).

Unter einer **Beschreibung** verstehen wir dagegen, dass Sachverhalte, Ereignisse oder beobachtete Phänomene neutral dargestellt werden. Hierbei handelt es sich z. B. um die abbildende Darlegung von Informationen, ohne dass diese in einen interpretierten Zusammenhang gebracht werden. Für den Umgang mit Literatur bedeutet dies, dass beispielsweise theoretische Grundlagen oder Positionen in der Forschung (möglichst in eigenen Worten) wiedergegeben werden. Zu den Teilen Ihrer Abschlussarbeit mit überwiegend beschreibenden Anteilen zählen der **Theorie- und Grundlagenteil** sowie die **Darstellung der Untersuchungsergebnisse** (vgl. wiederum Tab. 4.1).

Stil in Gliederungsteilen

Sprache lässt sich nicht wirklich kategorisieren. Auch deshalb werden Sie recht schnell merken, dass die stilistische Verfasstheit der Kapitel Ihrer Abschlussarbeit sehr häufig zwischen beschreibenden und argumentativen Textteilen anzusiedeln ist. Die Kapitel, die das **Material und die Methoden** beinhalten, benötigen z. B. sowohl beschreibende als auch argumentierende Textelemente. Und doch kann es Ihnen helfen, sich darüber bewusst zu werden, welchem ‚Extrem' ein zu verfassender

Textabschnitt eher angehört. Denn aus der jeweiligen Zuordnung lassen sich unseres Erachtens plausible Regeln für den Stil eines Textabschnitts ableiten (vgl. Kap. 4.2).

Um das herauszufinden, haben wir verschiedene Abschlussarbeiten durchgesehen und zu bewerten versucht, inwiefern die Texte in verschiedenen Gliederungsteilen eher beschreibenden oder argumentativen Stilmerkmalen folgen. Die Ergebnisse dieser Beobachtungen haben wir für Sie zum Überblick in Tabelle 4.1 festgehalten. Darüber hinaus hat uns interessiert, wie hoch der Anteil an hinzugezogener Forschungsliteratur in dem jeweiligen Kapitel gewesen ist. Literaturdominierte Kapitel sind in nachfolgender Übersicht mit „++", Kapitel, die nur zum Teil auf Forschungsliteratur beruhen, mit einem „+" gekennzeichnet. Kapitel, in denen überwiegend argumentierend geschrieben wird, sind mit einem „A", Kapitel in denen beschreibend geschrieben wird, sind mit einem „B" gekennzeichnet:

Tab. 4.1: Übersicht über Argumentation vs. Beschreibung in Standardgliederungen (vgl. dazu Kap. 3.1).

PRAKTISCHE ABSCHLUSSARBEITEN

Standardgliederung: Experiment		
1 Einleitung	A	+
2 Theorie	B	++
3 Material und Methoden	A/B	+
4 Ergebnisse	B	
5 Diskussion	A	+
6 Zusammenfassung und Ausblick	A	+

Standardgliederung: Entwicklung von Versuchsanordnungen		
1 Einleitung	A	+
2 Theorie	B	++
3 Konzeption	A/B	+
4 Test und Optimierung	A/B	
5 Ergebnisse	B	
6 Diskussion	A	+
6 Zusammenfassung und Ausblick	A	+

Standardgliederung: Feldversuch		
1 Einleitung	A	+
2 Theorie	B	++
3 Untersuchungsgebiet	B	+
4 Material und Methoden	A/B	
5 Ergebnisse	B	
6 Diskussion	A	+
6 Zusammenfassung und Ausblick	A	+

THEORETISCHE ABSCHLUSSARBEITEN

Standardgliederung: Rechnungen		
1 Einleitung	A	+
2 Grundlagen	B	++
3 Rechnungen und Beweise	A/B	+
4 Numerische Ergebnisse	B	
5 Diskussion	A	+
6 Zusammenfassung und Ausblick	A	+

Standardgliederung: Simulationen		
1 Einleitung	A	+
2 Grundlagen	B	++
3 Modellierung und Simulation	A/B	+
4 Ergebnisse	B	
5 Diskussion	A	+
6 Zusammenfassung und Ausblick	A	+

Beispielgliederung*: Literaturarbeiten		
1 Einleitung	A	+
2 Überblick über das Thema	B	++
3 Darstellen des Forschungsstandes	B	++
4 Bewertung	A	+
6 Zusammenfassung und Ausblick	A	+

* Für Literaturarbeiten scheint es uns nicht sinnvoll, eine Standardgliederung anzugeben, da diese je nach Aufgabenstellung stark variieren kann. Wir geben hier stattdessen eine beispielhafte Gliederung an.

Diese Zuordnungen sollten Ihnen als ersten Anhaltspunkt dazu dienen, einzuschätzen zu lernen, wie das zu verfassende Kapitel stilistisch formuliert werden kann. Auch innerhalb eines Einzelkapitels kann oder muss es zu Abweichungen kommen. Um dies besser abschätzen zu können, wird diese Problematik in den Unterkapiteln 4.2 und 4.3 anhand von Praxisbeispielen diskutiert.

4.2 Stil und Sprache im wissenschaftlichen Text

Die stilistische Verfasstheit Ihres Textes orientiert sich also unter anderem auch daran, ob Sie in Ihrem Text eher einen Gegenstand beschreiben oder ob Sie eine Argumentation entfalten. Dieser Überlegung folgend, lassen sich Regeln und Normen für verschiedene Sprachebenen Ihres Textes ableiten. Folgende Tabelle 4.2 zeigt Ihnen die sprachlichen **Merkmale** (1 bis 8) eines wissenschaftlichen Textes:

Tab. 4.2: Wissenschaftssprache in beschreibenden und argumentativen Texteilen.

Merkmale	Beschreibung	Argumentation	Gefahren
1) **Satzbau**	B: einfache und vollständige Sätze	A: komplexere Sätze	Schachtelsätze
2) **Aktiv/Passiv**	B: Passiv oft alternativlos	A: Aktivformulierungen	Passivstil
3) **Tempus**	B: Vergangenheitsform eingeschränkt nutzbar	A: Präsens	Tempuswechsel
4) **Modalverben/ Konjunktiv**	B: weitgehend verzichtbar	A: begründet nutzbar	Uneindeutigkeit
5) **Einbringen der eigenen Person**	B: kein ich/wir/man etc.	A: stark eingeschränkt nutzbar	Tagebuchstil, Erzählung, direkte Leseransprache
6) **Textgestaltung/ Textfluss**	A+B: Variation in Satzanfängen, Satzgestaltung und Wortwahl (Einschränkung: feststehende Fachbegriffe)		immer gleiche Formulierungen
7) **Wortwahl/ Sprachniveau**	A+B: Hochsprache/wissenschaftliche Sprache/Fachsprache		umgangssprachliche Redewendungen
8) **Formulierung/ Satzgestaltung**	A+B: eindeutige, genaue Aussagen und Argumente		Einschränkung, Verallgemeinerung, Pleonasmus

Sprachliche Merkmale

Die sprachliche Umsetzung von beschreibenden und argumentativen Textteilen vollzieht sich also innerhalb der **entgegengesetzten Pole,** die für die Formulierung Ihres Textes die entscheidende Rolle spielen. Sie müssen sich daher in erster Linie überlegen, ob Sie sich bei der Abfassung von Textbausteinen in einem (eher) argumentierenden oder (eher) beschreibenden Textteil befinden. Selbstredend handelt es sich bei vielen Texteilen auch um Kombinationen innerhalb dieser Unterscheidung, so dass Sie jeweils fallbezogen überlegen müssen, welche Regeln (s. u.) einzusetzen sind. Nicht zuletzt gibt es ‚Gefahren' bei der Formulierung, die für wissenschaftliche Texte insgesamt gelten. Nachfolgend erläutern wir die in Tabelle 4.2 dargestellten Hinweise unter Berücksichtigung der jeweiligen Sprachmerkmale.

1) Satzbau

Beschreibung: In beschreibenden Textteilen sollte der Satzbau überwiegend einfach und klar sein. In solchen Abschnitten sollten Sie eher Hauptsätze formulieren, d. h. Sätze, die alleine stehen können und mindestens aus einem Subjekt, einem Verb und einem Objekt bestehen. Das hängt auch damit zusammen, dass die Informationen, die Sie hier mitteilen, voneinander abgrenzbar sein müssen, damit sie im Leseprozess schnell fassbar sind. Relativsätze sind möglich, insoweit sie einen Begriff näher beschreiben. Aufzählungen sollten nicht einen ganzen Abschnitt einnehmen, sondern nur für wenige Hervorhebungen innerhalb eines Abschnittes eingesetzt werden. Beachten Sie dabei vor allem, dass Sie in einem wissenschaftlichen Text nur ganze Sätze (also keine Stichwortlisten) schreiben sollten. Folgendes Beispiel zeigt, wie ein solcher Stil gebraucht werden kann:

Beispiel 1.1: Einfacher Satzbau in einem beschreibenden Textteil

> *Die Deutsche Forschungsgemeinschaft (DFG) veröffentlicht 1998 ein Memorandum zur ‚Sicherung guter wissenschaftlicher Praxis', 2013 werden durch die DFG Ergänzungen beigefügt. Die Denkschrift richtet sich an Wissenschaftlerinnen und Wissenschaftler aller Disziplinen. Das Dokument enthält 17 Empfehlungen. Empfehlung 4 widmet sich der ‚Betreuung des wissenschaftlichen Nachwuchses', dazu werden auch explizit Studierende gezählt. (vgl. DFG 2013)*

Das von uns konstruierte Beispiel 1.1 soll veranschaulichen, dass eine einfache Satzstruktur Ihnen in beschreibenden Textteilen ermöglicht, Informationen klar, präzise und unkompliziert mitzuteilen. Zwar ist ein solcher Stil auf die Dauer ermüdend. Aber gerade wenn es darum geht, Ihre Untersuchungen darzustellen, kann ein solcher Berichtstil durchaus angemessen sein. Sie können so sicherstellen, dass die Vermittlung von Informationen nicht durch komplizierte Satzkonstruktionen behindert wird. Ein komplexer Satzbau erfordert nämlich, dass dieser mit all seinen Einschüben verstanden wird. Zur Mitteilung feststehender Tatsachen ist er in der Regel nicht unbedingt nötig.

Argumentation: Weil sie gegenüber der Beschreibung Sachverhalte begründet oder einander gegenüberstellt, ist für die Argumentation eine komplexere Satzstruktur nötig. Dabei ist darauf zu achten, dass die Sätze vollständig ausformuliert und Nebensätze mit Kommata voneinander getrennt sind. Nebensätze können nämlich nicht alleine stehen. Sie zeichnen sich dadurch aus, dass sie mit einer Konjunktion oder einem Relativpronomen beginnen und sich das Prädikat am Ende des Satzes befindet. Achten Sie in solchen Fällen auf die Komplexität des Satzes:

Mehr als zwei Nebensätze machen es dem Leser schwer, sich im Satz zu orientieren, da er die Bezüge zwischen den unterschiedlichen Teilsätzen nicht mehr klar herstellen kann. Das folgende Beispiel haben wir aus den oben zitierten DFG-Richtlinien entnommen. Es stammt aus dem Erläuterungsteil der Empfehlung 4 zum Umgang mit dem wissenschaftlichen Nachwuchs und ist in einem argumentativen Stil abgefasst, der hier vor allem auch eingesetzt wird, um die Leserschaft von den Empfehlungen zu **überzeugen**.

Beispiel 1.2: Komplexer Satzbau in einem argumentierenden Textteil

[1: Behauptung/Forderung] „Nachwuchsförderung ist Leitungsaufgabe. Postdoktorandinnen/Postdoktoranden, Doktorandinnen/Doktoranden und fortgeschrittene Studierende müssen angemessen wissenschaftlich gefördert werden."
[2: Begründung] „Da Arbeitsgruppen in aller Regel aus älteren und jüngeren, erfahreneren und weniger erfahrenen Wissenschaftlerinnen und Wissenschaftlern bestehen, schließt die Leitung einer Gruppe die Verantwortung dafür ein, dass für jedes jüngere Mitglied der Gruppe, vor allem Doktorandinnen und Doktoranden, aber auch fortgeschrittene Studierende und jüngere Postdocs, eine angemessene Betreuung gesichert ist. Für jede(n) von ihnen muss es eine primäre Ansprechperson geben (7). Auf Arbeitsgebieten, wo alle darin tätigen Gruppen im intensiven Wettbewerb zueinander stehen, können gerade für die jüngeren Mitglieder der Gruppe rasch Situationen vermeintlicher oder tatsächlicher Überforderung entstehen. Eine lebendige Kommunikation innerhalb der Arbeitsgruppe und gesicherte Betreuungsverhältnisse sind die wirksamsten Mittel, einem Abgleiten (der jüngeren wie der erfahreneren Mitglieder der Gruppe) in unredliche Verhaltensweisen vorzubeugen. Wer eine Arbeitsgruppe leitet, trägt Verantwortung dafür, dass diese Voraussetzungen jederzeit gegeben sind."
[3: Empfehlung zur Umsetzung der Forderung] „Es empfiehlt sich, wie Erfahrungen im In- und Ausland zeigen, für Doktorandinnen und Doktoranden neben der primären ‚Bezugsperson' eine Betreuung durch zwei weitere erfahrenere Wissenschaftlerinnen oder Wissenschaftler vorzusehen, die für Rat und Hilfe und bei Bedarf zur Vermittlung in Konfliktsituationen zur Verfügung stehen, aber auch den Arbeitsfortschritt in jährlichen Abständen diskutieren. Sie sollten örtlich erreichbar sein, aber nicht alle derselben Arbeitsgruppe, auch nicht notwendig derselben Fakultät oder Institution angehören; mindestens eine(r) sollte von der Doktorandin beziehungsweise dem Doktoranden selbst bestimmt sein." (DFG 2013, 18)

Erklärung: Sie sehen an diesem Beispiel, dass im ersten Absatz, der die Botschaft mitteilt [1], ein einfacher Satzbau verwendet wird. Er ist noch in einem beschreibenden Stil formuliert, um die Botschaft unmissverständlich mitzuteilen. Diese Botschaft wird in den folgenden Absätzen dann argumentativ entfaltet, um sie zu begründen [2] und deren Implikationen darzustellen [3]. Der Satzbau ist hier erkennbar komplexer: Die Sätze sind insgesamt länger und bestehen aus mehreren Satzgliedern, die durch Kommata oder/und Semikola voneinander abgegrenzt sind. Das liegt daran, dass mehrere Informationen pro Satz gebündelt oder einander gegenübergestellt werden.

Gefahren: Komplex schreiben heißt nicht unbedingt, kompliziert schreiben. Die Verständlichkeit einer Aussage ist immer oberstes Gebot beim Formulieren eines wissenschaftlichen Textes. Bei der Durchsicht Ihres Textes sollten Sie daher stets prüfen, ob Sie lange Sätze teilen können. Allerdings ist eine Aneinanderreihung von Hauptsätzen für den/ die Leser/in insofern ein Problem, als eine wenig abwechslungsreiche Satzstruktur sehr schnell ermüden kann. Und das ist dann wiederum ein Grund dafür, dass man auf diese Weise auch den Zusammenhängen der Argumentation nicht problemlos folgen kann.

2) Aktiv/Passiv

Wissenschaftliche Arbeiten weisen insbesondere in den Naturwissenschaften sehr häufig einen Passivstil auf. Dieser ist grammatikalisch nicht falsch, die ständige Verwendung stört aber durch die Wiederholung der Worte *wird* und *werden*, *ist* und *sind* den Lesefluss.

> **Passivsätze bestehen aus folgenden Komponenten:**
> Subjekt + Form von *werden / sein* (+ Objekt) + Partizip II [Prädikat]
>
> Gegenüber einem Aktivsatz kommt hier also noch eine Satzkomponente zum Prädikat hinzu, nämlich die Form von werden / sein. Der Satz besteht so aus mehreren Komponenten, die den Satzbau insbesondere auch quantitativ eher komplizierter machen.

Bevorzugen Sie das Aktiv gegenüber dem Passiv, wenn dies sprachlich möglich ist und den **Sinn der Aussage nicht verändert.**

Beschreibung: In beschreibenden Teilen sind Passivkonstruktionen **unumgänglich.** In der Beschreibung eines Untersuchungsablaufs ist es z. B. schwer, durchgängig auf das Passiv zu verzichten, weil die eigene Person als Untersuchende/r im Text selbst nicht sichtbar werden sollte (vgl. Merkmal 5). Versuchen Sie dennoch, das Passiv auf ein sinnvolles Maß zu begrenzen.

Argumentation: Setzen Sie hier auf Aktivformulierungen, da Passivkonstruktionen das Verständnis einer komplexeren Satzstruktur zusätzlich erschweren können. Es kann auch zum Problem werden, wenn das Subjekt bei der Verwendung des Passivs oftmals nur schwer zu bestimmen ist.

Gefahren: Die Aneinanderreihung von Passivkonstruktionen führt häufig zu ähnlichen Satzstrukturen und erzeugt so Monotonie. Die Gefahr ist außerdem auch hier wie bei Merkmal 1, dass der/die Leser/in Ihrem Text nur schwer folgen kann.

Verstehen Sie unsere Hinweise aber nicht so, dass Sie unter allen Umständen Passivkonstruktionen vermeiden sollten. Es geht uns eher darum, Sie dafür zu **sensibilisieren,** dass Sprache auch im wissenschaftlichen Text durch **Variation** aufgelockert wird.

Es bestehen verschiedene Möglichkeiten, Passivsätze in Aktivsätze umzuformulieren: So können Sie den Akteur eines Satzes als Subjekt wählen, wie in Beispiel 2.1 demonstriert, das Prädikat des Satzes mit einem zusätzlichen Verb substantivieren (Beispiel 2.2) oder ein alternatives Verb nutzen (Beispiel 2.3).

Beispiel 2.1: Vom Passiv zum Aktiv durch Kenntlichmachung des Akteurs

In einem Memorandum der DFG **werden** *Empfehlungen zur ‚Sicherung guter wissenschaftlicher Praxis'* **gegeben.**

Auflösung: ***Die DFG gibt*** *Empfehlungen zur Sicherung guter wissenschaftlicher Praxis.*

Beispiel 2.2: Vom Passiv zum Aktiv durch Substantivierung und Verwendung eines alternativen Prädikats

Wissenschaftler/innen aller Disziplinen **werden** *z. B. über den Onlineauftritt der DFG (www.dfg.de) darüber* **informiert,** *wie die Eigenleistungen des Einzelnen auch in Arbeitsgruppen nach qualitativen Kriterien gemessen werden müssen.*

Auflösung: *Wissenschaftler/innen aller Disziplinen* ***erhalten Informationen*** *zum Umgang mit Eigenleistungen des Einzelnen in Arbeitsgruppen nach qualitativen Kriterien über den Onlineauftritt der DFG (www.dfg.de).*

Beispiel 2.3: Vom Passiv zum Aktiv durch Verwendung eines alternativen Prädikats

Die Empfehlungen der DFG **werden** *bundesweit an Universitäten und Hochschulen als Vorlage für eigene Richtlinien* **verwendet.**

Auflösung: *Die Empfehlungen der DFG* ***dienen*** *Universitäten als Vorlage für eigene Richtlinien.*

3) Tempus

Wissenschaftliche Texte werden im Deutschen in den meisten Disziplinen hauptsächlich im Präsens verfasst. Auch wenn die eigenen Untersuchungen zeitlich vor der Niederschrift stattfinden, so sind sie in der Regel – zumindest die allgemeingültigen Aussagen – in der Arbeit selbst in der Gegenwartsform zu präsentieren. Nutzen Sie daher aber kein Futur (die Zukunftsform), um auszudrücken, was in Ihrer Arbeit noch folgen ‚wird'. Ihre Arbeit ist nämlich zum Zeitpunkt ihrer Begutachtung schon geschrieben, ebenso wie die darin dargestellte Untersuchung dann bereits abgeschlossen ist.

Beschreibung: Selbst wenn Sie in der Darstellung des Forschungsstandes vergangene Aktivitäten herausstellen, schreiben Sie Ihren Text im Präsens, da die Ergebnisse dieser Untersuchungen auch heute noch Gültigkeit besitzen. Selbst wenn Sie den Verlauf einer Forschungsentwicklung über viele Jahre hinweg beschreiben, ist es grundsätzlich möglich, diesen im Präsens abzufassen (vgl. die Beispiele 3.1 und 3.2). Lediglich bei der Darstellung konkreter einmaliger Tätigkeiten bzw. Untersuchungen hat es sich vor allem in den Naturwissenschaften eingebürgert, diese Textteile in der Vergangenheitsform (im Präteritum) abzufassen.

Achtung
Es gibt bezüglich der Zeitform durchaus fachspezifische Unterschiede. Bei Unsicherheiten wenden Sie sich an Ihre/n Betreuer/in und fragen Sie konkret nach, welches Tempus Sie verwenden sollen. Um Vorzeitigkeit auszudrücken, ist ein Verb in der Vergangenheit (Präteritum) möglich. Da dies aber normalerweise nicht notwendig ist und zudem die Gefahr besteht, dadurch in einen erzählenden Stil zu verfallen, sollten Sie sich auf jeden Fall überlegen, ob diese Zeitform nötig ist.

Beispiel 3.1: Vom Präteritum zum Präsens in beschreibenden Textteilen

*Die Richtlinien der DFG **wurden** in englischer und deutscher Sprache **verfasst**. Die Autoren des Memorandums **unterteilten** ihr Werk in vier Kapitel, wobei das erste Kapitel ‚Empfehlungen' den größten Raum **einnahm**, weil es die Kernbotschaften des Textes **umfasste**.*

Auflösung: *Die Richtlinien der DFG **liegen** in deutscher und englischer Sprache **vor**. Das erste Kapitel ‚Empfehlungen' **umfasst** die Kernbotschaften des Textes und **ist** daher auch umfangreicher als die anderen Kapitel.*

Argumentation: Die Argumentation entfaltet sich für den Leser in der Gegenwart des Leseprozesses. Verwenden Sie daher das Präsens. Beziehen Sie sich in der Diskussion auf den Untersuchungsverlauf, so verwenden Sie auch hier diese Gegenwartsform.

Beispiel 3.2: Vom Präteritum zum Präsens in argumentierenden Textteilen

Wissenschaftler/innen gerade der Naturwissenschaften **haben sich** *immer* **schwer getan,** *den Umgang mit Quellen nach den DFG-Regeln auszulegen. Hierbei* **wurde** *darauf* **verwiesen,** *dass in Arbeitsgruppen der Eigenanteil einzelner Mitglieder nur schwer zu erkennen sei. Folgende Untersuchung zeigt, dass dies ein vorgeschobenes Argument war.*

Auflösung: *Folgende Untersuchung zeigt, dass Wissenschaftler/innen der Naturwissenschaften* **Probleme haben,** *die Richtlinien der DFG umzusetzen. Zudem* **wird nachgewiesen,** *dass auch in Arbeitsgruppen der Eigenanteil einzelner Mitglieder klar abgrenzbar ist; somit widerspricht vorliegende Arbeit der Argumentation einschlägiger Wissenschaftler/innen dieser Fächer.*

4) Modalverben/Konjunktiv

Die Verwendung von Modalverben und der Einsatz des Konjunktivs dienen dazu, die Aussage eines Satzes einzuschränken: Färben Modalverben einerseits die Ansicht gegenüber einer Tatsache, wird der Konjunktiv andererseits genutzt, wenn man die Möglichkeitsform eines Verbs ausdrücken will. Diese ist zu vermeiden, da eine wissenschaftliche Arbeit objektive (messbare) Betrachtungen und Ergebnisse enthält. Zu den Modalverben zählen unter anderem *sollen, können, müssen, dürfen* und *brauchen*.

Beschreibung: Wie erläutert, dienen beschreibende Textteile dazu, Fakten und festgestellte Sachverhalte möglichst objektiv wiederzugeben, sie also nicht zu interpretieren. Modalverben und Konjunktiv sollen hier demnach nicht verwendet werden, wie folgendes Negativbeispiel zeigt.

Negativbeispiel 4.1: Modalverben/Konjunktiv

Es könnte sein, dass vorliegende Untersuchung dazu beiträgt, die Praxis guter Wissenschaftlicher Praxis zu verbessern. Denn gerade in den Ingenieurwissenschaften ist die Sicherung guter wissenschaftlicher Praxis ein hohes Gut.

Erklärung: Dieses Beispiel drückt durch den Konjunktiv („könnte sein") bereits auf sprachlicher Ebene Unsicherheit aus. Es wird somit keine eindeutige Information über den Nutzen der Untersuchung gegeben. Eindeutigkeit ist aber in der Wissenschaftssprache zentrale Bedingung, um Aussagen für Dritte nachvollziehbar und überprüfbar zu gestalten.

Argumentation: Bei der Argumentation sind Einschränkungen der Aussagen mitunter notwendig. So erfolgt in der Diskussion die Interpretation der Ergebnisse, die in manchen Fällen nicht eindeutig empirisch überprüfbar ist. Setzen Sie diese Einschränkungen aber nur sparsam ein und überlegen Sie sich, ob sie an den jeweiligen Stellen sinnvoll sind:

Neutralbeispiel 4.2: Modalverben/Konjunktiv

> *Eine Erklärung* für die mangelnde Akzeptanz der DFG-Richtlinien unter den Studierenden der Ingenieurwissenschaften **könnte sein**, dass die Studienstrukturen einen kritischen Umgang mit wissenschaftlichen Texten im Grundstudium oft nicht vorsehen.

Erklärung: Hier gibt es keine tatsächlich empirisch objektivierbaren Befunde, so dass man auf eine vermutende Erklärung angewiesen bleibt. Bedenken Sie dabei aber grundsätzlich, dass Ihr Text auch durch die häufige Nutzung von Modalverben an Eindeutigkeit verliert. Sofern Sie etwas nicht mit Gewissheit mitteilen können, machen Sie Ihre Vermutung zum Gegenstand Ihrer Aussage: *Eine Möglichkeit ist ...* oder *Eine Vermutung ist ...*

5) Erste Person Singular/Plural, Leseransprache

Subjektive Ansichten, wie sie das Personalpronomen *ich* oder die Formulierung *meines Erachtens* signalisieren, wirken unter Umständen unwissenschaftlich, da sie den Inhalt der jeweiligen Aussage lediglich an den Verfasser koppeln und so ihre allgemeine Gültigkeit in Frage stellen. Zudem sollten Sie es vermeiden, den Leser durch die erste Person Plural *(wir)* in den Text einzubeziehen (eine Ausnahme stellt hier die Mathematik dar) oder durch rhetorische Fragen indirekt anzusprechen. Auch das unpersönliche Pronomen *man* stellt keine Alternative dar, da dieses im jeweiligen Satz eine handelnde Person suggeriert, die letztendlich nicht identifiziert wird: Es entstehen somit Unklarheiten, die für einen wissenschaftlichen Text vermieden werden sollen.

Anmerkung
Vielleicht ist Ihnen aufgefallen, dass wir die Ratschläge zur Verwendung von Personalpronomina und Leseransprachen in unserem eigenen Ratgeber nicht umgesetzt haben. Das liegt daran, dass wir mit diesem Buch keinen wissenschaftlichen Text vorlegen, sondern Empfehlungen zum wissenschaftlichen Schreiben formulieren. Wir erhoffen uns z. B. durch die Nutzung direkter Leseransprache einen didaktischen Mehrwert. Eine wissenschaftliche Publikation dagegen ist in

> aller Regel nicht didaktisch angelegt. Insofern verlieren die hier vorgebrachten Empfehlungen nicht ihre Gültigkeit.

Beschreibung: Besonders in der Darstellung eines Versuchsablaufs kann die Verwendung der ersten Person Singular den wissenschaftlichen Anspruch des Textes beeinträchtigen (vgl. Negativbeispiel 5). Als Verfasser/in laufen Sie dabei Gefahr, in einen erzählenden Schreibmodus zu verfallen, der sich dem Stil eines Tagebuchs annähert, wie das folgende Beispiel vorführt.

Negativbeispiel 5: Verwendung der ersten Person Singular

> *In dieser Arbeit untersuche **ich** die Bedeutung der DFG-Regeln zur guten wissenschaftlichen Praxis in Abschlussarbeiten in der Biologie. Dafür habe **ich** 100 Abschlussarbeiten ausgewertet und 20 Forscher/innen befragt.*

Argumentation: Hier darf partiell die eigene Meinung des Verfassers/der Verfasserin durchscheinen, wenn es darum geht, empirisch nicht eindeutig erklärbare Sachverhalte zu deuten oder im Ausblick Anschlussperspektiven für die Forschung aufzuzeigen. Da sich dies in der Regel auf jeweils andere Weise formulieren lässt, sollten Sie abwägen, ob in dem jeweiligen Fall eine explizite Subjektivierung notwendig ist. Besprechen Sie sich dabei aber unbedingt mit Ihrem/Ihrer Betreuer/in.

6) Textgestaltung/-fluss
Beschreibung/Argumentation: Für beide Schreibstile gilt, dass Variationen in den Satzanfängen und in der Wortwahl das Lesen des Textes erleichtern. Wie bei der Verwendung des Passivs wirkt die häufige Wiederholung von Ausdrücken und Formulierungen ermüdend. Ausgenommen sind davon aber Fachbegriffe. Sie dürfen nicht durch alternative Wörter ersetzt werden, denn sie sind innerhalb einer Disziplin in ihrer Bedeutung festgelegt und garantieren somit Eindeutigkeit und Verständlichkeit.

Auch für die Anfänge und den Aufbau der Sätze ist es zwar grammatikalisch nicht falsch, wiederholt die gleichen Wörter und Strukturen zu verwenden. Diese Wiederholungen erschweren es aber dem Leser, den Text aufzunehmen, wie folgendes Negativbeispiel zeigt.

Negativbeispiel 6: Sich wiederholende Formulierungen

*Wissenschaftliches Schreiben ist dann **besser** verständlich, wenn **Studierende** darauf achten, **nicht immer die gleichen Formulierungen zu verwenden**. Denn nur dann, wenn Texte auch variiert formuliert werden, kann der Leser dem Text **besser** folgen. **Nicht immer die gleichen Formulierungen zu verwenden**, haben die meisten **Studierenden** auch bereits im Deutschunterricht geübt. **Studierende** der Geisteswissenschaften denken, dass sie sich **besser** daran erinnern können und daher **besser** und verständlicher formulieren als **Studierende** anderer Disziplinen. Diese Untersuchung zeigt **besser** als die meisten anderen Untersuchungen auf, dass dies nicht der Fall ist. Denn es wird darin gezeigt, dass sich die Ratschlagenden mal **besser** den eigenen Text angeschaut hätten, als zu solchen **Formulierungen** zu kommen.*

Gefahren: Variation ist auch für Ihre Argumentation notwendig, d. h. gerade bei Überleitungen oder einer Hinführung in ein neues Kapitel sollten Sie nicht immer die gleichen Formulierungsmuster wählen. Achten Sie dabei aber darauf, dass Variation dazu führen kann, dass Sie Begriffe durch Worte ersetzen, die keine Synonyme dazu darstellen. Prüfen Sie daher entsprechende sprachliche Abwandlungen auf inhaltliche Aspekte, weil ein vermeintliches Synonym unter Umständen neue Begleitvorstellungen erweckt und damit andere Bedeutungen ins Spiel kommen.

7) Wortwahl/Sprachniveau

Beschreibung/Argumentation: Ziel des wissenschaftlichen Textes ist eine nüchterne und sachliche Darstellung der Inhalte in Hochsprache. Dies gilt vor allem für die Argumentation, weil diese auch die Interpretation von auftretenden Phänomenen oder die Bewertung einer Forschungsposition erfordert. Diese müssen jedoch immer objektiv begründbar und somit nachvollziehbar sein. Vermeiden Sie daher übertreibende und wertende Äußerungen, mit denen Sie ihre eigene Position zu stärken versuchen (vgl. Negativbeispiel 7.1). Unterlassen Sie in Ihren Formulierungen zudem Spannung erzeugende oder rhetorische Mittel (vgl. Negativbeispiel 7.2). Alltagssprache und Redewendungen führen dazu, dass der Text unwissenschaftlich erscheint (vgl. Negativbeispiel 7.3). Orientieren Sie sich an Publikationen Ihres Faches, um sich einen Eindruck über die in Ihrem Fach gängige Ausdrucksweise zu verschaffen.

Negativbeispiel 7.1: Übertreibende Formulierungen

*Es erweist sich als **sehr schwierig**, die DFG-Regeln auf die vorliegende Arbeit anzuwenden.*

Negativbeispiel 7.2: Spannung erzeugende/Rhetorische Mittel

Es stellt sich die drängende Frage, warum die deutsche Wissenschaftssprache sich von der englischen Wissenschaftssprache unterscheidet. Die Antwort liegt wohl in der unterschiedlichen historischen Entwicklung der Fächer in den jeweilgen Ländern.

Negativbeispiel 7.3: Alltagssprache

Aufgrund der breiten öffentlichen Resonanz auf die DFG-Regeln sind diese aus der deutschen Wissenschaftslandschaft **nicht mehr wegzudenken.**

8) Formulierung/Satzgestaltung

Beschreibung/Argumentation: Versuchen Sie, Ihre Aussagen und Argumente eindeutig und klar zu formulieren. Füllwörter wie *gewissermaßen*, *sozusagen* oder *eigentlich* schränken wie der Konjunktiv und Modalverben die Aussage eines Satzes in ihrer Gültigkeit ein. Auch mit Verallgemeinerungen sollten Sie vorsichtig sein: Sie sind inhaltlich oft falsch und verschleiern die Satzaussage, weil sie einen großen Themenkomplex nur oberflächlich bezeichnen. Zu solchen verallgemeinernden Wörtern zählen unter anderem *generell, grundsätzlich, traditionell, klassisch, weltweit* oder *die Menschheit*.

Vermeiden Sie nicht zuletzt Pleonasmen: Als Bedeutungsdoppelungen besitzen sie keinen Mehrwert für einen Satz bzw. seine Aussage, sondern erweitern nur seinen Umfang.

Folgendes Beispiel ist den DFG-Empfehlungen entnommen und soll Ihnen zeigen, dass auch grundlegende Empfehlungen ohne verallgemeinernde Wörter funktionieren.

Beispiel 8: Formulierung Allgemeiner Zustände ohne Verallgemeinernde Ausdrücke

„Ein wissenschaftliches Ergebnis ist in aller Regel ein komplexes Produkt vieler einzelner Arbeitsschritte. In allen experimentellen Wissenschaften entstehen die Ergebnisse, über die in Veröffentlichungen berichtet wird, aus Einzelbeobachtungen, die sich zu Teilergebnissen summieren. Beobachtung und Experiment, auch numerische Rechnungen, sei es als eigenständige Arbeitsmethode, sei es zur Unterstützung der Auswertung und Analyse, produzieren zunächst ‚Daten'. [ ] Auf die Aufzeichnungen später zurückgreifen zu können, ist schon aus Gründen der Arbeitsökonomie in einer Gruppe ein zwingendes Gebot. Noch wichtiger wird dies, wenn veröffentlichte Resultate von anderen angezweifelt werden. Primärdaten sind dabei auch Messergebnisse, Sammlungen, Studienerhebungen, Zellkulturen, Materialproben, archäologi-

> sche Funde, Fragebögen. Die Institution kann für solche Primärdaten, die nicht auf haltbaren und gesicherten Trägern aufbewahrt werden können, in begründeten Fällen verkürzte Aufbewahrungsfristen vorsehen." (DFG 2013, 21f.)

Anmerkung
Beachten Sie auch an dieser Stelle, dass unsere Hinweise lediglich Empfehlungen darstellen und z. B. die Verwendung der Wörter *ich/ man/wir* oder des Passivs an Ihrem Institut durchaus unterschiedlich gehandhabt werden kann. Unsere Empfehlungen gelten auch nicht für das wissenschaftliche Schreiben in englischer Sprache, denn hier gelten wiederum eigene Regeln, die von Fachkultur zu Fachkultur unterschiedlich sind.

Nachdem wir bis hierher grundlegende, insbesondere stilistische Aspekte der Formulierung wissenschaftlicher Texte erläutert haben, die alle Teile Ihrer Abschlussarbeit betreffen, stellt sich ab nun die Frage nach der konkreten Textproduktion. Genauer geht es im Folgenden darum, wann welche Teile Ihrer Arbeit verfasst werden.

4.3 Einleitung schreiben und Fazit schreiben

Wann schreiben Sie z. B. die Einleitung? Bereits auf diese ganz einfach klingende Frage können wir Ihnen keine verbindliche Auskunft geben. Viele Betreuer/innen werden Ihnen raten, unbedingt damit zu warten, bis Sie alle weiteren Textteile geschrieben haben. Andere sind davon überzeugt, dass es, um ein Gefühl für den gesamten Text zu gewinnen, ratsam ist, die Einleitung möglichst früh im Schreibprozess zu verfassen, um so die einheitliche Argumentationsstruktur der Arbeit sicher zu stellen. Um es gleich vorweg zu nehmen: Wir empfehlen Ihnen, die Einleitung möglichst in der frühen Schreibphase anzulegen.

Zunächst gilt es aber zu klären, was die Funktion einer Einleitung ist. In den Natur- und Ingenieurwissenschaften ist die Einleitung ein essentieller Textteil, weil Sie hier nachweisen, dass Sie insgesamt verstanden haben, was Sie in Ihrem Projekt geleistet haben. Denken Sie daran, dass eine Abschlussarbeit vor allem deswegen angelegt wird, um eine Prüfungsleistung zu dokumentieren. Diese Dokumentationspflicht sieht vor, dass Sie Ihre praktische bzw. experimentelle oder theoretische Arbeit mit konkreten Fragestellungen verbinden.

Die dazu nötige Hinführung weist bei Studierenden allerdings immer wieder die gleichen Mängel auf. Ihr/e Betreuer/in wird Ihnen möglicherweise vorschlagen, die sogenannte **Trichtermethode** bzw. das sogenannte **Trichtermodell** zu verwenden. Gemeint ist damit, dass Sie

Was ist eine Einleitung?

Methoden, eine Einleitung zu formulieren

zunächst das Themenspektrum erweitern, um dann in bestimmten Teilschritten Ihr Thema einzukreisen und schließlich Ihre Problemstellung im Kern zu erläutern. Studierende mit wenig Schreiberfahrung geraten mit dieser Methode aber durchaus häufig in die Versuchung, entweder sehr oberflächliche oder zu hochgestochene Aussagen zu treffen (vgl. Negativbeispiel 1)

Negativbeispiel 1: Mangelhafte Umsetzung der Trichtermethode

> *Schon immer war es der Menschheit wichtig, ein Dach über dem Kopf zu haben, deswegen ist es wichtig, sich nachhaltig mit der Stahl-Beton-Bauweise zu beschäftigen.*

Erklärung: Diese Aussage tut so, als ob der/die Autor/in über Kenntnisse der Menschheitsgeschichte verfügt, die bis zur Steinzeit reichen. Eine vergleichbare, aber tatsächlich wissenschaftliche Aussage wäre: *Die Stahlbetonbauweise bildet im Bauingenieurwesen einen wichtigen Forschungsgegenstand [vgl. Autor 1], der in den letzten Jahren durch ökologische [vgl. Autor 2] und wirtschaftliche Aspekte [vgl. Autor 3] auch ein interdisziplinäres Forschungsfeld eröffnet.*

Dieses erfundene Beispiel ist zugegebenermaßen nicht sonderlich ausgearbeitet. Wir wollen damit aber darauf hinweisen, dass auch die Einleitung ein Teil Ihres akademischen Textes ist, der einer wissenschaftlichen Argumentation folgen sollte.

Viele Studierende versuchen dies, indem Sie eine höhere Instanz anrufen (vgl. Negativbeispiel 2).

Negativbeispiel 2

> *Um die Klimaziele der Bundesregierung zu erreichen, muss noch viel getan werden. Unser Institut arbeitet daher an besonderen Dämmungstechniken, die ich mit meinen Untersuchungen testen durfte.*

Erklärung: Der/die Autor/in dieses Textes hat zwar verstanden, dass seine/ihre Arbeit in einem Gesamtzusammenhang steht, den er/sie auch ansatzweise beschreibt. Allerdings ist wissenschaftlicher Erkenntnisgewinn nicht damit zu begründen, dass politische Vorgaben zu erfüllen sind. Das heißt: Ein Forschungsprojekt entsteht immer aus einem begründeten Erkenntnisinteresse und nicht, weil eine nicht-wissenschaftliche Autorität es von Ihnen, Ihrem Institut etc. verlangt. Allerdings verfolgen auch die Vorgaben von anderer Instanzen ein bestimmtes Erkenntnisziel, welches Sie sich bei Ihrem Abschlussarbeitsprojekt und der dabei entstehenden Abschlussarbeit natürlich zunutze machen können, aber eben nicht zum Hauptargument Ihrer Ausführungen machen dürfen.

Auch hier weisen wir erneut darauf hin, dass Sie herausfinden müssen, wie ein Text (samt seiner Einleitung) in Ihrer Disziplin geschrieben wird. Die Trichtermethode wird z. B. in den Lebenswissenschaften oder der Experimentalphysik häufig angewandt, um das Thema zu eröffnen (vgl. zu unterschiedlichen Strukturen der Einleitung auch Kap. 3.1). Sie ist aber auch deswegen für Studierende schwer anzuwenden, weil sie eigenverantwortlich entscheiden müssen, wie weit entfernt sie von ihrem Thema zu schreiben beginnen können.

Deutlich leichter kann es Ihnen fallen, wenn Sie in Ihrer Einleitung gleich zu Beginn die **Problemstellung** und die **Hauptaussagen** Ihrer Abschlussarbeit präzise benennen. Wir haben Ihnen in Kapitel 2.5 bereits mitgeteilt, wie Sie eine Projektskizze erstellen – diese Regeln können Sie auch auf Ihre Einleitung übertragen. Außerdem können Sie sich an folgenden Fragen orientieren (vgl. hierzu auch Kruse 2007, 135f.):

1. Welche Frage- bzw. **Problemstellung** behandelt vorliegende Abschlussarbeit?
2. Welche **Motivation** steht hinter Ihrem Thema?
3. Inwiefern ist Ihr Thema auf dem aktuellen **Stand der Forschung** und/oder auf dem aktuellen **Stand der Technik**? (Verweis auf Ihr Forschungskapitel)
4. Neuere Forschung vs. Überprüfung von Forschung: Füllen Sie eine Forschungslücke? Oder überprüfen Sie die vorhandene Forschung?
5. Welche Erkenntnisse zeigt Ihre Arbeit auf? Handelt es sich dabei um **neue Erkenntnisse?**
6. Welcher **Methodik** (unter Umständen auch: welchem Material) unterliegt Ihre Arbeit?
7. Wie schätzen Sie die Ergebnisse Ihrer Untersuchung insgesamt ein? (Beurteilung der Ergebnisse)
8. Welche **Rahmenbedingungen** waren für Ihr Abschlussarbeitsprojekt maßgeblich?
9. Wie ist Ihre Arbeit aufgebaut? (Geben Sie nicht einfach das Inhaltsverzeichnis wieder. Argumentieren Sie, warum Sie Ihre Arbeit auf die vorliegende Weise aufgebaut haben.)

Ähnlich wie bei der Erstellung der Gliederung (vgl. Kap. 3) empfehlen wir Ihnen, den Einstieg in Ihre Arbeit über den gesamten Arbeitsprozess kontinuierlich weiterzuentwickeln. Auf diese Weise erhalten Sie eine wichtige Kontrollmöglichkeit über Ihre Arbeit, d. h. Sie wissen zu jedem Zeitpunkt im Arbeitsprozess, was Sie zu welchem Zweck tun. Die endgültige Fassung Ihrer Einleitung schreiben Sie dann naturgemäß ganz am Ende des Arbeitsprozesses.

Im **Fazit** greifen Sie diese Fragen wieder auf und bewerten damit die Arbeit insgesamt. Welche der Fragen für Ihr letztes Kapitel relevant ist, müssen Sie je nach Arbeitstyp eigenständig entscheiden. Ob Sie Ihre Ergebnisse hier nochmals verkürzt darstellen, hängt auch damit zusammen, ob Sie der Arbeit ein Abstract voranstellen müssen (siehe Exkurs).

Fazit formulieren

Haben Sie freie Wahl in der Gestaltung Ihres Fazits, empfehlen wir Ihnen, das letzte Kapitel als ‚Zusammenfassung und Ausblick' zu bezeichnen (vgl. Kap. 3). In diesem Fall beantworten Sie die Fragen 1 bis 9 aus der Einleitung in der ‚Zusammenfassung' und geben dann begründete Forschungsperspektiven im ‚Ausblick'. Beachten Sie, dass Sie auch hier Literaturangaben setzen können, da es durchaus Sinn macht, die eigene Arbeit in Bezug zu Anschlussforschungen zu bringen, die wiederum auch mit anderen Entwicklungen der Forschung in ihrem Fach in einem Zusammenhang stehen.

Stefan Scherer

Exkurs: Abstract schreiben

Nicht in jedem Fall wird von Ihnen bei der Abschlussarbeit ein Abstract, d. h. eine pointierte Zusammenfassung der Ergebnisse Ihrer Abschlussarbeit gefordert. Das Abstract (von lat. *abstractus*, ‚abgezogen') stellt folglich einen gesonderten Textteil dar, der nicht notwendig zu einer Abschlussarbeit gehört (vgl. Kap. 3.4). Es kann aber sein, dass Ihr/e Betreuer/in einen solchen Vorspanntext vor dem eigentlichen Text Ihrer Arbeit von Ihnen haben will. Wie beim Verfassen einer Projektskizze, einer Einleitung oder eines Fazits sollten Sie also wissen, was es damit auf sich hat und was beim Verfassen eines solchen Textes, der ganz eigene Anforderungen an Prägnanz und Präzision stellt, zu beachten ist.

Ergebnis eines Erkenntnisprozesses

Das Wort Abstract verweist bereits in seiner Herkunft aus dem Lateinischen darauf, dass in dieser Textform das Ergebnis eines Erkenntnisprozesses mitgeteilt wird, indem man Details eines größeren Zusammenhangs weglässt und Einzelteile daraus in etwas Allgemeines, in eine Kernaussage überführt. In einem Abstract werden also die zentralen Inhalte Ihrer Abschlussarbeit – das Ziel der Arbeit als Antwort auf eine Aufgabenstellung, die untersuchten Gegenstände und die dabei eingesetzten Methoden bzw. das Forschungsdesign – in knapper, d. h. sehr pointierter Form beschreiben: in der Regel in einer Textlänge, die selten mehr als eine viertel Seite überschreitet, ja die in den Natur- und Ingenieurwissenschaften sogar häufig noch kürzer ausfällt, auch wenn man eine konkrete Anzahl der Wörter, die für diese Textsorte häufig aufgebracht werden, nicht wirklich angeben kann. Auf jeden Fall aber hat man es mit einer äußerst prägnanten Textform zu tun, die erst nach Abschluss Ihrer ganzen Arbeit am Text verfasst wird.

Relevanz für den/die Betreuer/in

In der wissenschaftlichen Kommunikation dient ein Abstract üblicherweise dazu, den Leser eines Papers darüber zu informieren, ob sich die Lektüre für die eigene Forschung lohnt. Es erspart mit anderen Worten das eingehende Lesen einer ganzen Arbeit. Und genau das sollten Sie auch bedenken, wenn ein/e Betreuer/in Ihnen einen solchen Vorspanntext zu Ihrer Abschlussarbeit abverlangt: Auch ihr oder ihm dient dieser Text im gegebenen Fall der Vorabinformation über Absichten und Erkenntnisse Ihrer Abschlussarbeit; es kann sogar sein, dass sie/er sich damit die Lektüre Ihrer Arbeit selbst erspart (bzw. ersparen will). Die Bewertung Ihrer Abschlussarbeit findet dann womöglich allein aufgrund des Eindrucks statt, den das Abstract bei Ihrem/Ihrer Betreuer/in erweckt hat. Insofern sollten Sie auch diesem Teil Ihrer Abschlussarbeit, wenn er denn von Ihnen gefordert wird, besondere Aufmerksamkeit zuwenden. Denn hier entsteht ein erster Voreindruck von ihrer Qualität, so dass das dadurch erweckte Bild von der Arbeit während der tatsächlichen Lektüre bei dem/der Betreuer/in womöglich gar nicht mehr so leicht zu revidieren ist. Auf jeden Fall aber wird es so sein, dass ein/e Betreuer/in, der/die ein Abstract von Ihnen haben will, es mit großer Wahrscheinlichkeit auch zuerst lesen wird.

Was müssen Sie beim Verfassen eines solchen Textes beachten? Es gibt eine bestimmte Nähe dieser Textsorte zur Einleitung Ihrer Arbeit, so dass Sie die oben formulierten Hinweise würdigen können: Auch für das Abstract sind die ersten acht Punkte unseres Fragenkatalogs relevant (1. Problemstellung, 2. Motivation, 3. Stand der Forschung/Technik, 4. neue Forschung vs. Überprüfung der Forschung, 5. neue Erkenntnisse, 6. Methodik, 7. Einschätzung der Ergebnisse, 8. Rahmenbedingungen). Nur Punkt 9 ist für ein Abstract weniger wichtig, weil Sie schon aus Platzgründen kaum genauer auf die Gliederung Ihrer Abschlussarbeit eingehen können, zumal diese ohnedies eher nur eine Variante der Standardgliederungen (vgl. Kap. 3.1) bieten wird. Besonders wichtig erscheinen uns für die Erstellung eines Abstracts Punkt 5 ‚neue Erkenntnisse' und 7 ‚Einschätzung der Ergebnisse', weil diese Textsorte vor allem die Resultate Ihres Abschlussarbeitsprojekts in den Mittelpunkt rückt.

Abstract schreiben

Entsprechend gilt auch hier, was bei den Ausführungen zum **Fazit** Ihrer Arbeit formuliert wurde. Das Abstract ist gewissermaßen ein Kondensat der Einleitung und des Fazits zusammen, indem Sie diese Textelemente noch einmal **auf neu formulierte Weise** komprimieren: in klaren, einfachen Aussagesätzen (vgl. Kap. 4.2), die zentrale Informationen der Arbeit durch exakte Auswahl der wichtigsten Aspekte zusammentragen, ohne dabei aus Einleitung und Fazit direkt zu zitieren. Auch hier können Sie den ‚Ausblick' auf Anschlussforschungen unterbringen, im Unterschied zum Fazit setzen Sie hier aber keine Literaturangaben: Diese sind in einem Abstract nicht vorgesehen.

Kondensat aus Einleitung und Fazit

Unbedingt müssen Sie dabei aber darauf achten, dass in den Ergebnissen und Schlussfolgerungen für die Forschung nicht etwas hineinkommt, was nicht in der Arbeit selbst steht. Ein Abstract muss mit den Inhalten der Abschlussarbeit also völlig übereinstimmen. Es darf hier mit anderen Worten nichts Anderes oder gar Neues hinzukommen. Zu bedenken ist, dass eine solche Zusammenfassung von Ihnen auch als *summary* in Englisch verlangt wird; dies womöglich auch zu dem Zweck, damit Sie die Konventionen Ihrer Disziplin einüben, was das Publizieren in dieser Sprache der Wissenschaft angeht. Auch in diesem Fall gilt, was wir ausgeführt haben: Es geht um die pointierte Beschreibung der Kernbotschaften Ihrer Arbeit, ohne dass wir an dieser Stelle auf die spezifischen Umstände des wissenschaftlichen Schreibens englischer Texte genauer eingehen können.

Quellenverzeichnis

Deutsche Forschungsgemeinschaft 2013. Vorschläge zur Sicherung guter wissenschaftlicher Praxis. Denkschrift. Weinheim: Wiley-VCH.

Kruse, O. 2007. Keine Angst vor dem leeren Blatt. Ohne Schreibblockaden durchs Studium. 12., völlig neu bearbeitete Auflage. Frankfurt/New York: Campus.

5 Tabellen und Abbildungen erstellen

Beate Bornschein

In den Natur- und Ingenieurwissenschaften spielt die Aufbereitung von Daten wie deren Interpretation eine zentrale Rolle. Dabei werden auch theoretische Modelle experimentell überprüft: entweder bestätigt oder falsifiziert. Bei Ihrem Abschlussarbeitsprojekt kommen Sie daher mit Daten in Berührung, die nicht nur ausgewertet, sondern über Ihre textliche Beschreibung hinaus auch visuell dargestellt werden müssen. Für diese Art der Umsetzung von Daten gibt es Regeln, die es zu beachten gilt, wenn Sie für Ihre Abschlussarbeit formal korrekte Abbildungen und Tabellen erstellen und einbinden möchten. Da es dabei auf die Daten nicht alleine ankommt, sondern vor allem auch auf deren Bedeutung für das Darstellungsinteresse Ihrer Arbeit, sollten Sie sich überlegen, wie Sie die Relevanz, die in den Daten steckt, dem/der Leser/in einsichtig machen. Im Folgenden zeigen wir Ihnen auf, wie Sie Ihre Daten aussagekräftig in Tabellen und Diagrammen darstellen können.

Neben der Aufgabe, Daten ebenso korrekt wie aussagekräftig darzustellen, werden Sie bei experimentellen Arbeiten zudem mit der Notwendigkeit konfrontiert sein, Aufbauten, Messmethoden und Prozesse anschaulich zu vermitteln. Um die wesentlichen Informationen zu transportieren, sind die Visualisierungen so zu vereinfachen, dass die Leser/innen Ihre Abbildungen auch richtig verstehen. Die von Ihnen erstellten Abbildungen und Tabellen sind darüber hinaus in einen Text einzubinden und daher immer mit einer Bildunter- bzw. Tabellenüberschrift zu versehen. Auch diese Arbeitsschritte müssen gewissen Regeln folgen, die wir in diesem Kapitel zusammengestellt haben.

Informationen anschaulich machen

Abbildungen und insbesondere Diagramme gelingen dann besonders gut, wenn Gesetzmäßigkeiten der visuellen Wahrnehmung beachtet werden. Da Informationen in der schriftlichen Form anders wahrgenommen werden als in der mündlichen Form, sollten Sie Abbildungen und Tabellen aus Ihrer Abschlussarbeit nicht einfach in die Folien für Ihre Abschlusspräsentation kopieren (falls Sie eine solche geben müssen). Wir diskutieren daher abschließend in einem Exkurs die Unterschiede der visuellen Wahrnehmung, die zwischen einer Abschlussarbeit und einem Abschlussvortrag bestehen.

Die in diesem Kapitel gegebenen Beispiele sind bewusst einfach gehalten: In unserem Ratgeber sprechen wir einen fachlich weiten Adressatenkreis an, so dass die Beispiele für Leser verschiedener Disziplinen verständlich sein sollten.

Leitfragen für die Gestaltung von Visualisierungen

In diesem Kapitel erhalten Sie Informationen zu folgenden Fragen:
- Wie stelle ich Daten für wissenschaftliche Leser/innen einfach und klar lesbar dar?
- Wann benutze ich eine Tabelle, wann ein Diagramm?
- Welche Diagrammformen gibt es? Wann darf bzw. soll ich welche Form verwenden?
- Welche Rolle spielt die Kernaussage bei der Darstellung von Daten?
- Wie kommuniziere ich erfolgreich mit Hilfe von visualisierten Daten?
- Wie visualisiere ich Aufbauten, Messmethoden und Prozesse?

5.1 Daten darstellen

Text, Tabelle oder Diagramm?

Die Entscheidung, ob Sie Ihre Informationen anhand von Text oder in Diagramm- bzw. Tabellenform vermitteln, hängt von der Kernaussage ab, die Sie Ihrem/Ihrer Leser/in übermitteln wollen, daneben von der Anzahl der dafür nötigen Daten. Folgende Hinweise können Ihnen bei dieser Entscheidung helfen:

Sie arbeiten immer dann mit **Text**, wenn
- komplizierte oder umfangreiche Daten nicht vorhanden sind,
- ein mögliche Tabelle nur eine Spalte hätte,
- Sie nur einen einzigen Wert aufführen wollen.

Ein Beispiel für die Darstellung eines einzigen Ergebnisses in einem Text sieht folgendermaßen aus:

> Das Ergebnis der Anpassung lautet:
> $$E_{crit} = (-62{,}6 \pm 4{,}0)\ \text{MV/m}.$$

Sie verwenden eine **Tabelle**, wenn Sie mehrere Zahlen aufführen wollen, und wenn
- es auf diese Zahlen selbst ankommt (indem es z. B. entscheidend ist, ob das Ergebnis 3,141 oder 3,155 lautet),
- Sie die Daten übersichtlich anordnen wollen, um bestimmte Eigenschaften zu betonen,
- einzelne Zahlen später nachgeschlagen und individuell verglichen werden sollen.

Sie verwenden schließlich ein **Diagramm**, wenn
- es weniger auf die Zahlen selbst ankommt, sondern auf deren Verlauf, d. h. auf ihre Abhängigkeit von Parametern, qualitativen Zusammenhängen oder Korrelationen,

- Datensätze miteinander verglichen werden sollen und es dabei nicht auf die einzelnen Zahlen selbst ankommt.

Haben Sie sich entweder für eine Tabelle oder ein Diagramm entschieden, gilt es, Ihre Daten klar lesbar und unter Beachtung des Adressaten verständlich darzustellen. Der Aspekt ‚klar lesbar' ist noch der einfachere, auch wenn er unserer Erfahrung nach trotzdem nur selten befolgt wird. Gemeint ist damit, dass Sie Ihre Diagramme und Tabellen mit einer Schriftgröße darstellen, die nicht wesentlich kleiner ist als Ihre gewählte Textschriftgröße: 10 Pt. bei 12 Pt. Text ist beispielsweise noch unproblematisch. Der zweite Aspekt bei der Frage nach der Verständlichkeit ist deutlich weniger leicht zu erfüllen, aber gerade bei der Darstellung von Diagrammen und Tabellen entscheidend, soweit hier Zahlen komplex dargestellt werden. Je einfacher erfassbar Ihre Darstellung für den/die Leser/in Ihrer Arbeit ist, umso eher wird er/sie Ihre Darstellung auch verstehen. Abbildung 5.1 gibt ein Beispiel für ein unübersichtliches Diagramm – hier wurde eine Darstellung gewählt, bei dem der/die Leser/in kaum etwas erkennen, geschweige denn verstehen kann.

Lesbarkeit und Verständlichkeit

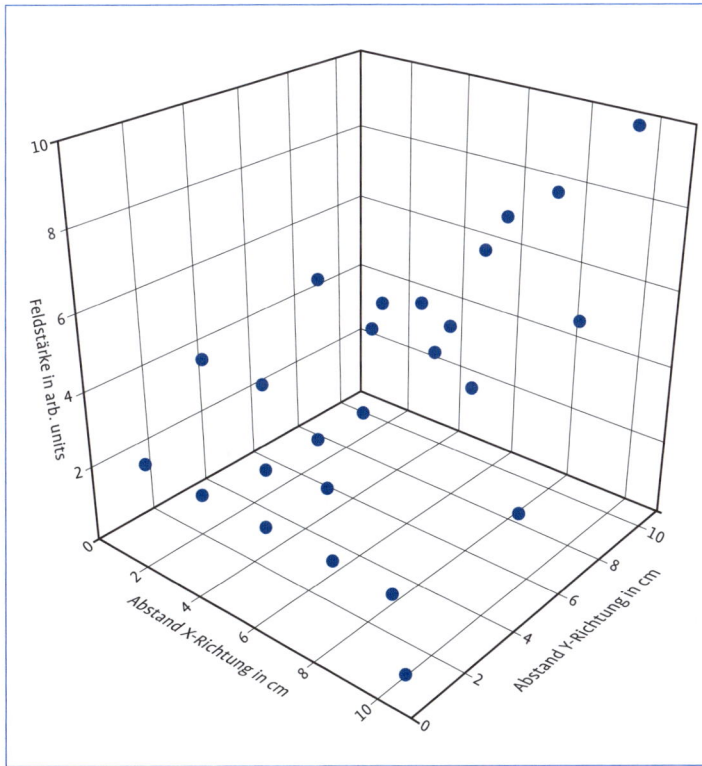

Abb. 5.1:
Beispiel für ein unübersichtliches Diagramm.
Durch die Wahl der falschen Darstellungsart (3D) ist der Datensatz nicht verständlich. (Die Daten sind frei erfunden.)

In Ihrer Abschlussarbeit kann durchaus auch der Fall auftreten, dass Sie mit einem Datensatz zwei verschiedene Kernaussagen vermitteln wollen, von denen die eine am besten mit einer Tabelle und die andere am besten mit einem Diagramm visualisiert wird. In diesem Fall ist es in Ordnung, wenn Sie Ihre Daten zweimal darstellen.

data-ink ratio

Edward R. Tufte, einer der bekanntesten Forscher auf dem Gebiet der Visualisierung von Daten und Graphikdesign, hat fünf Prinzipien entwickelt, die Ihnen in diesem Kapitel immer wieder begegnen werden:

„Above all else show the data.
Maximize the data-ink ratio.
Erase non-data-ink.
Erase redundant data-ink.
Revise and edit." (Tufte 2001, 105)

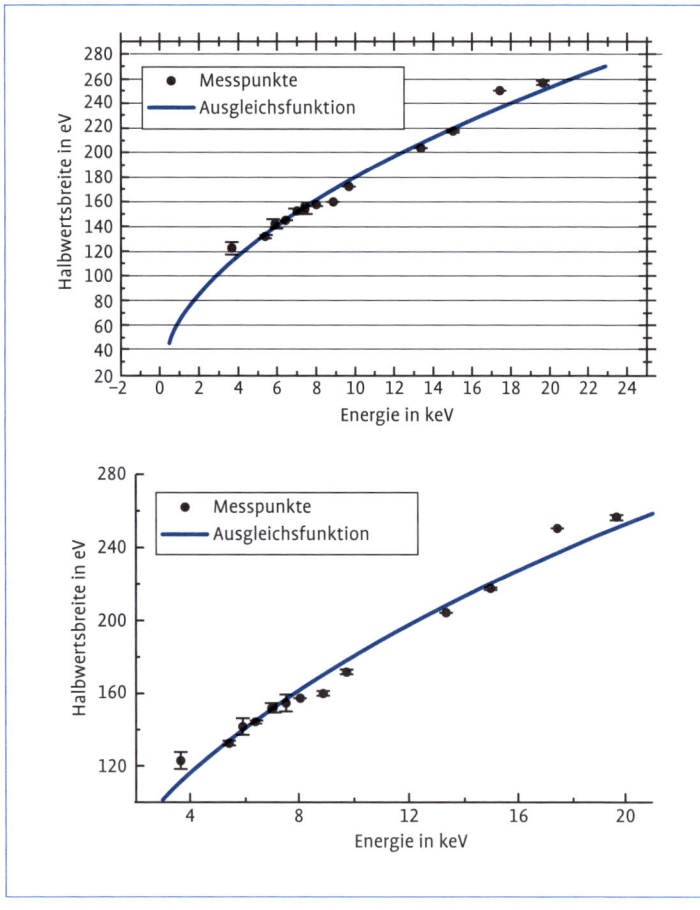

Abb. 5.2:
Anwendung der Prinzipien von Edward R. Tufte. Durch Weglassen überflüssiger ‚Tinte' und Anpassen des Diagrammbereichs auf den Datenbereich entsteht eine einfachere und klarere Darstellung. Zusätzlich bleibt hier die Darstellung der Ausgleichsfunktion auf den Bereich der Daten beschränkt.

Gestalten Sie also Ihre Darstellung so einfach wie möglich. Lassen Sie Überflüssiges weg. Zeigen Sie die Daten und vermeiden Sie dabei visuelle Ablenkungen. Die *data-ink ratio* (= ‚Nimm wenig Tinte') ist auf dem Gebiet der Visualisierung ein fester Begriff und wird auch von uns im Folgenden wiederholt verwendet. Abbildung 5.2 veranschaulicht Ihnen, wie durch Wegnahme überflüssiger Striche und anderer Diagrammzutaten eine Abbildung einfacher, lesbarer und damit die Daten selbst verdeutlichend angelegt werden kann.

5.2 Aussagekräftige Tabellen erstellen

Der Präsentation Ihrer Daten in aussagekräftigen Tabellen sollte in Ihrer Arbeit – sofern es das Thema erfordert – eine zentrale Bedeutung zukommen. Dabei sind Ihre Ergebnisse so übersichtlich zu präsentieren, dass sie Ihr/e Betreuer/in deutlich und auf einen Blick erkennen kann. Sie müssen sich also auch bei der Erstellung von Tabellen bewusst machen, zu welchem Zweck die jeweilige Tabelle in Ihrer Arbeit genutzt wird.

Haben Sie sich entschlossen, Ihre Daten mit Hilfe einer Tabelle darzustellen, besteht die nächste Entscheidung darin, das Tabellenlayout sowie die Anzahl der Spalten und Zeilen zu bestimmen. Auch hier gilt: Überlegen Sie sich genau, welche Kernaussage die Tabelle enthalten soll und wie Sie diese dem/der Leser/in vermitteln wollen. Wenn Sie unsicher sind, skizzieren Sie die verschiedenen Möglichkeiten zunächst mit Bleistift und Papier. Meistens reichen ein paar Entwürfe von Hand, um eine genauere Vorstellung von der Tabelle zu bekommen.

Tabellenskizze anlegen

Bei der Wahl des Layouts empfehlen wir, die Regeln der *data-ink ratio* zu beachten und die Anzahl der Linien in der Tabelle zu minimieren. Abbildung 5.3 zeigt die Wirkung dieser Maßnahme an einer Beispieltabelle in fünf unterschiedlichen Layouts, wobei von oben nach unten immer weniger Tinte verwendet wird. Es empfiehlt sich, eines der beiden letzten Beispiele als Basislayout zu verwenden. Auf den Tabellenkopf, also die oberste Tabellenzeile, sollten Sie nur verzichten, wenn die restlichen Tabelleneinträge selbsterklärend sind oder deren Zugehörigkeit sich aus der Tabellenüberschrift ergibt (vgl. Abb. 5.4).

Viele Studierende wissen nicht, dass es die Möglichkeit gibt, ganz auf Linien in Tabellen zu verzichten, indem Sie bestimmte Gestaltungsprinzipien wie das Prinzip der Nähe oder das Prinzip der Gleichheit (vgl. Few 2004) anwenden. Diese Prinzipien basieren auf den Mechanismen der Mustererkennung bei der visuellen Wahrnehmung. Sie verdeutlichen, dass das menschliche Auge im Zusammenspiel mit dem Gehirn Elemente einer Darstellung als zusammengehörend empfindet, wenn sie gleich oder ähnlich sind (Prinzip der Gleichheit) oder wenn sie näher bei einander angeordnet sind als andere Elemente (Prinzip der Nähe, vgl. Abb. 5.5).

Visuelle Wahrnehmung

Tipp: Wenn Sie die Wahl eines Tabellenlayouts getroffen haben (z. B. Tabelle mit drei horizontalen Linien), dann sollten Sie diese Variante in der gesamten Abschlussarbeit beibehalten und nur in gut begründeten Ausnahmefällen davon abweichen.

Abb. 5.3:
Einfluss des Tabellengitters auf die Wahrnehmung einer Tabelle.
Wir empfehlen eines der unteren beiden Layouts. Sie verbessern die data-ink ratio und wirken klar und einfach. (Die Daten in den Tabellen sind frei erfunden).

Detektor	Durchmesser in cm	Dicke in mm	Totschicht in mm	Untergrundrate in s^{-1}
A	1,00	2,2	359	0,036
B	1,50	2,4	380	0,057
C	2,00	3,5	345	0,079

Detektor	Durchmesser in cm	Dicke in mm	Totschicht in mm	Untergrundrate in s^{-1}
A	1,00	2,2	359	0,036
B	1,50	2,4	380	0,057
C	2,00	3,5	345	0,079

Detektor	Durchmesser in cm	Dicke in mm	Totschicht in mm	Untergrundrate in s^{-1}
A	1,00	2,2	359	0,036
B	1,50	2,4	380	0,057
C	2,00	3,5	345	0,079

Detektor	Durchmesser in cm	Dicke in mm	Totschicht in mm	Untergrundrate in s^{-1}
A	1,00	2,2	359	0,036
B	1,50	2,4	380	0,057
C	2,00	3,5	345	0,079

Detektor	Durchmesser in cm	Dicke in mm	Totschicht in mm	Untergrundrate in s^{-1}
A	1,00	2,2	359	0,036
B	1,50	2,4	380	0,057
C	2,00	3,5	345	0,079

Tab. xx: Baujahr der verwendeten Geräte.	
Antech	1995
IGC-A	1998
IGC-Vo.5	1999
IGC-V25	2002

Abb. 5.4:
Beispiel für eine Tabelle ohne Kopfzeile. Durch die Tabellenüberschrift wird die Beschreibung vollständig.

Tab. a): Jährliche Stromkosten der einzelnen Labors in Euro.

Labor	2008	2009	2010	2011	2012	2013	2014
Alpha	831	875	918	962	1013	1068	1119
Beta	302	305	309	311	314	317	321
Gamma	2002	2100	2206	2317	2454	2580	2704
Delta	476	504	540	583	629	673	727
Epsilon	120	124	130	133	138	143	148

Tab. b): Jährliche Stromkosten der einzelnen Labors in Euro.

Labor	2008	2009	2010	2011	2012	2013	2014
Alpha	831	875	918	962	1013	1068	1119
Beta	302	305	309	311	314	317	321
Gamma	2002	2100	2206	2317	2454	2580	2704
Delta	476	504	540	583	629	673	727
Epsilon	120	124	130	133	138	143	148

Abb. 5.5:
Auswirkung der Zeilenhöhe und der Spaltenbreite auf die Lesbarkeit einer Tabelle. Die Zahlen sind in beiden Tabellen identisch, trotzdem werden sie von dem/der Leser/in unterschiedlich wahrgenommen. In Tabelle a) gibt es mehr weißen Raum zwischen den Spalten als zwischen den Zeilen. Dadurch wird die Aufmerksamkeit des Lesers/der Leserin auf die Spalten gelenkt. In Tabelle b) ist der Zeilenabstand größer und die Zahlen stehen in der Zeile dichter zusammen. Dadurch sind die Zeilen stärker betont. (Die Daten sind frei erfunden.)

Wenn Sie eine Tabelle erstellen, sollten Sie einige Regeln beachten, die sich einerseits aus den genannten Prinzipien von Tufte herleiten, andererseits zum Teil aber auch durch die DIN 1338 vorgegeben sind. Die wichtigsten Regeln daraus haben wir nachfolgend zusammengefasst:

Verwendung von Funktionen, Formelzeichen und Einheiten in Tabellen und Diagrammen gemäß DIN 1338
- Formelzeichen für physikalische Größen werden kursiv gesetzt, z. B.: Temperatur T, Masse m.
- Einheiten werden nicht kursiv gesetzt. Das gilt auch für die Präfixe (µm statt μm).
- Zwischen Zahlenwert und Einheit (inkl. %-Zeichen) wird ein geschütztes Leerzeichen gesetzt. Das gilt nicht für die Einheiten Grad, Minute und Sekunde beim ebenen Winkel. Sie schreiben ‚Das Wasser hat eine Temperatur von 100 °C', aber ‚Der rechte Winkel im Dreieck beträgt 90°'.

- Zur besseren Lesbarkeit kann mit einem schmalen Leerzeichen gearbeitet werden (in TeX: \- , in Word z. B. über Zeichencode 202F (Unicode Hex)).
- Mathematische Konstanten werden nicht kursiv gesetzt, z. B.: π, e (2,718...), i=j mit $i^2=j^2=1$.
- Mathematische Zeichen, deren Bedeutung frei zu bestimmen sind, werden kursiv gesetzt, z. B.: $f(x)$, $g(x)$, $F(Y)$.
- Mathematische Funktionen mit konventioneller Bedeutung werden nicht kursiv gesetzt, z. B.: sin, cos, tan, exp, ln, div, lim.
- Chemische Symbole werden nicht kursiv gesetzt, z. B.: Fe (Eisen), H_2O (Wasser).
- Symbole aus der Atomphysik werden nicht kursiv gesetzt, stehen also gerade, z. B.: p (Proton), n (Neutron).
- Indizes werden entsprechend ihrer Bedeutung gesetzt: Zeichen, die normalerweise kursiv stehen (also Variablen), stehen auch als Index kursiv; Zeichen, die nicht kursiv stehen, werden auch als Index nicht kursiv gesetzt. Beispiele: C_V, E_{kin}, ρ_x – die Variable V steht für Volumen und die Variable x ist eine Koordinate.
- Bei gleichzeitiger Verwendung eines Hochzeichens und eines Index' muss das Hochzeichen entweder über dem Index oder an einer Klammer stehen: E_{kin}^2, oder $(E_{kin})^2$, und nicht $E_{kin}2$
- Atomphysikalische Angaben an den Elementsymbolen: $^{83m}_{36}Kr$ oder ^{83m}Kr oder Kr-83m.
Dabei gibt die Zahl oben links die Massenzahl (= Anzahl der Protonen und Neutronen im Kern) an und die Zahl unten links die Anzahl der Protonen. Bei den beiden letzten, verkürzten Schreibweisen wird auf die Angabe der Protonenzahl verzichtet, da diese durch die Nennung des Elementnamens schon gegeben ist.

Die hier aufgeführten Beispiele sind nur eine Teilmenge der DIN 1338. Wir raten Ihnen, diese Norm genauer zu studieren; der Zugriff ist in der Regel über Ihre Bibliothek möglich.

Weitere Hinweise für die Erstellung von Tabellen

Fehlerquellen identifizieren

Die vorgestellten Hinweise stellen lediglich eine Einführung in dieses Thema dar. Nachfolgend geben wir Ihnen weitere Hinweise zu möglichen Fehlerquellen bei der Erstellung von Tabellen:
- Verwenden Sie eckige Klammern nur dort, wo sie in den Natur- und Ingenieurwissenschaften eine festgelegte Bedeutung haben: $[m]$ = kg, $[T]$ = K, $[t]$ = s. In Abbildung 5.6 sind die verschiedenen Möglichkeiten aufgezeigt, wie Einheiten in Tabellen verwendet werden können. Gemäß den oben genannten Prinzipien von Tufte sollten Sie auf die Wiederholung von Einheiten in jeder Zeile der Tabelle verzichten.

Isotop	$t_{1/2}$ 10^9 a	ZE MeV
^{235}U	0,7038	4,398
^{238}U	4,468	4,270

Isotop	$t_{1/2}$ in 10^9 a	ZE in MeV
^{235}U	0,7038	4,398
^{238}U	4,468	4,270

Isotop	$t_{1/2}$ (10^9 a)	ZE (MeV)
^{235}U	0,7038	4,398
^{238}U	4,468	4,270

Isotop	$t_{1/2}$ / 10^9 a	ZE / MeV
^{235}U	0,7038	4,398
^{238}U	4,468	4,270

Isotop	$t_{1/2}$ [10^9 a]	ZE [MeV]
^{235}U	0,7038	4,398
^{238}U	4,468	4,270

Isotop	$t_{1/2}$	ZE
^{235}U	7,038 · 10^9 a	4,398 MeV
^{238}U	4,468 · 10^9 a	4,270 MeV

Abb. 5.6:
Verwendung von Einheiten in Tabellen.
Die ersten vier Tabellen zeigen korrekte Möglichkeiten, Einheiten zu verwenden. Die Tabelle links unten weist eckige Klammern auf und ist damit falsch. Die Tabelle rechts unten verstößt wegen der Wiederholung der Einheiten gegen das Prinzip, alles Überflüssige wegzulassen.

- Verwenden Sie eine durchgängig einheitliche Schriftgröße und Schriftart für Tabelleneinträge und setzen Sie Hilfsmittel wie Farbe, Unterstreichung oder Fettdruck nur dann ein, wenn es Ihre Kernaussage wirklich unterstützt.
- Zentrieren Sie Zahlenwerte auf den Dezimalpunkt. Wenn Sie keine Nachkommastellen verwenden, schreiben Sie die Zahlen rechtsbündig. Wenn Sie zusätzlich die Messunsicherheit angeben, dann zentrieren Sie auf das ±-Zeichen. Die Tabelle in Abbildung 5.7 zeigt Ihnen ein Beispiel.
- Sie können auch sogenannte Tabellenfußnoten verwenden. Diese gehören dann zur Tabelle und erlauben es Ihnen, ergänzende Bemerkungen zu den Einträgen anzufügen. Um Verwechslungen zu vermeiden, sollten Sie als Fußnotenzeichen nicht Zahlen, sondern kleine Buchstaben oder Sonderzeichen wie * oder ‡ verwenden.
- Versuchen Sie, die Länge der Tabelle auf eine Seite zu beschränken. Sollte das aus inhaltlichen Gründen nicht möglich sein, dann wiederholen Sie auf jeder Seite den Tabellenkopf.

Nr. der Messung	Position der Linie in keV
1	2423,94 ± 0,08
5	2424,03 ± 0,1
10	2423,89 ± 0,07
14	2423,97 ± 0,07
102	2423,1 ± 0,12

Abb. 5.7:
Beispiel zur Zentrierung von Zahlen in einer Tabelle.
Ganze Zahlen werden rechtsbündig gesetzt, Dezimalzahlen am Dezimalpunkt zentriert. In deutschsprachigen Abschlussarbeiten ist dies ein Komma, in englischsprachigen Arbeiten ein Punkt. Bei Angaben von Messunsicherheiten erfolgt eine weitere Zentrierung am ±-Zeichen. (Die Daten sind frei erfunden.)

Übungen

Übung 5.1: Schreiben Sie das Zeichen für das Elektron, für die eulersche Zahl sowie die Elementarladung und wenden Sie dabei die Regeln der DIN 1338 an.

Übung 5.2: Korrigieren Sie die Tabelle in Abbildung 5.8.

Abb. 5.8: (links)
Mögliche Fusionsreaktionen.

Tab. xx: Mögliche Fusionsreaktoren.		
Reaktion		Produkt
D + T	→	$^4He+n+17,6MeV$
D + D	→	$T+H+3,98MeV$
D + D	→	$^3He+n+3,25MeV$
D + He^3	→	$^4He+H+18,3MeV$
T + He^3	→	$^4He+n+14,3MeV$
T + T	→	$^4He+2n+11,3MeV$

Abb. 5.9: (rechts)
Lösungsvorschlag zur Tabelle in Abbildung 5.8.

Tab. xx: Mögliche Fusionsreaktoren.		
Reaktion		Produkt
D + T	→	$^4He + n + 17,6$ MeV
D + D	→	$T + H + 3,98$ MeV
D + D	→	$^3He + n + 3,25$ MeV
D + He^3	→	$^4He + H + 18,3$ MeV
T + He^3	→	$^4He + n + 14,3$ MeV
T + T	→	$^4He + 2n + 11,3$ MeV

Lösung zu 5.1: Elektron: e⁻, eulersche Zahl: e, Elementarladung: *e*. Die Elementarladung wird kursiv gesetzt, da sie eine physikalische Konstante ist, die vom Einheitensystem abhängig ist.

Lösung zu 5.2. in Abbildung 5.9: Dies ist nur eine mögliche Lösung. Wichtig ist, dass hier die Einheit bei der Zahl steht, da sonst die Verständlichkeit der Reaktionsgleichungen nicht gegeben ist.

5.3 Vom Vergleichstyp zum Diagrammtyp

Wenn Sie Ihre Daten mit Hilfe eines Diagramms darstellen, dann müssen Sie zunächst die passende Diagrammform auswählen. Wir folgen dabei einem Verfahren von Gene Zelazny (2007), welches ermöglicht, die vielen unterschiedlichen Varianten zur Darstellung von Daten in fünf grundlegende Diagrammtypen einzusortieren (vgl. Abb. 5.11). Um herauszufinden, welcher dieser fünf Diagrammtypen zur Darstellung Ihrer Daten geeignet ist, müssen Sie zunächst bedenken, welche Daten Sie in welcher Form miteinander vergleichen möchten.

Verfahren zur Identifikation des Diagrammtyps

Mit folgendem Verfahren bestimmen Sie über die zu vermittelnde **Kernaussage** den notwendigen **Vergleichstyp**. Auf dieser Grundlage können Sie dann den passenden **Diagrammtyp** auswählen.
1) Bestimmen Sie die Kernaussage, die durch die Daten transportiert werden soll.
2) Identifizieren Sie den Vergleichstyp, der in der Kernaussage enthalten ist. Es gibt fünf Vergleichstypen: 1. Anteil, 2. Rangliste, 3. Zeitreihe, 4. Häufigkeitsverteilung und 5. Korrelation.

Vom Vergleichstyp zum Diagrammtyp   123

3) Wählen Sie den geeigneten Diagrammtyp gemäß Abbildung 5.10 aus. Hier weisen wir jedem Vergleichstyp die passenden Diagrammtypen zu.

Vergleichstyp	Diagrammtyp
Anteil	Tortendiagramm, Balkendiagramm, Säulendiagramm [a]
Rangliste	Balkendiagramm
Zeitreihe	Säulendiagramm, Liniendiagramm [b]
Häufigkeitsverteilung	Säulendiagramm (Histogramm), Liniendiagramm (Histograph) [c]
Korrelation	Balkendiagramm, Punktdiagramm

[a] Zelazny (2007) empfiehlt das Tortendiagramm, Few (2004) Balken und Säulen. Wir empfehlen Balken- und Säulendiagramme, wenn Sie eine Rangliste bzw. eine Zeitreihe mit einem Anteil kombinieren möchten (zwei Kernaussagen).
[b] Wenn wenige (bis etwa acht) Datenpunkte vorliegen, ist das Säulendiagramm vorzuziehen, bei vielen Datenpunkten das Liniendiagramm. Gegebenenfalls sollten Sie bei einer Zeitreihe statt eines Liniendiagramms ein Punkt-Liniendiagramm verwenden (vgl. Diskussion in Kap. 5.4).
[c] Die Wahl zwischen Säulen- oder Liniendiagramm entscheidet sich meist analog zu b). Oft werden noch größere Datenmengen als Säulendiagramm dargestellt (z. B. in Destatis 2013).

Abb. 5.10:
Wahl des geeigneten Diagrammtyps. Je nach Art des Vergleichs, der in der Kernaussage zu den Daten enthalten ist, sind unterschiedliche Diagrammtypen für deren Darstellung geeignet. Die angegebenen Diagrammvorschläge sind als Empfehlung zu sehen.

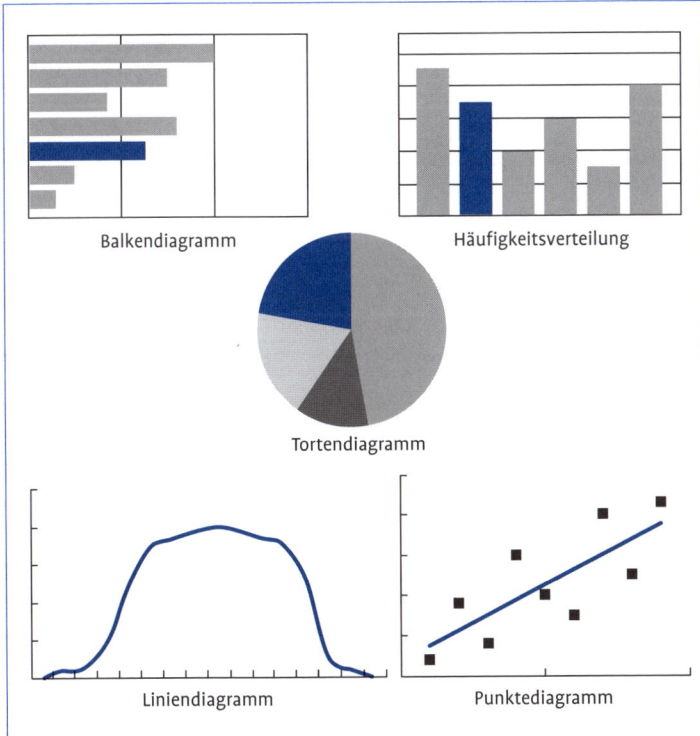

Abb. 5.11:
Die fünf Diagrammtypen. Nach Zelazny (2001) gibt es die hier gezeigten fünf Basistypen an Diagrammen, die Sie für die Darstellung von Daten verwenden können.

Die fünf Vergleichstypen nach Zelazny (2007)

Vergleichstyp 1: Anteil
Hier stellen Sie die Größe eines Teils im Verhältnis zum Gesamten dar. Enthält Ihre Kernaussage Signalwörter wie ‚Anteil' oder ‚Prozent(satz)', dann verwenden Sie diesen Vergleichstyp.
    Kernaussage z. B.: *Etwa 26% der Masse des Universums ist Dunkle Materie. Die anderen Bestandteile sind die Baryonen und die Dunkle Energie.*

Vergleichstyp 2: Rangliste
Sie vergleichen verschiedene Größen in Form einer Rangliste, d. h. Sie wollen in Ihrer Kernaussage betonen, wie sich bestimmte Größen im Vergleich zu anderen Größen der gleichen Kategorie verhalten. Signalwörter sind z. B. ‚größer/kleiner als', ‚gleich', ‚x-ter Platz', ‚an erster Stelle'.
    Kernaussage z. B.: *Die Erde ist kleiner als Jupiter, Saturn, Uranus und Neptun.*

Vergleichstyp 3: Zeitreihe
In Ihrer Kernaussage behandeln Sie die Änderung einer oder mehrerer Größe/n mit der Zeit. Signalwörter sind z. B. ‚bleibt stabil', ‚nimmt ab/zu', ‚variiert'.
    Kernaussage z. B.: *Die Untergrundzählrate ist im Laufe der Messphase gestiegen.*

Vergleichstyp 4: Häufigkeitsverteilung
Sie verwenden diesen Vergleich, wenn Sie mit Ihrer Kernaussage darlegen wollen, dass jeweils eine bestimmte Anzahl von Elementen in eine bestimmte Kategorie fällt. Signalwörter sind z. B. ‚Häufigkeit', ‚Bereich', ‚Gruppe', ‚Mehrheit', ‚Verteilung'.
    Kernaussage z. B.: *Unter den Studierenden ist die Gruppe der 30 bis 40-jährigen zahlenmäßig vernachlässigbar.*

Vergleichstyp 5: Korrelation
Bei der Korrelation stellen Sie einen Zusammenhang zwischen zwei Größen her. Zelazny (2007) legt hier den Schwerpunkt auf die Frage danach, ob eine Korrelation vorhanden ist oder nicht. In den Natur- und Ingenieurwissenschaften ist aber oft schon geklärt, dass es einen funktionalen Zusammenhang zwischen zwei Größen gibt, den es numerisch zu erfassen gilt. Dies geschieht in der Regel mit Hilfe statistischer Methoden und führt zu einer Anpassungsfunktion (Fitfunktion). Signalwörter sind z. B. ‚Größe y steigt mit x', ‚ändert sich mit', ‚folgt', ‚variiert mit'.
    Kernaussage z. B.: *Die Untergrundzählrate des Experiments hängt von der eingestellten Magnetfeldstärke ab: Je größer das Magnetfeld, umso größer die Untergrundzählrate.*

In Ihrer Abschlussarbeit kann auch der Fall eintreten, dass Sie in einer Darstellung zwei Vergleiche zusammen vornehmen und damit auch zwei Kernaussagen gleichzeitig fassen wollen. Dies ist grundsätzlich möglich, birgt aber gegenüber einer jeweils separaten grafischen Darstellung die Gefahr, dass die kombinierte Darstellung zu komplex wird und somit die Kernaussagen nicht eindeutig vermittelt werden. Abbildung 5.12 zeigt ein Beispiel für eine komplexe Darstellung.

Zwei Kernaussagen kombinieren

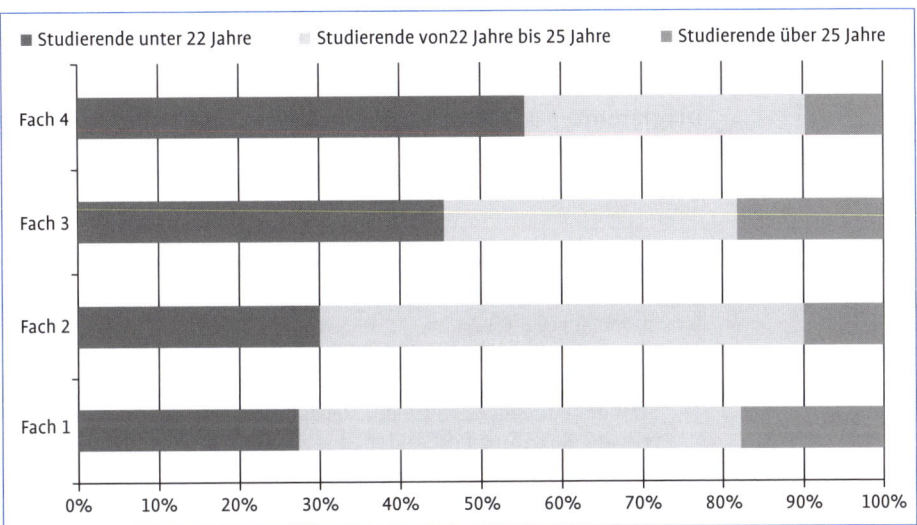

Abb. 5.12:
Beispiel für eine komplexe Datendarstellung.
Es werden zwei Kernaussagen und damit zwei Vergleichstypen gleichzeitig verwendet: Rangliste (welches Fach hat prozentual die meisten Studierenden unter 22 Jahren?) und Anteil (welchen Anteil haben die Studierenden unter 22 Jahren in den Fächern?). (Die Daten sind frei erfunden.)

Übung

Übung 5.3: Identifizieren Sie die Art des Vergleichs bei den folgenden (von uns erfundenen) Kernaussagen. Welchen Vergleichstyp würden Sie wählen?
a) Die meisten Ereignisse wurden im Bereich 15 keV bis 20 keV registriert.
b) Die Untergrundzählrate ist während der Messphase kontinuierlich gestiegen.
c) Eine höhere Energieauflösung des Detektors bedeutet eine geringere Nachweisgrenze.
d) Die Simulationen nahmen etwa 30 % der Zeit für die Abschlussarbeit ein.
e) Die Auflösung des verwendeten Mikroskops liegt im Mittelfeld der käuflich verfügbaren Mikroskope.
f) Die meisten Physikstudierenden benötigen sieben Semester bis zum Bachelorabschluss; nur ein kleiner Teil schafft es in sechs Semestern.

Lösung zu 5.3:
a) 4 Häufigkeitsverteilung
b) 3 Zeitreihe
c) 5 Korrelation
d) 1 Anteil
e) 2 Rangliste
f) 4 Häufigkeitsverteilung

5.4 Diagramme erstellen

Nachdem Sie die Kernaussage festgelegt und den Vergleichstyp und damit den Diagrammtyp zugeordnet haben, geht es nun um die Erstellung des Diagramms. Wir gehen zunächst näher auf die einzelnen Diagrammtypen (vgl. Abb. 5.11) ein, indem ihre spezifischen Qualitäten vorgestellt werden. Anschließend gehen wir auf allgemeine Visualisierungsregeln ein. Beachten Sie grundsätzlich, dass auch bei der Erstellung von Diagrammen die Regeln der DIN 1338 zu beachten sind (vgl. Übersicht in Kap. 5.2).

Diagrammtyp 1: Tortendiagramm

Dieser Diagrammtyp ist am besten zur Visualisierung von Anteilen geeignet (vgl. Abb. 5.10). Die beiden Hauptformen sind in Abbildung 5.13 dargestellt.

> **Hinweise zur Erstellung von Tortendiagrammen**
> - Orientiert man sich an einem Uhrzeiger, beginnt die Aufteilung in der Regel bei 12 Uhr.
> - Verwenden Sie für eine übersichtliche Darstellung nicht mehr als fünf bis sechs Anteile.
> - Sind genaue Zahlenwerte zur Verdeutlichung einer Kernaussage wichtig, so müssen diese der Beschriftung hinzugefügt werden. In diesem Fall sollten Sie allerdings auch die alternative Verwendung eines Balken- oder Säulendiagramms oder einer Tabelle erwägen. Achten Sie stets darauf, dass die Summe auch tatsächlich 100 % ergibt.
> - Heben Sie einen besonders wichtigen Anteil mit einer Kontrastfarbe hervor.

Abb. 5.13:
Die zwei Hauptformen eines Tortendiagramms.
Blau ist hier die Kontrastfarbe.

Diagrammtyp 2: Balkendiagramm

Dieser Diagrammtyp ist vornehmlich zur Visualisierung von Ranglisten geeignet, kann aber auch für Anteilsaussagen und für Korrelationen verwendet werden (vgl. Abb. 5.10). Wenn Ihre Kernaussage eine Rangliste erfordert, dann empfehlen wir, die Darstellung auch als solche erkennbar zu machen. Abbildung 5.14 zeigt Ihnen, welchen Einfluss die Kernaussage auf die Darstellung haben kann. In Abbildung 5.15 werden Balkendiagramme für eine Korrelationsdarstellung verwendet.

Hinweise zur Erstellung von Balkendiagrammen

- Der Raum zwischen den Balken ist in der Regel nicht größer als die Breite der Balken.
- Nutzen Sie eine Kontrastfarbe, wenn Sie die Aufmerksamkeit auf einen bestimmten Balken lenken wollen.
- Verwenden Sie entweder eine Skalierung oder schreiben Sie einzelne Zahlen an das Ende der Balken (vgl. Abb. 5.16).
- Eventuell sind zur Visualisierung Ihrer Kernaussage Variationen des einfachen Balkendiagramms geeigneter: Das Menü Ihrer Standardsoftware gibt Ihnen einen Überblick über die Möglichkeiten.

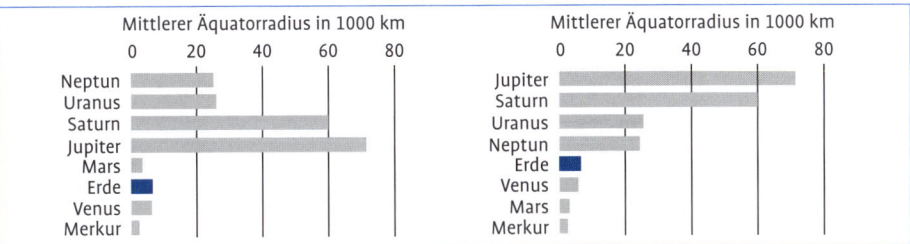

Abb. 5.14:
Ranglistendarstellung mit Balkendiagrammen.
Das rechte Bild zeigt eine sinnvolle Rangliste: Jupiter ist der Planet mit dem größten Radius; die Erde ist nur der fünftgrößte Planet. Im linken Bild sind die Planeten nach ihrem Abstand zur Sonne sortiert. (Neptun ist der entfernteste Planet.) Diese Darstellung ist dann unpassend, wenn Daten zur Größe des Planeten dargestellt werden. Im linken Bild müssten dann entsprechend Daten zum Abstand der Planeten von der Sonne aufgeführt sein.

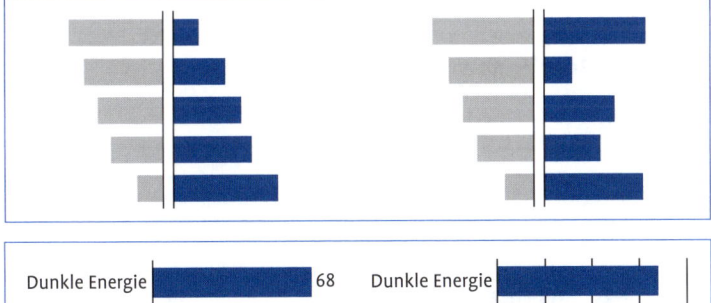

Abb. 5.15:
Schema einer Korrelationsdarstellung mit Balken.
Im linken Diagramm ist eine Anti-Korrelation (dort wo die grauen Balken groß sind, sind die blauen klein) zu sehen; im rechten Diagramm ist keine Korrelation vorhanden.

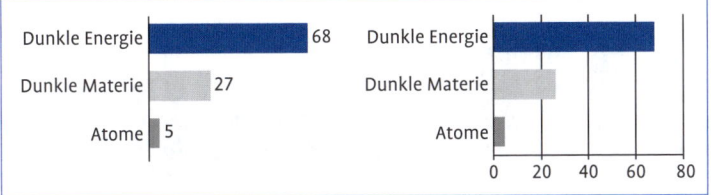

Abb. 5.16:
Geeignete Beschriftung von Balkendiagrammen.
Die Zahlen geben die prozentualen Anteile wieder. Beide Darstellungen sind auch ein Beispiel für die Möglichkeit, Anteile statt in Torten- in Balkendiagrammen darzustellen.

Diagrammtyp 3: Säulendiagramm

Dieser Diagrammtyp wird zur Visualisierung von Zeitreihen (wenn Sie wenige Daten, in der Regel maximal 8 Datenpunkte haben) und zur Darstellung von Häufigkeitsverteilungen verwendet (Abb. 5.10). Es gibt Varianten des einfachen Säulendiagramms, die zur Verdeutlichung Ihrer Kernaussage gegebenenfalls geeigneter sind. Abbildung 5.17 zeigt Ihnen das Beispiel einer Zeitreihe mit Anteilsvergleich; Abbildung 5.18 eine einfache Zeitreihe und Abbildung 5.19 eine Häufigkeitsverteilung.

> **Hinweise zur Erstellung von Säulendiagrammen**
> - Der Raum zwischen den Säulen ist in der Regel nicht größer als die Breite der Säulen.
> - Setzen Sie eine Kontrastfarbe ein, wenn Sie eine bestimmte Säule besonders betonen wollen.
> - Nutzen Sie entweder eine Skalierung oder schreiben Sie einzelne Zahlen an das Ende der Säulen (analog zu den Balkendiagrammen, vgl. Abb. 5.15).

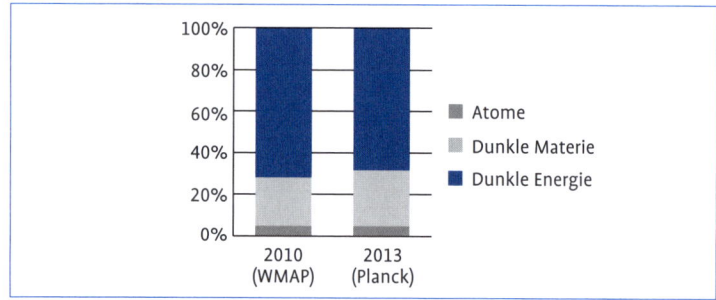

Abb. 5.17:
Beispiel einer Zeitreihe mit Anteilsvergleich.
Die prozentualen Anteile können direkt miteinander verglichen werden. Man sieht daher sofort, dass der relative Anteil der dunklen Energie in den Daten von 2013 geringer ist als in den Daten von 2010.

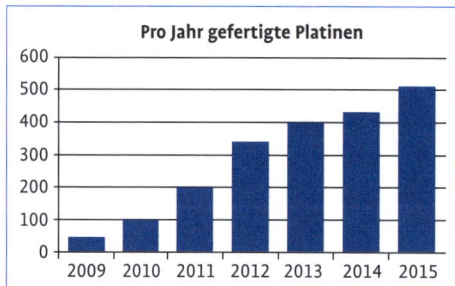

Abb. 5.18:
Beispiel für eine Zeitreihe, die als Säulendiagramm dargestellt ist.

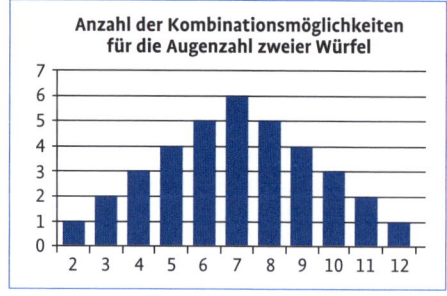

Abb. 5.19:
Beispiel für eine Häufigkeitsverteilung, die als Säulendiagramm dargestellt ist.

Diagrammtyp 4: Punktdiagramm

Punktdiagramme werden bei der Darstellung von Korrelationen verwendet, bei denen ein Zusammenhang zwischen zwei Größen hergestellt wird (vgl. Abb. 5.10). Sie tragen dazu die Daten als Punkte in ein Diagramm ein. Wenn Sie die Korrelation/Anpassung visualisieren möchten, legen Sie zusätzlich eine Korrelationskurve (auch Anpassungsfunktion genannt) an. Das Punktdiagramm ist der am häufigsten verwendete Diagrammtyp in den Natur- und Ingenieurwissenschaften. Die Abbildung 5.2 und das Diagramm unten rechts in Abbildung 5.11 sind Beispiele für Korrelationsdarstellungen.

Hinweise zur Erstellung von Punktdiagrammen

- Wählen Sie unterschiedliche Punktarten, wenn Sie mehrere Datensätze in Abhängigkeit von einer Größe darstellen wollen.
- Verwenden Sie Fehlerbalken, wenn Sie eine mit Unsicherheiten behaftete Größe auftragen oder geben Sie die Unsicherheit in der Abbildungsunterschrift an.
- Bei mehreren Datensätzen kann es auch sinnvoll sein, die Punkte mit einer dünnen Linie zu verbinden und so deren Lage zu verdeutlichen oder gegebenenfalls einen Trend besser darzustellen. Da diese Linie aber keine mathematische Funktion hat, sollten Sie dies in der Abbildungsunterschrift kenntlich machen, z. B. auf folgende Weise: Die eingezeichneten Linien dienen nur zur Führung des Auges (englisch: ... *to guide the eye*). Bei unübersichtlicher Datenlage ist es sinnvoll, verschiedene Linientypen (Strich, Strich-Punkt, Punkt, ...) zu verwenden.
- Stellen Sie Zahlenwerte dar, die mit einer Einheit verbunden sind, so müssen Sie auch die verwendeten Einheiten angeben (vgl. zur Angabe von Einheiten Kap. 5.2). Für die Darstellung haben Sie folgende Möglichkeiten (Beispiel: Zeit):
  - Zeit, min,
  - Zeit in min,
  - Zeit (min),
  - t in min
  - t/min
- Pfeile an den Achsen eines Diagramms benötigen Sie nur, wenn Sie keine Achsenskalierung mit Größenbeschriftung verwenden.
- Sie können die Skalierungsstriche (*tics*) nach innen ins Diagramm hinein oder nach außen ragen lassen. Wir empfehlen Ihnen, die Wahl für Ihre gesamte Abschlussarbeit einheitlich zu treffen.
- Wählen Sie den Abstand der Skalierungsstriche so, dass sie eine lesbare Bezifferung ermöglichen. Dies gilt vor allem für die horizontale Achse, bei der sich die Zahlen an den Teilstrichen berühren können, wenn der Strichabstand zu gering gewählt wird. Es muss nicht jeder Teilstrich beschriftet werden.

- Zur Verbesserung der *data-ink ratio* empfehlen wir Ihnen, auf die Verwendung eines Hilfsgitters zu verzichten. Sollte das nicht möglich sein, wählen Sie möglichst eine Strichstärke für das Gitter, die nicht mehr als 70% der Achsenstärke beträgt.
- Wir empfehlen Ihnen zudem, ganz auf die Einfärbung des Diagrammhintergrunds zu verzichten, Ihre Daten also auf neutralem (weißem) Hintergrund zu zeigen. Die Voreinstellungen der Software sind hier möglicherweise nicht immer geeignet.

Diagrammtyp 5: Liniendiagramm

Dieser Diagrammtyp ist zur Visualisierung von Zeitreihen und Häufigkeitsverteilungen geeignet (vgl. Abb. 5.10). Er wird vorwiegend verwendet, wenn mehr als acht Datenpunkte (z. B. in einer Zeitreihe) bzw. Bereiche (Häufigkeitsverteilung) (vgl. Abb. 5.20) darzustellen sind und es mehr auf den Verlauf einer Kurve (Trend) ankommt als auf deren Datenpunkte selbst. Bei Zeitreihen ist der Einsatz dieses Typs zwar üblich, aber unter wissenschaftlichen Gesichtspunkten angreifbar: Durch die Liniendarstellung könnten Leser/innen davon ausgehen, dass auch alle Zwischenwerte gemessen wurden – vor allem dann, wenn Sie Datenpunkte als solche nicht mehr eintragen, sondern nur deren Verlauf als Linien. Ist die Position einzelner Datenpunkte und gegebenenfalls auch die jeweilige Messunsicherheit (Fehlerbalken) von Bedeutung, so empfiehlt es sich, statt eines Liniendiagramms ein Punktdiagramm zu verwenden und die Punkte mit Linien zu verbinden. Beim Erstellen eines Liniendiagramms gelten die gleichen Regeln wie bei einem Punktdiagramm.

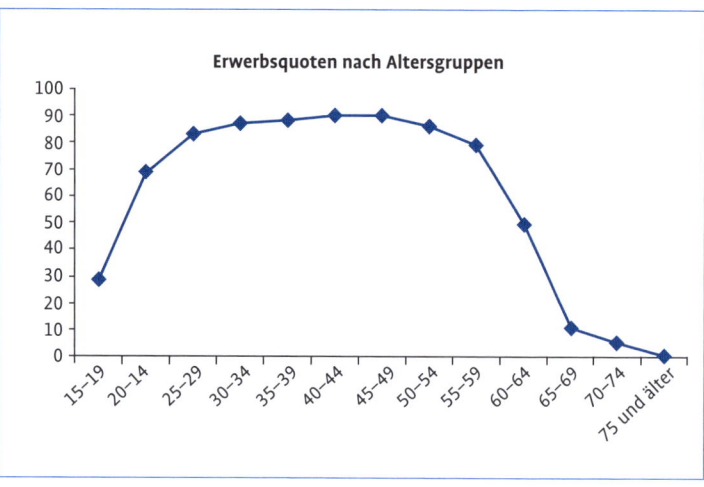

Abb. 5.20:
Beispiel für eine Häufigkeitsverteilung, die als Liniendiagramm dargestellt ist.
Gezeigt sind die nach Altersgruppen separierten Erwerbsquoten in Deutschland im Jahr 2012 (Destatis 2013).

Weitere Hinweise zur Erstellung von Diagrammen
Selbstredend gibt es auch Gestaltungshinweise, die unabhängig vom Diagrammtyp gelten. Nachfolgend geben wir eine Auswahl, die aus unserer Sicht besonders beachtenswert ist.

Verwendung von Kontrasten
Die Verwendung einer Kontrastfarbe hilft Ihnen, wichtige Details hervorzuheben. Abbildung 5.14 zeigt ein Beispiel für deren Anwendung in einem Balkendiagramm: Die Erde ist hier in der Kontrastfarbe Blau dargestellt, alle anderen Planeten in Grau. Damit ist der Ranglistenplatz der Erde sofort ersichtlich.

Verwendung von Farben
Generell gilt: Der Einsatz von Farbe verstärkt die Kernaussage, die Sie mit Ihrer Datendarstellung vermitteln wollen. Sollten Sie sich dazu entschließen, mehrere Farben zu verwenden, dann wählen Sie eine geeignete Farbpalette. Vermeiden Sie dabei vor allem Kombinationen von Rot und Grün (Rot-Grün-Blindheit). Bedenken Sie bei der Wahl auch die Bedingungen, zu denen Ihre Abschlussarbeit reproduziert, also gedruckt wird: In unserem Ratgeber haben wir z. B. lediglich die Möglichkeit, die Farbe Blau in Abstufungen zu verwenden. Gelegentlich kommt es vor, dass aus technischen oder Kostengründen die Abschlussarbeit nur in Schwarz-Weiß ausgedruckt werden kann. Daher raten wir Ihnen, die Abbildungen so zu gestalten, dass die Grauwerte der gewählten Farben unterschiedlich sind. Sonst kann man die Kurven unter Umständen nicht unterscheiden. Schlecht ist z. B. eine Kombination aus rot und schwarz. Drucken Sie Ihre Diagramme vorsorglich stets in Schwarz-Weiß bereits bei der Erstellung zur Probe aus (vgl. dazu auch Duarte 2009).

Verwendung von 3D
3D-Darstellungen von Daten sind problematisch. Sie sollten sie vermeiden und nur in begründeten Fällen (wenn die dritte Dimension zur Darstellung der Kernaussage notwendig ist, z. B. Contourplot) darauf zurückgreifen. Die Gründe, 3D-Darstellungen eher zu vermeiden, sind:
- 3D-Darstellungen von 2D-Daten erschweren das korrekte Lesen der Daten (Beispiel in Abb. 5.21).
- 3D-Darstellungen von 3D-Daten sind in der Regel unübersichtlich und im schlechtesten Fall sogar aussagelos (vgl. Abb. 5.1).

In Abbildung 5.22 zeigen wir Ihnen ein Beispiel, wie Sie eine 3D-Darstellung umgehen können.

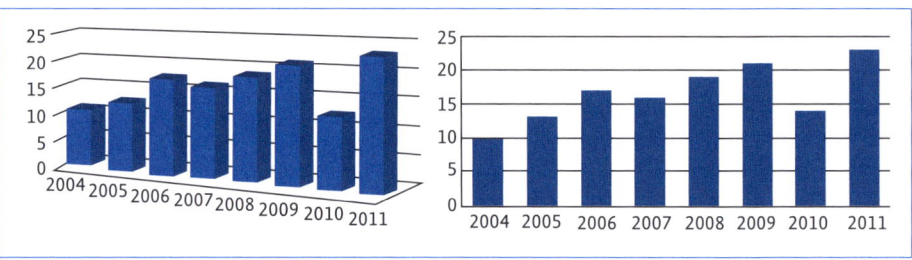

Abb. 5.21:
Beispiel für die Problematik einer 3D-Darstellung.
Im linken Bild, der 3D-Darstellung von 2D-Daten, sind trotz der Gitterlinien die Werte schwer ablesbar, während dies im rechten Bild, der 2D-Darstellung, kein Problem bereitet.

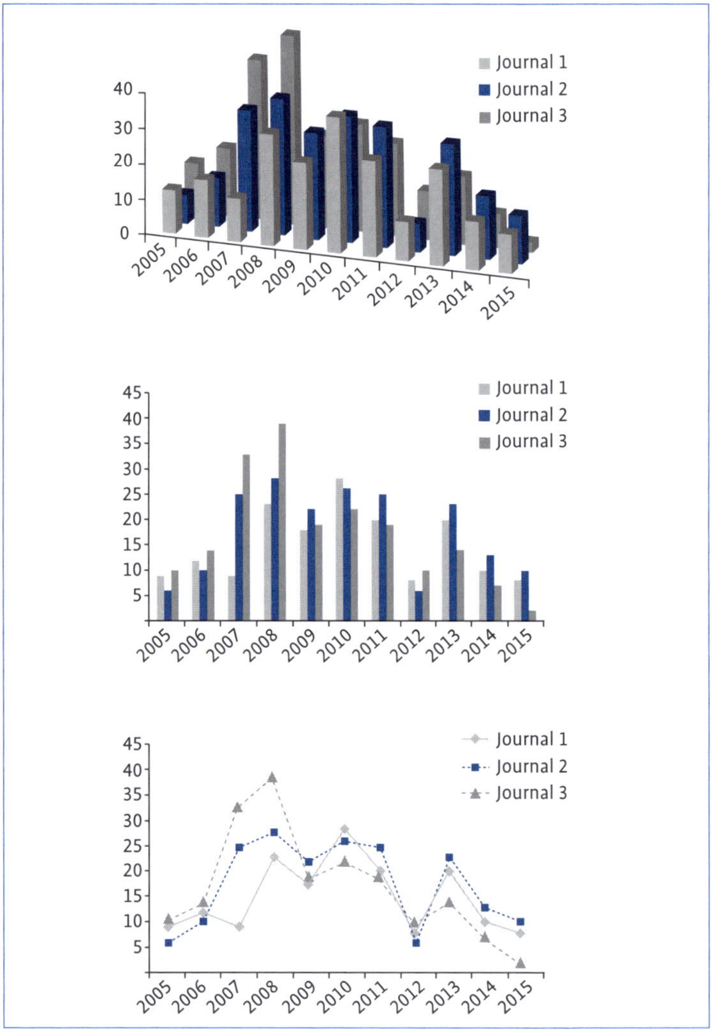

Abb. 5.22:
Beispiel für Alternativen zu 3D-Darstellungen.
Im ersten Diagramm ist ein echter 3D-Datensatz (Jahreszahl, Anzahl der Publikationen, Journal) in 3D abgebildet. Einige Datenpunkte von „Journal 3" sind verdeckt; die Anzahl der Publikationen ist schwer abzulesen. Im zweiten und im dritten Bild sind die gleichen Daten als Säulen- und Punktdiagramm aufgetragen. Die Linien im unteren Beispiel dienen der Führung des Auges.

Verwendung der Transparenzfunktion

Die Darstellung hoher Datendichten kann dazu führen, dass Sie oder Gutachter/innen Ihrer Abschlussarbeit einzelne Datenpunkte nicht mehr eindeutig erkennen bzw. zuordnen können. Eine Abhilfe schafft die Transparenzfunktion. Abbildung 5.23 zeigt eine mögliche Anwendung im Bereich der Datendarstellung. Durch das Setzen der Fehlerbalken auf 60% Transparenz erscheinen diese im Kontrast nicht so stark und die eigentlichen Messpunkte sind deutlich besser zu erkennen.

Verwendung von Bleistift und Papier

Wir empfehlen Ihnen, wichtige Datendarstellungen, die Sie für Ihre Abschlussarbeit erwägen, in verschiedenen Varianten auf Papier zu skizzieren und dann erst auf dem Computer umzusetzen. Dadurch werden Sie im ersten, kreativen Schritt nicht von den Zwängen einer Software abgelenkt.

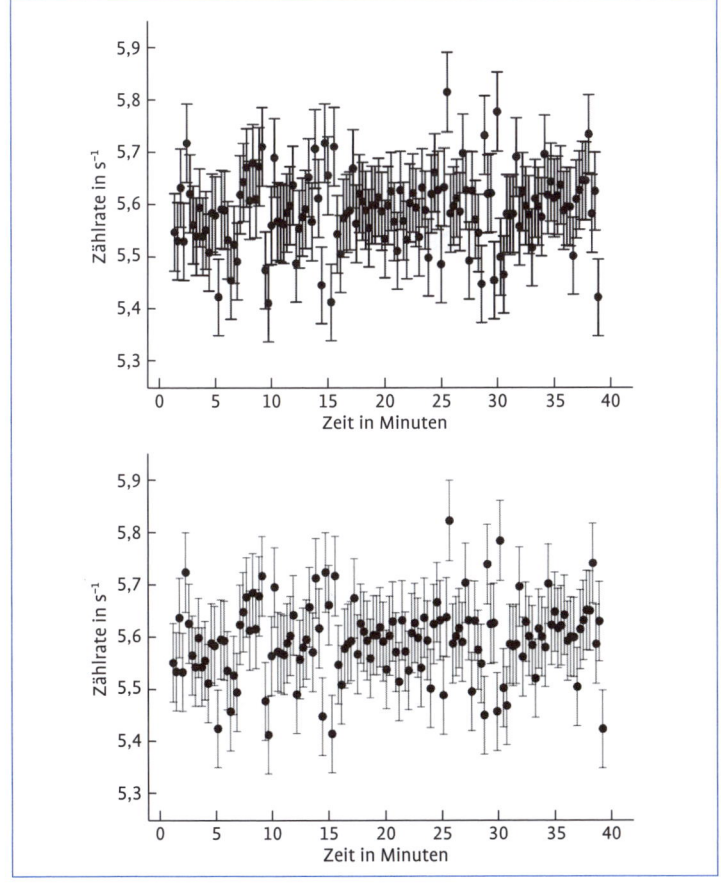

Abb. 5.23:
Beispiel für die Anwendung der Transparenzfunktion.
Im oberen Bild erschweren die dicken Fehlerbalken das Erkennen des Messwerteverlaufs. Im unteren Bild sind diese Balken auf 60 % Transparenz gesetzt. Dadurch wird die Grafik übersichtlicher und die Datenpunkte sind leichter zu erkennen.

Übung

Übung 5.4: Erstellen Sie mit den in nachfolgender Tabelle gelisteten Werten jeweils ein Diagramm für die folgenden Kernaussagen:
1. Der SDD besitzt die höchste Energieauflösung (kleinster Wert).
2. Es existiert ein Zusammenhang zwischen der Detektorgröße und der Energieauflösung (Abb. 5.24).

Abb. 5.24: Detektordaten im Vergleich.

Detektor	Sensorgröße (cm^2)	Energieauflösung (keV)
SDD	80	0,8
PM	150	3,5
PIN	110	2,1
ADP	95	1,3

Lösung zu Teilaufgabe 1: Die Kernaussage entspricht dem Vergleichstyp Rangliste. Daher wählen wir als Diagrammform das Balkendiagramm (Abb. 5.25):

Abb. 5.25: Lösungsvorschlag zu Teilaufgabe 1.

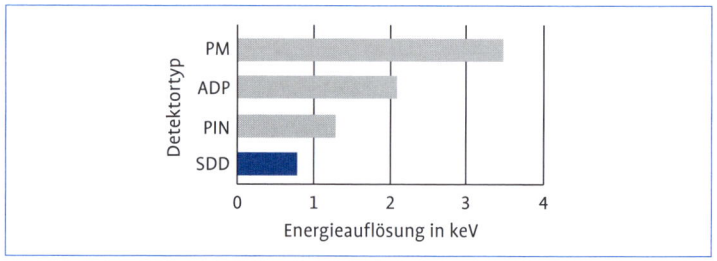

Lösung zu Teilaufgabe 2: Die Kernaussage entspricht dem Vergleichstyp Korrelation. Wir wählen als Diagrammform das Punktediagramm (Abb. 5.26):

Abb. 5.26: Lösungsvorschlag zu Teilaufgabe 2.

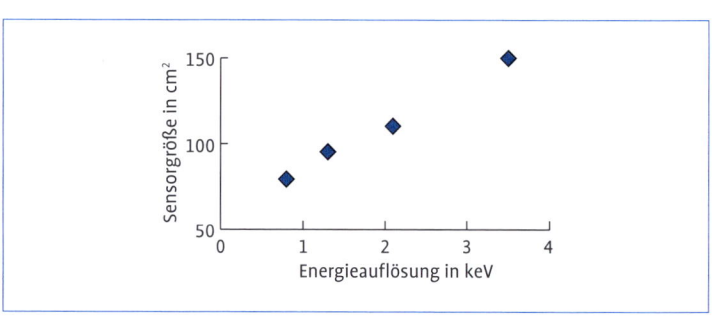

5.5 Aufbauten, (Mess-)Methoden und Prozesse visualisieren

Je nach Typ Ihrer Abschlussarbeit stehen Sie vor der Herausforderung, Konzepte, Aufbauten, Messmethoden und Prozesse in klarer und verständlicher Weise darzustellen. Das gilt insbesondere für experimentelle Arbeiten (vgl. Kap. 3.1). Da dies mit Hilfe einer graphischen Darstellung meist besser gelingt als durch Text, sollten Sie Formen der Visualisierung nutzen, in denen die wesentlichen Informationen, z.B. zu Ihrer Methode, herausgestellt sind. Im Rahmen dieses Ratgebers können wir Ihnen hierzu jedoch nur einen Eindruck vermitteln (vgl. die weiterführenden Literaturhinweise am Ende des Kapitels). Dazu stellen wir ihnen im Folgenden drei einfache Beispiele vor.

Beispiel 1: Der Raman-Effekt

Als Raman-Effekt wird die unelastische Streuung von Licht an Molekülen bezeichnet. Das Lichtquant gibt bei der Streuung Energie an das Molekül ab oder erhält Energie vom Molekül. Dadurch ändert sich die Wellenlänge des Lichts. Dieser Sachverhalt ist in Abbildung 5.27 für den Fall der Energieabgabe illustriert.

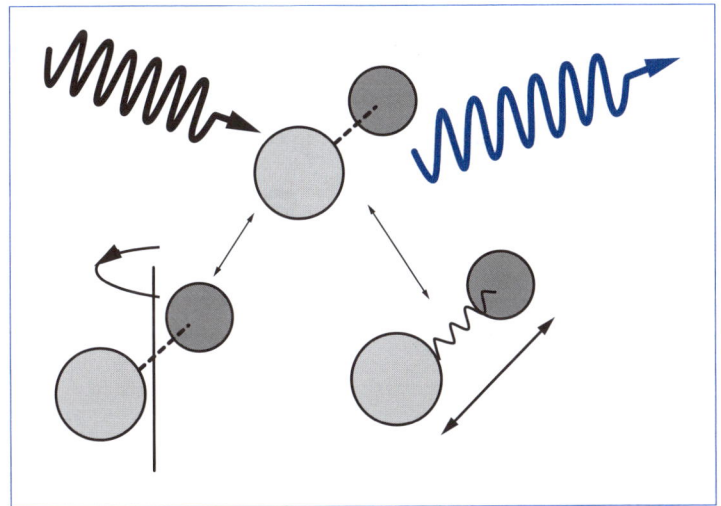

Abb. 5.27: Vereinfachte schematische Darstellung des Raman-Effekts. Das einfallende Lichtquant überträgt beim Streuprozess Energie auf das Molekül, welches dadurch zur Rotation (links unten) und/oder zur Schwingung (rechts unten) angeregt wird. Das gestreute Lichtquant (blau dargestellt) hat nach dem Streuprozess weniger Energie als vorher und damit auch eine größere Wellenlänge (je kleiner die Energie, desto größer die Wellenlänge).

Beispiel 2: Die drei Isotope des Wasserstoffs

Wasserstoff ist das am häufigsten vorkommende und auch das leichteste chemische Element im Universum. Es gibt drei Wasserstoffisotope, die sich nach der Anzahl der Neutronen im Atomkern unterscheiden (vgl. Abb. 5.28). Der einfache Wasserstoff wird auch Protium genannt, während Deuterium als schwerer Wasserstoff und Tritium als überschwerer Wasserstoff bezeichnet werden.

Abb. 5.28:
Die drei Isotope des Wasserstoffs.
Die drei Isotope unterscheiden sich nur durch die Anzahl der elektrisch neutralen Neutronen (blau markiert) im Atomkern. Der einfache Wasserstoff hat im Kern ein positiv geladenes Proton und in der Hülle ein negativ geladenes Elektron. Deuterium hat im Kern ein Proton und ein Neutron, Tritium ein Proton und zwei Neutronen.

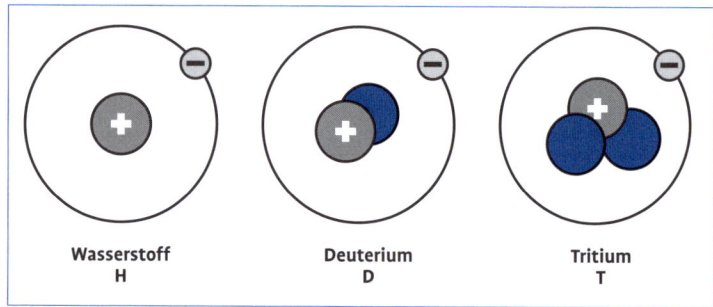

Beispiel 3: Kernfusion in der Sonne und auf der Erde

In der Sonne verschmelzen die Atomkerne des Wasserstoffs. Bei dieser Kernfusion genannten Reaktion wird Energie freigesetzt. Da es auf der Erde nicht möglich ist, die in der Sonne herrschenden physikalischen Bedingungen herzustellen, wird die Kernfusion über eine andere Fusionsreaktion angestrebt (vgl. Abb. 5.29).

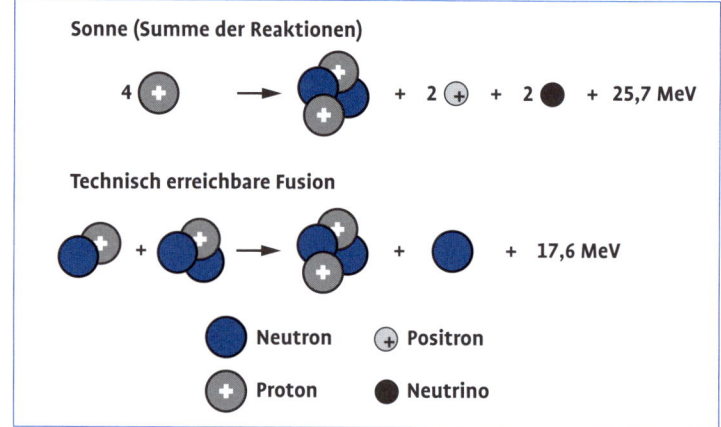

Abb. 5.29:
Fusionsreaktionen in der Sonne und auf der Erde.
Die Fusionsreaktion in der Sonne findet in mehreren Schritten statt. In der Summe verschmelzen vier Protonen zu einem Heliumkern, und es werden zwei Positronen und zwei Neutrinos sowie kinetische Energie freigesetzt. Bei der technisch durchführbaren Fusion auf der Erde verschmelzen die Atomkerne des Deuteriums und des Tritiums zu einem Heliumkern unter Aussendung eines Neutrons. Auch bei diesem Prozess wird kinetische Energie freigesetzt. Diese ist etwas niedriger als bei der Reaktion in der Sonne. 1 MeV entspricht etwa 0,00016 Milliardstel Joule.

Weitere Hinweise zum Erstellen von Konzepten, Messmethoden, Prozessen und Aufbauten

Abschließend geben wir Ihnen noch einige Hinweise, die dabei helfen sollen, verständliche Darstellungen z. B. zu Ihrer Methode zu erzeugen.

Wenn Sie ein Konzept, eine Methode oder einen Prozess visualisieren möchten, dann raten wir Ihnen, zunächst mit Bleistift und unliniertem Papier einige Ideen auszuprobieren und Skizzen zu erstellen. Erst wenn Sie eine klare Vorstellung davon haben, wie Sie Ihr Projekt visualisieren möchten, sollten Sie die Software einsetzen, mit der Sie die Visualisierung dann in die endgültige Form bringen.

Bei der **Darstellung von Versuchsaufbauten** ist es oft nachvollziehbarer, wenn Sie eine stark vereinfachte Skizze zeichnen und gegebenenfalls eine Fotografie als Ergänzung hinzufügen. Fotos alleine können aber wiederum häufig nicht diejenigen Details zeigen, auf die es ankommt. 3D-CAD-Zeichnungen helfen Ihnen meist nur, wenn Sie diese nacharbeiten und gezielt Ausschnitte wählen.

Wenn Sie ein **Fließbild** (auch **Fließschema** oder **Flussbild** genannt) in Ihrer Arbeit verwenden wollen, dann haben Sie oft das Problem, dass

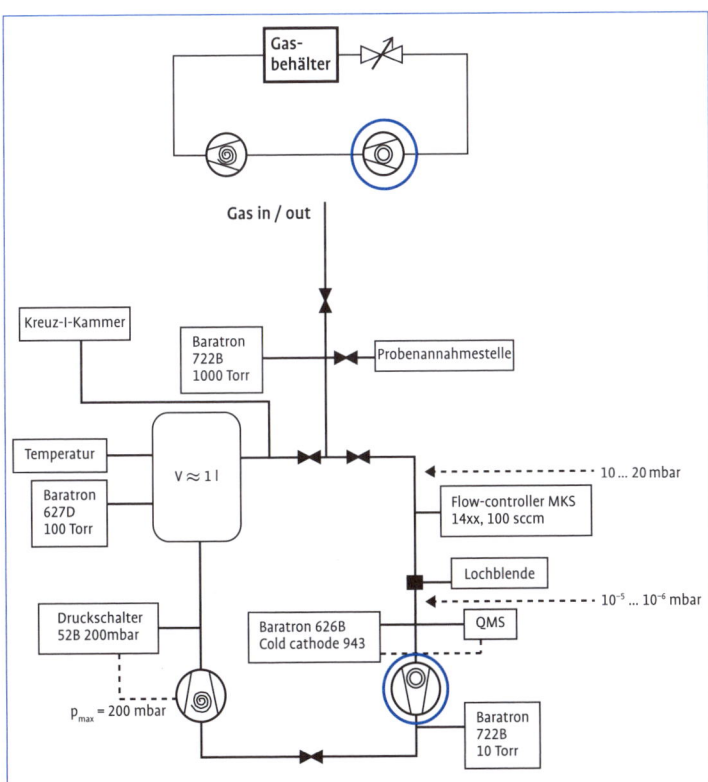

Abb. 5.30: *Vereinfachte Darstellungen eines Prozesses zum Langzeittest einer Turbomolekularpumpe. Im oberen Bild ist nur das Prinzip des Kreislaufs dargestellt: Gas wird von der zu testenden Pumpe (Symbol im blauen Kreis) über ein Reduzierventil aus einem Behälter gepumpt und dann über eine zweite Pumpe wieder in den Behälter zurückgedrückt. Im unteren Bild ist der Prozess etwas detaillierter dargestellt, weil die zum Verständnis notwendigen Informationen, wie z. B. die Messbereiche der Sensoren, aufgeführt sind.*

diese Fließbilder sehr groß sind. Zur Einbindung in Ihre Arbeit müssten sie dann so stark verkleinert werden, dass kaum mehr etwas darauf zu erkennen ist. In diesem Fall empfiehlt es sich, nur Ausschnitte darzustellen oder das Fließbild auf ein größeres Format auszudrucken und gefaltet in die Abschlussarbeit einzufügen. Achten Sie aber darauf, dass das Fließbild den geltenden Normen entspricht. Kommt es nur auf das Prinzip des Verfahrens an, sollten Sie statt des Normfließbildes eine vereinfachte Darstellung wählen (vgl. Abb. 5.30 und 5.31).

Diese Hinweise gelten auch für **technische Zeichnungen**. Sie werden in den wenigsten Fällen eine voll bemaßte Zeichnung für die Werkstatt in Ihrer Arbeit benötigen.

Wenn Sie, etwa in der Geophysik, im Feld arbeiten (vgl. zum Feldversuch Kap. 3.1) und **Kartenmaterial** in Ihrer Abschlussarbeit einsetzen wollen, dann gilt auch hier die Regel, möglichst einfache Karten zu verwenden, die nur das abbilden, was Sie benötigen. Achten Sie bei der Verwendung von offiziellen Karten auch auf das Urheberrecht.

Abb. 5.31:
Fließbild eines Prozesses zum Langzeittest einer Turbomolekularpumpe.
Im Gegensatz zu den Darstellungen in Abbildung 5.30 ist hier ein nach Norm erstelltes Fließbild dargestellt. Die Komponenten sind eindeutig nummeriert, und es existieren die verfahrenstechnischen Funktionsangaben (TIR, FIRC usw.). Zum detaillierten Verständnis wird zusätzlich eine Messstellenliste benötigt.

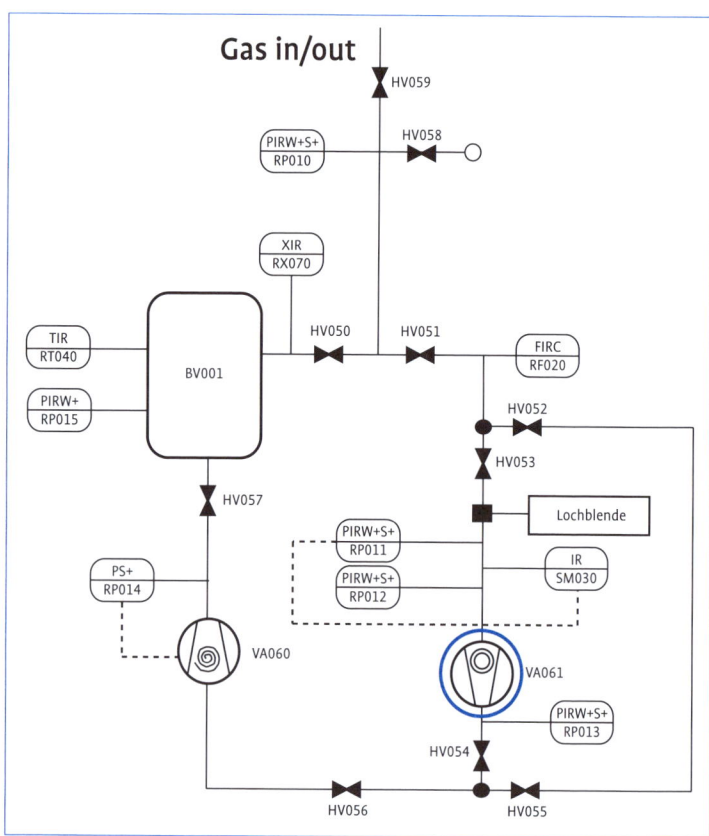

5.6 Tabellen und Abbildungen formal einbinden und beschriften

Nach dem Erstellen Ihrer Abbildungen und Tabellen müssen Sie diese Objekte in Ihre Abschlussarbeit zunächst im **Fließtext positionieren**. Dazu gibt es drei geeignete Möglichkeiten: oben auf der Seite, unten auf der Seite oder, bei größeren Objekten, alleine (ohne Fließtext) auf einer Seite. Wenn Sie zwei Objekte auf einer Seite einbinden wollen (z. B. eine Tabelle oben und eine Abbildung unten), dann passt in der Regel nur noch wenig ‚normaler' Text auf die Seite, der vom Leser zudem leicht übersehen wird. Daher empfehlen wir, in solchen Fällen keinen Fließtext auf die betreffende Seite zu setzen. Sie sollten die Abstände zwischen Abbildungen, Tabellen und normalem Text grundsätzlich so wählen, dass sich die Objekte optisch absetzen. Zwei Zentimeter sind hier ein guter Richtwert. In unserem Ratgeber konnten wir diese Hinweise aus technischen Gründen nicht immer umsetzen – für Ihre Abschlussarbeit sollten Sie sie aber in jedem Fall beachten.

Tabellen und Abbildungen in einem Text positionieren

Bei der Frage nach Beschriftung von Abbildungen und Tabellen orientieren wir uns daran, was in den Natur- und Ingenieurwissenschaften unserer Erfahrung nach üblich ist.

Tabellen und Abbildungen beschriften

- Abbildungen haben eine Unterschrift, Tabellen eine Überschrift.
- Jede Abbildung und jede Tabelle benötigt eine **Nummer**, damit Sie im Fließtext darauf verweisen können (auch Verankerung genannt). Diese Nummer wird am Anfang mitgeteilt (siehe z. B. Abb. 5.31). Häufig handelt es sich auch um das in unserem Buch verwendete Nummerierungssystem, das aus zwei Zahlen besteht, die durch einen Punkt getrennt sind: Die erste Zahl entspricht der Nummer des Kapitels, in dem sich die Tabelle oder die Abbildung befindet; die zweite Zahl stellt die fortlaufende Nummer im Kapitel dar. Abbildungen und Tabellen werden dabei in der Regel getrennt durchgezählt. Beispiel: Abb. 5.31 verweist auf die 31. Abbildung im fünften Kapitel. Ein weiteres gebräuchliches Nummerierungssystem nutzt Bindestriche: z. B. Abb. 5-22, Abb. 5-23 usw.
- Die Beschriftung enthält einen **Titel** (vgl. zu deren Formulierung Kap. 3.4), der mit einem Punkt endet und der oft z. B. durch Fettdruck hervorgehoben wird. Dieser Titel erscheint dann auch im Abbildungs- bzw. Tabellenverzeichnis.
- Nach dem Titel folgt die **Erläuterung** der Abbildung oder der Tabelle. Die Frage, welche Informationen in die Beschriftung einer Abbildung oder Tabelle gehören und welche im Fließtext stehen sollten, ist nicht leicht zu beantworten. Generell sollten Sie aber darauf achten, Text nicht zu wiederholen und die Informationen also entweder in der Beschriftung oder im normalen Text nennen. Wir raten Ihnen, alle Informationen, die der/die Leser/in benötigt, um die Abbildung oder die Tabelle zu verstehen, in die Abbildungsunter- bzw. die Tabellenüberschrift zu schreiben. Dies gilt insbesondere für experimen-

telle Details, die zu dargestellten Daten gehören. Eine Formulierung wie ‚weitere Erläuterungen siehe Text' ist zu vermeiden. Allerdings sollten Sie hier auch nicht übertreiben: Eine halbe Seite Beschriftung wäre zu lang. Interpretationen von Daten gehören nicht in eine Abbildungsunter- oder Tabellenüberschrift, sondern in den Haupttext.
- Die Beschriftung sollte sich **formal** vom übrigen Text abheben. Dies wird in der Regel durch eine etwas kleinere Schrift (z. B. 10 Pt., wenn normaler Text 12 Pt.) und durch eine schmalere Textbreite als beim normalen Text erreicht. Achten Sie auch hier auf Einheitlichkeit in der gesamten Abschlussarbeit.
- Wenn Sie **fremdes Bildmaterial** einbinden wollen, müssen Sie die Regeln zum Umgang mit fremdem geistigem Eigentum anderer Autoren/innen beachten (vgl. Kap. 6.3).

Exkurs: Visuelle Wahrnehmung im Abschlussvortrag

Es ist mittlerweile in fast allen Disziplinen der Natur- und Ingenieurwissenschaften üblich, dass Sie am Ende Ihres Abschlussarbeitsprojekts einen Vortrag über dessen Ergebnisse halten, die Sie vorstellen und diskutieren. Bei der Vorbereitung der Präsentation werden Sie möglicherweise auf Abbildungen und Tabellen aus Ihrer Abschlussarbeit zurückgreifen. Diese Absicht ist durchaus folgerichtig, birgt aber auch gewisse Gefahren, wenn Sie sich nicht die wesentlichen Unterschiede zwischen einer schriftlichen Arbeit und einem mündlichen Vortrag vor Augen führen:

- Der Zuhörerkreis Ihres Abschlussvortrags kann sich vom Adressatenkreis Ihrer Abschlussarbeit unterscheiden. Stellen Sie daher frühzeitig fest, wer Ihren Vortrag hören wird, wobei auch Wünsche und Vorgaben Ihres Betreuers/Ihrer Betreuerin zu beachten sind.
- Beim Vortrag muss sich ein/e Zuhörer/in an das Tempo Ihrer Präsentation anpassen. Das ist ein großer Unterschied gegenüber dem Lesen eines Textes, bei dem der/die Leser/in selbst das Tempo bestimmt. Darüber hinaus kann der/die Zuhörer/in bei einem Vortrag nicht wie beim Lesen der Abschlussarbeit zurückblättern, um z. B. Daten in einer Tabelle nachzusehen. Wenn Sie einen Vortrag halten, kommt es auf andere Weise als in einem Text darauf an, dass Ihre Daten und Ergebnisse verständlich sind. Sie müssen vor allem in einem dem Zuhörerkreis angepassten Tempo präsentiert werden.
- Oft stehen nur ca. 20 Minuten für einen Vortrag zur Verfügung (vgl. Kap. 1). Davon sollten Sie ca. 25 bis 30 % für die Einleitung in Ihr Thema (Hinführung, Motivation, Aufgabenstellung, Methode, theoretische Grundlagen) vorsehen. Daraus folgt, dass Sie weder alle Details Ihrer Versuchsapparatur noch allzu viele komplizierte Diagramme zeigen können. Sie werden also eine Auswahl treffen müssen. Auch hier gilt als leitendes Kriterium die Frage: Was ist die Kernaus-

sage meiner Abschlussarbeit, die ich im Vortrag meiner Zuhörerschaft vermitteln möchte?

Wenn Sie Tabellen und Abbildungen aus Ihrer Abschlussarbeit übernehmen, sollten Sie demnach bedenken:
- Auf einer Vortragsfolie können Sie – schon aus Platzgründen – Ihre Abbildung nicht mit einer halben Seite Text kommentieren oder die Beschriftungen aus Ihrer Arbeit übernehmen. Vielmehr sollten Sie in Ihrem Vortrag nur die Abbildungen und Tabellen selbst zeigen und die ihnen zugrundeliegenden Daten im Vortrag kommentieren.
- Tabellen aus Ihrer Abschlussarbeit sollten Sie auf keinen Fall unangepasst in Ihren Vortrag kopieren, denn diese sind dann häufig schlecht lesbar. Das liegt unter anderem daran, dass Sie in Ihrem Text meist Serifen-Schriftarten wie Times (New) Roman verwenden. Diese sind für Präsentationsfolien weniger geeignet, weil Serifen die schnelle Identifikation von Buchstaben aus der Distanz erschweren, so dass es sich empfiehlt, serifenlose Schriften wie Arial zu nutzen. Am besten erzeugen Sie mit Hilfe Ihrer Vortragssoftware jeweils eine neue Tabelle mit dieser Schrifttype. Verwenden Sie die gewählte Schriftart durchgängig für Ihre gesamte Präsentation.
- Achten Sie zudem darauf, nur wenige Zahlen zu zeigen, denn im Prinzip müssten Sie jede Zahl einer Tabelle im Vortrag auch ansprechen.
- Da es bei Datenfolien hauptsächlich auf die Bedeutung der Daten ankommt und in den wenigsten Fällen auf die Zahlen selbst, bietet es sich an, aus Tabellen Diagramme zu erzeugen: Der Verlauf einer Kurve ist vom menschlichen Auge schneller und leichter erfassbar als Zahlen in einer Tabelle.
- Wollen Sie Diagramme aus der Abschlussarbeit direkt übernehmen, so sollten Sie sie trotzdem nacharbeiten, z. B. die Linienstärke größer wählen und gegebenenfalls die Farben ändern. Bestimmte Farben wie Gelb, Cyan, Grün und helle Grautöne sowie Brauntöne sind z. B. in der Beamer-Projektion oft überhaupt nicht zu erkennen. In diesem Zusammenhang ist es hilfreich, wenn Sie sich vorher erkundigen, wo Ihr Vortrag stattfinden wird, so dass Sie die konkreten Raum- und Lichtverhältnisse für das Beamer-Bild überprüfen können. Bei jedem Vortrag ist es im Übrigen hilfreich, all diese Umstände vorher zu kontrollieren (ist z. B. ein Pult vorhanden oder stehen Sie frei vor Ihrem Publikum usw.), weil Sie sich damit auch probeweise bereits in die Vortragssituation hineinversetzen können. Sie gewinnen so ein Gefühl für die Veranstaltung selbst und können sich gegenüber möglichen, sonst nicht vorhersehbaren Schwierigkeiten wie z. B. durch ungünstige Lichtwirkungen oder Sichtverhältnisse wappnen.

Quellenverzeichnis

DIN 1338 2011. Formelschreibweise und Formelsatz.

Duarte, N. 2009. slide:ology – oder die Kunst, brillante Präsentationen zu entwickeln. Köln [u. a.]: O'Reilly Verlag.

Ebel, H. F. und Bliefert, C. 2009. Bachelor-, Master- und Doktorarbeit. Anleitungen für den naturwissenschaftlich-technischen Nachwuchs. 4., aktualisierte Auflage. Weinheim: Wiley VCH.

Few, S. C. 2004. Show me the numbers. Designing Tables and Graphs to Enlighten. Oakland, California: Analytics Press.

Statistisches Bundesamt (Destatis) [Hg.] 2013. Datenreport 2013. Ein Sozialbericht für die Bundesrepublik Deutschland [online]. Verfügbar unter: https://www.destatis.de/DE/Publikationen/Datenreport/Datenreport.html [Zugriff am 02.10.2015].

Tufte, E. R. 2001. The Visual Display of Quantitative Information. 2. Auflage. Cheshire, Connecticut: Graphics Press.

Zelazny, G. 2007. The Say It with Charts Complete Toolkit. New York [u. a.]: McGraw-Hill.

Weiterführende Literatur

Few, S. C. 2004. Show me the numbers. Designing Tables and Graphs to Enlighten. Oakland, California: Analytics Press. [Dieses Buch erläutert ausführlich die Grundlagen zur Erstellung von Tabellen und Diagrammen.]

Few, S. C. 2009. Now you see it. Oakland, California: Analytics Press. [Few zeigt hier, wie mit einfachen grafischen Techniken Kernbotschaften, die in Zahlen stecken, visualisiert werden können.]

Ebel, H. F. und Bliefert, C. 2009. Bachelor-, Master- und Doktorarbeit. Anleitungen für den naturwissenschaftlich-technischen Nachwuchs. 4., aktualisierte Auflage. Weinheim: Wiley VCH. [Ebel und Bliefert geben hilfreiche Hinweise zum Erstellen von Tabellen und Diagrammen, speziell für naturwissenschaftlich-technische Abschlussarbeiten.]

Reynolds, G. 2008. ZEN oder die Kunst der Präsentation. München: Addison-Wesley.

Tufte, E. R. 2001. The Visual Display of Quantitative Information. 2. Auflage. Cheshire, Connecticut: Graphics Press. [Ausführliche und wichtige Informationen insbesondere zur Erstellung von Diagrammen.]

Zelazny, G. 2007. The Say It with Charts Complete Toolkit. New York [u. a.]: McGraw-Hill.

6 Quellen zitieren

Evelin Kessel

Wissenschaftliches Arbeiten setzt voraus, dass Sie korrekt zitieren können. Zum richtigen Zitieren gehört, dass Sie ein Zitationssystem anwenden können und wissen, wie Sie Informationen, die Sie in den Quellen gefunden haben, sprachlich einbinden können. Vor allem aber ist es wichtig, dass Sie beim Zitieren Quellen (z. B. wissenschaftliche Texte) sinngemäß wiedergeben, um beispielsweise Ihre Argumente zu stützen, ohne die Aussage der Quelle in irgendeiner Weise zu verändern. Ganz grundsätzlich gilt, dass Sie alle Informationen und Ideen, die nicht von Ihnen stammen, belegen müssen. Wenn Sie Inhalte, die nicht von Ihnen stammen, in Ihren Text übernehmen, ohne diese als solche kenntlich zu machen, handeln Sie sich unter Umständen nicht geringe Schwierigkeiten ein: Sie verletzen zum einen die Regeln der guten wissenschaftlichen Praxis (vgl. Kap. 6.4), und Sie begehen zum anderen möglicherweise einen Gesetzesverstoß, indem Sie das Urheberrecht verletzen (vgl. Kap. 6.3 sowie § 13 Urheberrechtsgesetz). Nicht ohne Grund müssen Studierende ihrer Abschlussarbeit meist eine Eigenständigkeitserklärung beifügen, mit der sie versichern, dass alle Quellen korrekt ausgewiesen sind. Damit Sie möglichen Plagiatsvorwürfen entgehen, ist also der korrekte Umgang mit Forschungsliteratur unabdingbar.

Diese Korrektheit ist in Ihrer Abschlussarbeit auch deshalb nötig, weil Sie sich mit Ihren eigenen Untersuchungen stets auf den bisherigen Stand der Forschung beziehen müssen. Eine Forschung ohne Rücksicht auf die bestehende Forschungsliteratur ist in einer universitären Abschlussarbeit praktisch unmöglich: Eine Bachelor- oder Masterarbeit muss zwar nicht notwendig eigene Forschungsleistungen erbringen, weil mit beiden Abschlussarbeitsformen in erster Linie demonstriert werden soll, dass ihr/e Verfasser/in wissenschaftlich arbeiten kann. Kaum denkbar ist es zudem, dass Sie mit einer solchen Abschlussarbeit tatsächlich ein neues Forschungsparadigma begründen können. Aber selbst wenn Sie dazu in der Lage sein sollten, muss auch ein völlig neu begründetes Forschungsgebiet ins Verhältnis zum wissenschaftlichen Stand einer Disziplin gesetzt werden, so dass Sie auch in diesem Fall nicht auf einen Forschungsbericht verzichten können.

Zitierbarkeit

Ob eine Quelle zitierbar ist, hängt nicht von ihrem Inhalt ab; es liegt auch nicht in Ihrem Ermessen, sondern ist vielmehr an benennbaren Kriterien festzustellen. Selbst wenn eine Quelle auf den ersten Blick gut verwertbar erscheint, da sie thematisch zu Ihrer Abschlussarbeit passt, kann sie problematisch sein: etwa wenn kein Verfasser angegeben ist oder wenn sie nicht von den Lesern/Leserinnen Ihrer Arbeit eingesehen oder abgerufen werden kann. Sie sollten sich daher schon bei der Recherche an Quellen halten, die bestimmte Standards erfüllen (vgl. Kap. 2). Die Kriterien einer zitierbaren Quelle sind in Abbildung 6.1 dargestellt.

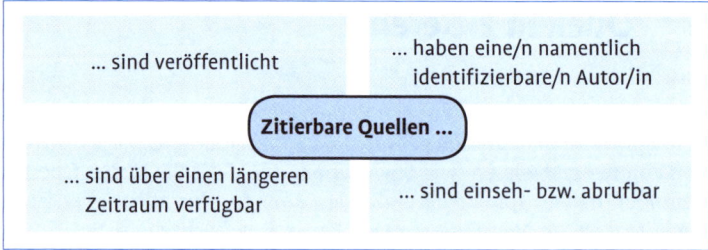

Abb. 6.1:
Minimalbedingungen zitierbarer Quellen.

Quellen prüfen

Zitierfähige Quellen sind veröffentlicht und haben eine/n namentlich identifizierbare/n Autor/in: sei es der eines einzelnen Forschers/einer einzelnen Forscherin oder mehrerer Forscher/innen, sei es eine bestimmte Forschergruppe oder eine Institution. Ist auch nach intensiver Recherche einer Quelle ein/e Autor/in nicht auszumachen, so muss auf die Verwendung gegebenenfalls verzichtet werden. Zitierbare Quellen müssen darüber hinaus über einen längeren Zeitraum einseh- bzw. abrufbar sein. Dieses Kriterium ist besonders bei Internetquellen relevant, weil diese in kurzer Zeit verändert oder sogar aus dem Netz genommen werden können. Auch auf den ersten Blick scheinbar zuverlässige Quellen wie *Wikipedia* liefern keine zitierfähigen Informationen: Hier sind die Autoren/Autorinnen nicht ausgewiesen; es besteht zudem kein wissenschaftlicher Anspruch, und die Seiten selbst werden normalerweise permanent aktualisiert. Dies ist auch der entscheidende Grund, weswegen Sie Onlinequellen bei der Zitation unbedingt mit dem Datum versehen sollten, zu dem Sie zuletzt auf die entsprechende Website zugegriffen haben. In eine gesonderte Kategorie fallen studentische Abschlussarbeiten als Quellen (zu deren Sonderstatus vgl. Kap. 2.3).

Es gibt verschiedene Möglichkeiten, Quellen in einen Text einzubinden: Sie können aus den von Ihnen recherchierten Quellen entweder Informationen übernehmen und Forschung darstellen oder diese kritisch prüfen. Für vorliegendes Kapitel ist vor allem die Art und Weise von Interesse, wie Sie Quellen in Ihren Text formal und sprachlich einbeziehen. In einem ersten Schritt geht es dabei in erster Linie um Arbeitstechniken, also darum, wie Sie Zitiernormen anwenden können (Kap. 6.1). In einem zweiten Schritt erläutern wir daraufhin stilistische Fragen bei der Einbettung von Quellen (Kap. 6.2).

6.1 Paraphrasieren

Grundsätzlich ist zwischen zwei verschiedenen Formen der Inhaltsübernahme aus der Forschungsliteratur zu unterscheiden: der direkten, d. h. wörtlichen und der indirekten Übernahme, auch Paraphrase genannt. Bei einer Paraphrase werden Inhalte aus der Quelle eines bestimmbaren Autors/einer bestimmbaren Autorin in eigenen Worten wiedergegeben. Auch bei der Übernahme von Tabellen und Abbildungen (vgl. Kap. 6.3) muss der/die Urheber/in angegeben werden. Vermeiden sollten Sie Zitate aus zweiter Hand. Dieser Fall liegt vor, wenn Sie eine Passage zitieren, die schon in der Quelle als Zitat aus einem weiteren Text eingebunden ist. Wenn möglich sollten Sie also stets die ursprüngliche Quelle korrekt nachweisen, da Sie selbst nicht gewährleisten können, dass der/die von Ihnen zitierte Autor/in beim Quellennachweis keinen Fehler gemacht hat.

Das direkte Zitat, d. h. die wörtliche Übernahme einer Textstelle, ist in den MINT-Fächern zwar weniger üblich, es findet in Abschlussarbeiten aber oftmals dennoch Verwendung (vgl. Exkurs). Direkte Zitate werden im laufenden Text mit doppelten Anführungszeichen und einem Kurzbeleg im Anschluss an das Zitat gekennzeichnet. Bei der Einbindung werden Groß- und Kleinschreibung sowie die Interpunktion und der Satzbau grammatikalisch angepasst. Die dazu nötigen Änderungen (Einfügungen oder Auslassungen) sind mit eckigen Klammern zu kennzeichnen. Eindeutige Fehler im Original werden entweder mit [!] oder [sic] gekennzeichnet. Ist der Originaltext in alter Rechtschreibung verfasst, müssen Sie diese unbedingt übernehmen. *Direktes Zitat*

Beispiel eines direkten Zitats

„Primärdaten als Grundlage für Veröffentlichungen [...] sollen zehn Jahre lang aufbewahrt werden." [DFG 2013, 21]

Im Gegensatz zum wörtlichen Zitat findet in den MINT-Fächern häufig die Paraphrase Verwendung. Beim Paraphrasieren geben Sie Aussage und Inhalt einer fremden Textstelle in eigenen Worten wieder. Wichtig ist dabei, dass die Aussage der Quelle sinngemäß erhalten bleibt. Gekennzeichnet wird ein indirektes Zitat mit dem Kurzbeleg, der an verschiedenen Stellen im Satz stehen kann: *Indirektes Zitat / Paraphrase*
- direkt nach der Nennung des Autors/der Autorin im Text
  Müller [2014] nennt als hauptsächliche Ursache den großen Temperaturunterschied.
- direkt nach der Aussage
  Die hauptsächliche Ursache ist der große Temperaturunterschied [Müller 2014].

- am Ende des Teil-Satzes vor dem Satzzeichen
  Die hauptsächliche Ursache ist der große Temperaturunterschied [Müller 2014], der sich im Laufe der Messungen ergeben hat.
- nach abgeschlossenen oder mehreren Sätzen hinter dem letzten Satzzeichen:
  Die hauptsächliche Ursache ist der große Temperaturunterschied. Dieser hat sich im Laufe der Messungen ergeben. [Müller 2014]

Beispiel eines indirekten Zitats

Die DFG [2013] empfiehlt die zehnjährige Aufbewahrung von Primärdaten, auf denen Publikationen aufbauen.

Kurzbelegsysteme

In Ihrer Abschlussarbeit legen Sie sich auf ein Kurzbelegsystem zur Kennzeichnung Ihrer Quellen fest. Falls Ihr Institut oder Ihr/e Betreuer/in ein System vorgibt oder empfiehlt, sollten Sie sich daran halten. Ist dies nicht der Fall, können Sie aus verschiedenen Kurzbelegsystemen wählen, von denen es an deutschen Hochschulen vielfältige Varianten innerhalb eines Fachs, ja selbst innerhalb eines Instituts gibt. Entscheidend ist für Sie dabei, dass Sie sich auf ein System festlegen und es durchgängig einhalten. Die vollständigen Angaben zu einer verwendeten Quelle geben Sie dann im Literatur- bzw. Darstellungsverzeichnis an. Welche Elemente zu einer vollständigen Angabe gehören, hängt von der jeweiligen Publikationsform ab (vgl. Kap. 7.1). Grundsätzlich haben Sie die Möglichkeit, jeden Kurzbeleg bei jedem Zitationssystem durch Seitenzahlen zu ergänzen. Die Angabe der Seitenzahl ist sinnvoll, wenn es sich bei der zitierten Quelle um ein umfangreiches Werk handelt. Bei Zeitschriftenartikeln hingegen, die in Natur- und Ingenieurwissenschaften überwiegend zitiert werden, ist die Seitenzahl aufgrund des geringen Umfangs weniger relevant. Sie sollten sich dennoch im Vorfeld informieren, ob in Ihrer Abschlussarbeit Seitenangaben gewünscht sind oder nicht.

DIN ISO 690

Die DIN ISO 690:2013-10. *Information und Dokumentation – Richtlinien für Titelangaben und Zitate von Informationsressourcen* formuliert Vorgaben für Zitationssysteme, die etabliert und in den Natur- und Ingenieurwissenschaften weit verbreitet sind, so dass auch wir uns in diesem Ratgeber an diesen Richtlinien orientieren. Die Norm empfiehlt, eines der folgenden Systeme zu verwenden:
- Harvard-System (Name-Datum-System)
- Numerisches System

Daneben werden auch häufig verwendet:
- Verkürztes Harvard-System
- Fußnotensystem
- APA Style

Beim Harvard-System erscheint der Kurzbeleg mit dem Nachnamen des Erstautors/der Erstautorin und dem Erscheinungsjahr in eckigen Klammern. Bei der Nennung des Autors/der Autorin im Text wird das Jahr direkt nach dem Namen in eckigen Klammern angegeben. Zwei oder mehrere Quellen mit derselben Information im Kurzbeleg werden durch ein Komma oder ein Semikolon getrennt [z. B. Name1 Jahr1; Name2 Jahr2]. Quellen mit dem gleichem Erstautor/der gleichen Erstautorin und dem gleichem Jahr werden zur Abgrenzung mit Kleinbuchstaben direkt im Anschluss an die Jahreszahl versehen: [Heinz 2002a] ... [Heinz 2002b].

Harvard-System (Name-Datum-System)

Beispiele

> Zitat [Meier 2014] → bei einem/einer Autor/in
> Zitat [Meier et al. 2014] → bei mehreren Autoren/Autorinnen eines Textes
> Zitat [Meier 2014; Müller 2015] → bei mehreren Quellen mit unterschiedlichen Autoren/Autorinnen, die als Beleg angegeben werden

Der Kurzbeleg beim numerischen Zitationssystem erfolgt über fortlaufende Zahlen in eckigen Klammern. Die Nummerierung erscheint in der Reihenfolge, in der jeweils der Text das erste Mal zitiert wird. Bei der weiteren Nennung einer bereits zitierten Quelle benutzt man dann genau diese Nummer der Erstzitation. Zwei oder mehr Quellen mit derselben Information werden im Kurzbeleg durch ein Komma oder ein Semikolon getrennt: [Zahl1; Zahl 2].

Numerisches System

Beispiel

> Zitat [1] → bei Nennung einer Quelle
> Zitat [1; 8] → bei Nennung mehrerer Quellen

Das verkürzte Harvard-System entspricht vom Prinzip her dem Harvard-System. Statt der Nennung des vollen Autornamens steht eine Abkürzung in der Klammer. Um mehrere Autoren/Autorinnen zu kennzeichnen, kann man das Zeichen ‚+' an das erste Autorenkürzel setzen.

Verkürztes Harvard-System

Beispiele

> Zitat [Mei14] → bei einem/einer Autor/in (hier für Meier 2014)
> Zitat [Mei+14] → bei mehreren Autoren/Autorinnen eines Textes (hier für Meier et al. 2014)
> Zitat [Mei14; Mü15] → bei mehreren Quellen und unterschiedlichen Autoren/Autorinnen (hier für Meier 2014; Müller 2015)

Fußnotensystem	Das Fußnotensystem ist in naturwissenschaftlichen und technischen Fächern zwar nicht üblich, kommt aber vereinzelt auch dort vor. Die hochgestellte Ziffer am Ende des Zitats verweist auf den Beleg des zitierten Textes, der am unteren Rand der Seite steht. Bei der ersten Nennung einer Quelle geben Sie dabei die vollständige Literaturangabe an (vgl. Kap. 7.1 und 7.2); ab der zweiten Nennung verwenden Sie dann einen Kurzbeleg. Wie der Kurzbeleg am Ende einer Seite aussehen soll, ist nicht festgelegt. Achten Sie dabei vor allem darauf, die Fußnoten einheitlich zu gestalten. Vermeiden Sie auch, hochgestellte Fußnotenzeichen direkt hinter Zahlen zu setzen, die Sie zitieren wollen, da das Fußnotenzeichen vom Leser als Potenzangabe gedeutet werden könnte.

Beispiel

Zitat[1] → Zitat im Fließtext mit hochgestelltem Fußnotenzeichen
[1]Meier 2014 → Fußnotentext am unteren Seitenrand bei einem/einer Autor/in
[1]Meier/Müller 2014 → Fußnotentext am unteren Seitenrand bei mehreren Autoren/Autorinnen eines Textes
[1]Meier 2014; Müller 2015. → Fußnotentext am unteren Seitenrand bei mehreren Quellen mit unterschiedlichen Autoren

Zitieren nach dem APA Style	Häufig wird auch das Zitationssystem verwendet, das zum sogenannten APA Style der American Psychological Association (APA) gehört. Die APA gibt im *Publication Manual of the American Psychological Association* Richtlinien vor, wie Publikationen, beispielsweise in der Psychologie und der Pädagogik (wo die APA-Normen weit verbreitet sind) gestaltet sein sollen. Der APA Style wird aber auch in technischen Disziplinen angewandt. Es handelt sich dabei wie beim Harvard-System um ein Name-Datum-System. Zwei Autoren/Autorinnen werden mit einem ‚&' verbunden; bei drei Autoren/Autorinnen steht zwischen dem/der ersten und zweiten Autor/in ein Komma und zwischen dem/der zweiten und dem/der dritten ein ‚&'. Bei mehr als drei Autoren/Autorinnen werden bei der ersten Nennung der Quelle im Text alle Autoren/Autorinnen angegeben; ab der zweiten Nennung erfolgt nach dem/der Erstautor/in der Zusatz *et al.* Mehrere Quellen mit derselben Information im Kurzbeleg werden durch ein Semikolon getrennt [Name1 Jahr1; Name2 Jahr2].

Beispiele

Zitat (Meier, 2014, S. 10) → bei einem/einer Autor/in
Zitat (Meier & Müller, 2014, S. 10) → bei zwei Autoren/Autorinnen eines Textes
Zitat (Meier, Müller & Schneider, 2014, S. 10) → bei mehr als zwei Autoren/Autorinnen eines Textes

Zitat (Meier, 2014, S. 10; Müller, 2015, S. 11) → bei mehreren Quellen mit unterschiedlichen Autoren/Autorinnen, die als Beleg angegeben werden

Hinweis
In Textverarbeitungsprogrammen gibt es üblicherweise Formatvorlagen, die den verschiedenen Zitationsrichtlinien entsprechen (z. B. DIN ISO 690, APA). Überprüfen Sie vorher aber, ob eine ausgewählte Formatvorlage tatsächlich der Zitierweise entspricht, die Sie verwenden wollen und passen Sie diese gegebenenfalls an.

Jedes Zitationssystem hat Vor- und Nachteile, die Sie bei Ihrer Wahl bedenken sollten. **Wir empfehlen das Harvard-System oder ein alternatives Name-Datum-System,** da hier die wichtigsten Informationen der Quelle bereits im Fließtext unmittelbar erkennbar sind. Darüber hinaus gibt ein Literaturverzeichnis, das auf der Grundlage eines Name-Datum-Systems erstellt wird, einen besseren Überblick, da die Quellen darin in der

Vor- und Nachteile der einzelnen Zitationssysteme

Tab. 6.1: Vor- und Nachteile verschiedener Zitationssysteme.

Zitationssystem	+	−
Harvard-System	+ wichtigste Angaben zur Quelle auf den ersten Blick einsehbar + übersichtliches Literaturverzeichnis in alphabetischer Reihenfolge	− unübersichtlicher Fließtext bei vielen Angaben
Numerisches System	+ übersichtlicher Fließtext	− Quelle bzw. Autor/in bei der Durchsicht des Fließtextes schwer nachvollziehbar − Literaturverzeichnis nicht alphabetisch geordnet, einzelne Quellen dadurch schwerer auffindbar
Verkürztes Harvard-System	+ wichtigste Angaben zur Quelle auf den ersten Blick einsehbar + übersichtlicher Fließtext + übersichtliches Literaturverzeichnis in alphabetischer Reihenfolge	− gegebenenfalls Irritationen durch Abkürzungen
Fußnotensystem	+ übersichtlicher Fließtext + vollständige Angaben auf der selben Seite einsehbar + übersichtliches Literaturverzeichnis in alphabetischer Reihenfolge	− in den Natur- und Ingenieurwissenschaften unüblich − Fließtext durch großen Fußnotenapparat unübersichtlich
APA-System	+ wichtigste Angaben zur Quelle auf den ersten Blick einsehbar + schnelles Auffinden von Informationen durch Seitenangaben + übersichtliches Literaturverzeichnis in alphabetischer Reihenfolge	− unübersichtlicher Fließtext bei vielen Angaben − Angaben zu Seitenzahlen oft nicht nötig oder gar sinnvoll

Regel alphabetisch sortiert sind (vgl. Kap. 7.2). Insbesondere, wenn Sie Arbeiten zitieren, die als einschlägige Standardwerke gelten oder deren Autoren/Autorinnen in Ihrer Disziplin eine große Reputation haben, ist das Harvard-System von Vorteil: Die Betreuer/innen Ihrer Abschlussarbeit können die Quelle leichter zuordnen, wenn Name und Datum angegeben sind.

Ist Ihnen Übersichtlichkeit im Fließtext wichtig, können Sie das numerische System verwenden. Diese Variante ist vorteilhaft, wenn Forschungsergebnisse im Mittelpunkt stehen, die nicht unmittelbar an eine/n bestimmte/n Autor/in geknüpft sind. Das Fußnotensystem hat ebenfalls den Vorteil, den Fließtext nicht zu unübersichtlich zu machen, weil die Nachweise am Ende der Seite stehen. Zwar ist das numerische System in dieser Hinsicht ebenso geeignet; die Informationen über die Quelle müssen aber im Literaturverzeichnis am Ende der Arbeit nachgeschlagen werden. Im Unterschied zum Harvard- und Fußnotensystem ist es aber nicht alphabetisch sortiert, worin man ebenfalls einen Nachteil sehen kann.

Übung

Forschung in eigenen Worten wiedergeben
Paraphrasieren Sie folgendes Zitat, indem Sie es nacheinander jeweils nach den Kategorien Autor/in bzw. Forschungsmeinung, Jahr und Grundlage für die eigene Arbeit auflösen. Beachten Sie, dass Sie je nach Kategorie andere inhaltliche Schwerpunkte setzen können und sollen.

> „Zudem kommen mit neuen Applikationen im Schiffsverkehr, Bau- und Landwirtschaft aber auch halbstationären Anwendungen neue Herausforderungen auf die Abgaskatalyse zu. Im derzeitigen Wandel der Rohstoffe, beispielsweise mit mehr biobasierten Kraftstoffen, Dimethylether oder Methan als neue mögliche Rohstoffquelle, bedarf es neuer, auf diese Applikationen abgestimmter Katalysatoren."
> Aus: Deutschmann, O. und Grunwaldt, J.-D. 2013. Abgasnachbehandlung in mobilen Systemen: Stand der Technik, Herausforderungen und Perspektiven. *Chemie Ingenieur Technik* 85(5): 595–617.

Lösungsvorschläge:
Autor/in bzw. Forschungsmeinung
Deutschmann und Grunwaldt (2013) sehen einen Bedarf an neuen Katalysatoren, die auf neue mögliche Rohstoffquellen abgestimmt sind.

Jahr
Im Jahr 2013 wandelt sich der Einsatz von Rohstoffen. So macht es die Verwendung biobasierter Kraftstoffe, von Dimethylether oder Methan nötig, Katalysatoren zu entwickeln, die auf neue Applikationen beispielswei-

se im Schiffsverkehr oder der Bau- und Landwirtschaft abgestimmt sind.
[Deutschmann und Grunwaldt 2013]

Forschung als Grundlage für die eigene Arbeit
Grundlage für die Fragestellung der vorliegenden Arbeit ist die Arbeit von Deutschmann und Grunwaldt (2013), in der die Notwendigkeit einer Auseinandersetzung mit neuen Katalysetechniken formuliert wird, da sich die verwendeten Rohstoffe im Wandel befinden.

6.2 Quellen in den Text einbeziehen

Vorliegendes Unterkapitel stellt eine Systematik zur Übernahme von Literatur in den eigenen wissenschaftlichen Text vor und ergänzt diese mit beispielhaften Wendungen in konkreten Fällen. Wir haben dazu Dissertationen aus ingenieur- und naturwissenschaftlichen Disziplinen ausgewertet, die am Karlsruher Institut für Technologie entstanden sind und die wir auf sprachliche Einbindungstechniken hin untersucht haben. Die von uns vorgeschlagenen Satzbausteine zur Einbindung von Quellen sind als Beispiele für Anregungen zu betrachten. Eigene Formulierungen sind, soweit sie formal und stilistisch korrekt sind, vorzuziehen, denn in Ihrer Abschlussarbeit können und sollen Sie Ihren individuellen Schreibstil durchaus pflegen.

Folgende Abbildung bietet Ihnen einen Überblick über die einzelnen Varianten, Literatur in Ihren Text einzubinden, die wir daran anschließend erläutern:

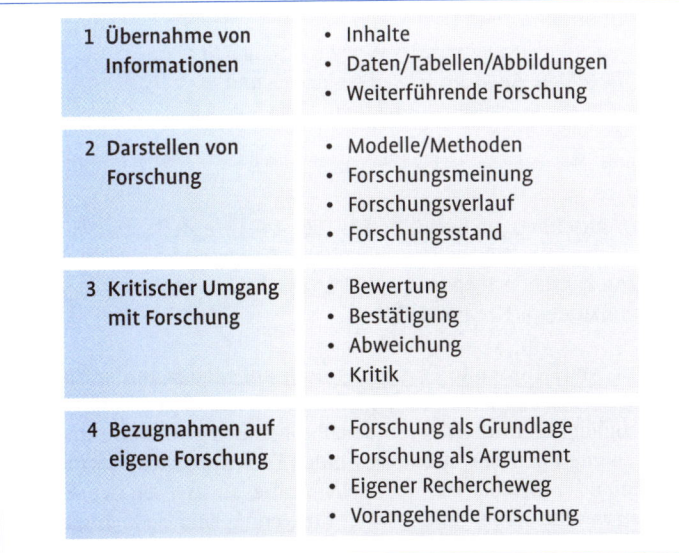

Abb. 6.2: *Einbindungsmöglichkeiten von Forschungsliteratur.*

Übernahme von Informationen

Die häufigste Art der Einbindung von Forschungsliteratur besteht in der Übernahme von Informationen, Daten oder Ergebnissen aus einer Quelle. Dabei ist nicht unbedingt eine begleitende Formulierung notwendig, mit der die Einbindung der Quelle eingeleitet wird. Es steht lediglich der Kurzbeleg an derjenigen Stelle, an der Inhalte übernommen wurden.

Beispiel

> „Die Kraftübertragung in diesem Stadium der Rissentwicklung basiert auf Mechanismen wie der Rissüberbrückung [145] und der Rissuferverzahnung [33]."
> [Beispielzitat aus Kotan 2011, 26]

Wenn im Text dennoch ein differenzierter Bezug zur Quelle hergestellt werden soll, kann dies über folgende Formulierungen geschehen:
Nachgewiesen ist, dass …
Aus … ist zu entnehmen, dass …
Gemäß den Angaben in …

Beispiel

> „Aus [104] ist zu entnehmen, dass ein zusätzliches Einbringen von Eigenspannungen infolge des Erodierens bei der Anwendung mechanischer Methoden der Eigenspannungsanalyse vernachlässigt werden kann."
> [Beispielzitat aus Strauss 2013, 34]

Bei der Übernahme von Daten sind folgende Formulierungen denkbar:
Untersuchungen zeigen, dass Werte von … erzielt werden.
In … liegen die Angaben zu … zwischen … und …
Nach Angaben … liegen die Werte für… bei …

Beispiel

> „In der einschlägigen Fachliteratur [28, 140] werden unterschiedliche Angaben zur Wärmeleitfähigkeit von Sandsteinen gemacht. Diese liegen zwischen 1,14 und 2,30 W/(m·K)."
> [Beispielzitat aus Kotan 2011, 14]

Wird auf weiterführende Forschung oder auf Stellen in der Literatur verwiesen, in denen ein in der eigenen Arbeit nur angerissenes Thema ausführlicher beschrieben ist, sind nachfolgende Formulierungen möglich. Sie eignen sich beispielsweise für den Forschungsausblick am Ende der Arbeit oder für Verweise auf Sachverhalte, die in ihren Grundzügen zum Verständnis der eigenen Arbeit notwendig sind, jedoch nicht näher erläutert werden sollen.

Die Arbeit von (Autor) enthält detaillierte Informationen zu ...
Weiterreichende Analysen zu diesem Thema sind bei (Autor) zu finden.
... beschreibt ... ausführlich.
Bei ... ist ... detailliert beschrieben.

Beispiel

„Bei Schabel (2004) ist der Einfluss verschiedener Lochblendendurchmesser auf die Tiefenauflösung detailliert beschrieben."
[Beispielzitat aus Müller 2012, 23]

Soll Forschung innerhalb der eigenen Arbeit dargestellt werden, bieten sich mehrere Möglichkeiten an. Vorab sollten Sie klären, ob Sie ein einzelnes Modell, eine bestimmte Methode oder eine spezifische Forschungsmeinung darstellen wollen oder ob sich eine zusammenfassende Darstellung (z. B. ein gesamter Forschungsverlauf oder der Forschungsstand zu einem bestimmten Zeitpunkt) anbietet. Die Entscheidung hängt davon ab, welchem Zweck Ihre Darstellung von Forschungsergebnissen dient und in welchem Teil der Arbeit Sie sich dabei befinden. Ist das geklärt, sind entsprechende Formulierungen zur Hinführung zu finden.

Darstellen von Forschung

Modelle/Methoden/Studien darstellen
   ... allgemein:
   Die ...-Methode erfordert...
   Nach dem ...-Modell...
   Eine etablierte Methode ist ...
   Eine Möglichkeit, ... zu bestimmen, ist ...
   Ein allgemein anerkannter Ansatz zur Beschreibung von ... ist ...
   Studien belegen, dass ...
   Empirische Studien zeigen, dass ...
   In der Literatur werden unterschiedliche Methoden vorgeschlagen.

Beispiel

„In vitro Studien belegen die stimulierende Wirkung des MRX-Komplexes in S. cerevisiae, in dessen Anwesenheit die Resektionsgeschwindigkeit von ScSgs1/ScDna2 auf das zwei- bis vierfache erhöht wird (Cejka et al., 2010)."
[Beispielzitat aus Bonnet 2013, 10]

   ... in Verbindung mit einem Autor:
   Eine Studie von (Autor) zeigt, dass ...
   Das von (Autor) vorgestellte Verfahren besteht darin, ...
   Dem Modell nach (Autor) zufolge ...

Die von (Autor) entwickelte ... ermöglicht ...
Die Messmethode nach (Autor) erfordert ...
Den Grundstein für ... legt (Autor)
Mithilfe dieses Vorgehens erhält ...

Beispiel

„Im Hinblick auf eine wirklichkeitsnahe Implementierung des kohäsiven Entfestigungsprozesses in ein numerisches Modell stellen das Fictitious Crack Model von Hillerborg et al. [62] und das Crack Band Model von Bažant und Oh [4] die zwei wichtigsten Modelle des Kohäsionskonzeptes dar."
[Beispielzitat aus Kotan 2011, 28]

Beispiel

„Bereits 1994 wurde eine HJ-Resolvase-Aktivität in Extrakten aus mammalischen Zellen nachgewiesen. Allerdings konnte das verantwortliche Protein aufgrund der geringen Menge auch in weiteren Versuchen nicht identifiziert werden (Hyde et al., 1994; Constantinou et al., 2002)."
[Beispielzitat aus Bonnet 2013, 16]

... aus einem konkreten Jahr:
Eine Studie aus dem Jahr... zeigt, dass ...
Bereits ... findet die ...-methode Anwendung.

... in Verbindung mit Autor und Jahr:
(Autor) stellt im Jahr... das Modell ... vor.
(Autor) beweist im Jahre ... anhand der Studie ..., dass ...

Beispiel

„Von Venter und Swardt wurde 2000 in [95] eine Slitting-Analyse an autofrettierten dicken Ringstrukturen vorgestellt."
[Beispielzitat aus Strauss 2013, 32]

... in Verbindung mit einem konkreten Thema:
Zum Thema ...
Ansätze mit einem (forschungsbereichbezogenes Adjektiv) Zugang stellen heraus / zeigen, dass ...

Beispiel

„Immuntherapeutische Ansätze, die eine gleichzeitige Aktivierung von CD8+- und CD4+-T-Zellen verfolgten, zeigten, dass die gegen den Tumor gerichtete Aktivität der zytotoxischen T-Zellen durch CD4+-T-Zellen verstärkt wird (61)."
[Beispielzitat aus Herbert 2010, 8]

Darstellen einer Forschungsmeinung/-leistung
... allgemein:
In der Literatur ...
Vertreter dieser Forschungsrichtung ...
Der gängigen Forschungsmeinung zufolge ...
Theoretische Betrachtungen gehen davon aus, dass ...

Beispiel

„In verschiedenen Regelwerken des Bauwesens [32, 36, 115] wird das Reservoir- oder Rainflow-Verfahren empfohlen."
[Beispielzitat aus Kotan 2011, 32]

...in Verbindung mit einem Autor:
Nach (Autor) ist ...
Gemäß (Autor) ...
Laut (Autor) und (Autor) ...
(Autor) vertritt den Standpunkt, dass ...
(Autor) postuliert ...
(Autor) betont dabei, dass ...
(Autor) schlägt erstmals vor, ...
(Autor) realisiert ...

Beispiel

„Horn (1986) betont, dass es hierfür nicht ausreicht, den Vorgang der Bildgenerierung zu invertieren, sondern dass vielmehr die Ableitung der Semantik der Objekte das Ziel der Bildanalyse ist."
[Beispielzitat aus Hommel 2010, 14]

... aus einem konkreten Jahr
Bereits (Jahr) finden Untersuchungen zu ... statt.
Erst (Jahr) wird ... nachgewiesen.

Beispiel

„Bereits 1994 wurde eine HJ-Resolvase-Aktivität in Extrakten aus mammalischen Zellen nachgewiesen. Allerdings konnte das verantwortliche Protein aufgrund der geringen Menge auch in weiteren Versuchen nicht identifiziert werden (Hyde et al., 1994; Constantinou et al., 2002)."
[Beispielzitat aus Bonnet 2013, 16]

... in Verbindung mit Autor und Jahr:
(Autor) führt im Jahr ... Untersuchungen durch, die ...
(Jahr) gelingt (Autor) der Beweis ...

... in Verbindung mit einem konkreten Thema:
Auf dem Gebiet der ... lautet die gängige Forschungsmeinung ...
Wissenschaftler im Bereich ... kommen zu dem Ergebnis, dass ...

Darstellen eines Forschungsverlaufs/-diskurses/einer Forschungsdiskussion
... allgemein:
Mit der Entdeckung des/der ... beginnt ... die Forschung zu ...
Seit den Anfängen der ...

Beispiel 1

„Seit der Entdeckung des ersten Tumorantigens in einem humanen Melanom (12) und mit der Entwicklung von Methoden zur Identifizierung von Tumorantigenen sind in den letzten 20 Jahren eine Vielzahl von Tumorantigenen beschrieben und charakterisiert worden."
[Beispielzitat aus Herbert 2010, 3]

Beispiel 2

„Beim Nierenzellkarzinom wurden bisher nur mäßige Erfolge mit in vitro expandierten TIL und begleitender Gabe von IL-2 erzielt. Erfolgreicher waren klinische Studien mit aus TIL angereicherten CD8+-CTL (101)."
[Beispielzitat aus Herbert 2010, 11]

... in Verbindung mit mehreren Autoren:
Eingeführt wird diese Methode von (Autor) und weiterentwickelt von (Autor).
Im Gegensatz zu (Autor) definiert (Autor) auch ...
(Autor) übernimmt ... des Forschers ..., schließt jedoch ... mit ein.

Beispiel

„Eingeführt wurde diese Methode 1971 von Vaidyanathan und Finnie [77] und weiterentwickelt von Cheng und Finnie [59], [78], [79]. Eine umfangreiche Studie zu dieser Methode wurde z. B. von Prime [10] vorgestellt."
[Beispielzitat aus Strauss 2013, 31]

... in Verbindung mit konkreten Jahreszahlen:
(Jahr) gelingt es, ... nachzuweisen.

Beispiel

„Für das menschliche Homolog wurde 2005 eine putative OB-fold identifiziert, die den Bereich von AA 115 bis AA 191 umfasst (Yin et al., 2005). Drei Jahre später wurde in diesem Bereich der Interaktionsbereich (AA 151 bis AA 211) für die Topoisomerase 3α und die Helikase BLM des RTR-Komplexes ermittelt. In diesem Abschnitt wurde im mammalischen System eine essentielle Funktion für das konservierte Lysin (K166) in der Bindung der Topoisomerase nachgewiesen (Raynard et al., 2008)."
[Beispielzitat aus Bonnet 2013, 90]

... in Verbindung mit Autoren und Jahreszahlen:
Im Jahr ... entwickelt (Autor) das von (Autor) entdeckte ... weiter.
In einem späteren Versuch gelingt es (Autor), die Ergebnisse von (Autor) aus dem Jahr ... zu revidieren.

Beispiel

„In der zweiten Fassung der DIN 18960 aus dem Jahre 1999 mit dem geänderten Titel Nutzungskosten im Hochbau [DIN99] wurden die Nutzungskostengliederung und die damit verbundenen Definitionen komplett neu überarbeitet."
[Beispielzitat aus Bahr 2008, 9]

... in Verbindung mit einem konkreten Thema:
Ein späterer Vergleich der Ergebnisse aus dem Jahr ... mit ... zeigt, dass ...
Wissenschaftliche Anerkennung erlangt ... durch ...
Verbesserte Modelle werden in ... formuliert.
Drei Jahre später ist ...
Im Rahmen früherer Forschungsvorhaben zum Thema ...
(Autor 2) knüpft an die Forschungsleistung von (Autor 1) an ...
(Autor) erweitert den Ansatz ...
..., was verschiedene Autoren unterschiedlich bewerten.

Allgemein wird unter ... in der Literatur ... verstanden, zum Teil aber auch ...
Während in ..., ist in ... hingegen

Beispiel

„Während in [40, 63] der Frostverwitterung eine dominierende Rolle beigemessen wird, ist nach [127] ein Sandstein unter praxisüblichen Bedingungen weitestgehend als frostunempfindlicher Baustoff anzusehen."
[Beispielzitat aus Kotan 2011, 43]

Darstellen der Forschungslage/des Forschungsstandes
... allgemein:
Die Zahl der Veröffentlichungen ist bislang ...
Die aktuelle Forschungslage ...

Beispiel

„Bislang gibt es nur eine sehr geringe Anzahl an Veröffentlichungen zur Plastizität für die Slitting-Methode. Von Schindler und Finnie wurden bei Slitting-Experimenten infolge von Plastizitätseffekten scheinbare Eigenspannungen oberhalb der Streckgrenze gemessen [97], [98]."
[Beispielzitat aus Strauss 2013, 32]

... in Verbindung mit mehreren Autoren:
(Autor) und (Autor) beschreiben den Forschungsstand ...
Zur aktuellen Forschungslage liefern (Autor) und (Autor) einen ausführlichen Bericht.
Eine detaillierte Darstellung des Forschungsstandes findet sich bei (Autor) ...

Beispiel

„Detaillierte Vorschläge zur Erfassung der Baunutzungskosten über Richtwertsysteme gibt die Arbeit von Simons und Sager [SiSa80]."
[Beispielzitat aus Bahr 2008, 32]

... in Verbindung mit konkreten Jahreszahlen:
(Jahr) befindet sich die Forschung auf dem Stand ...
Bereits im Jahr ... ist die Forschungslage...

Beispiel

„Im Jahre 2008 wurde bereits der meiotische Defekt anhand zytologischer Untersuchungen von Pollenmutterzellen beschrieben (Chelysheva et al., 2008; Hartung et al., 2008), diese zeigten einen normalen Verlauf der Meiose bis zur Metaphase I, in der sich die gepaarten homologen Chromosomen (Bivalente) an der Äquatorialebene anordnen."
[Beispielzitat aus Bonnet 2013, 71]

... in Verbindung mit Autoren und Jahreszahlen:

Beispiel

„Erste theoretische Zugänge des Kohortenansatzes finden sich bereits in den 1970er Jahren. Mit der Kohortendifferenzierung im Speziellen haben sich Inglehart 1998, sowie in der jüngeren Zeit Gilleard, Higgs 2005, Dannefer, Kelley-Moore 2009 und Featherstone, Hepworth 2009 beschäftigt."
[Beispielzitat aus Kappler 2013, 25]

... in Verbindung mit einem konkreten Thema / Bereich / Disziplin:
Über ... liegen zahlreiche Untersuchungen vor.
Der Großteil der Forschung in diesem Bereich geht von ... aus.
Maßgeblich für den Bereich ... sind die Arbeiten von ...
Im Bereich ... untersuchten unter anderem (Autor) und (Autor) ...
Auf dem Gebiet der ... sind die Untersuchungen von (Autor), (Autor) und (Autor) ... zu nennen.

Beispiel

„Der Großteil der Forschung in diesem Bereich geht von einer Kontinuität sozialer Ungleichheit und von sozialen Schichten trotz individuellerer Lebensweise aus (Müller 1992, S. 379, Nollmann, Strasser 2002, S. 6, Becker, Hadjar 2010, S. 67)."
[Beispielzitat aus Kappler 2013, 34]

In argumentierenden Teilen der eigenen wissenschaftlichen Arbeit (vgl. Kap. 4.1) ist es notwendig, sich kritisch mit Forschungsliteratur auseinanderzusetzen (siehe Tab. 6.2). Im Gegensatz zu den bereits dargestellten Möglichkeiten im Umgang mit Quellen wird Forschung hierbei nicht nur reproduziert, sondern auch bewertet. Darüber hinaus können die Forschungsergebnisse anderer Wissenschaftler durch die eigenen Untersuchungen bestätigt oder Abweichungen davon dargelegt werden.

Kritischer Umgang mit Forschung

Tab. 6.2: Möglichkeiten des kritischen Umgangs mit Forschungsliteratur.

Umgang mit Forschungsergebnissen	
Bewertung	Eine Bewertung der Ergebnisse aus der Quelle findet statt.
Bestätigung	Die Quelle bestätigt die eigenen Ergebnisse.
Abweichung	Die Ergebnisse der Quelle weichen von den eigenen Ergebnissen ab.
Kritik	Die bisherige Forschung weist Defizite auf.

Bewertung von Forschungsergebnissen
Diesem Befund ist zuzustimmen / eingeschränkt zuzustimmen / nicht zuzustimmen.
Das Resultat der Studie ist als ... einzuschätzen.

Beispiel

„Die Berechnung des Instandhaltungsbudgets ist bei diesem Verfahren mit geringem Aufwand verbunden, sodass dieses schnell bestimmt werden kann. Jedoch vernachlässigt das Verfahren von Naber [Nabe02] die Baupreissteigerung, sodass den Instandhaltungsverantwortlichen jedes Jahr weniger Mittel zur Verfügung stehen. Vor diesem Hintergrund eignet sich das Verfahren von Naber [Nabe02] nicht einmal für grobe Kostenabschätzungen."
[Beispielzitat aus Bahr 2008, 45]

Bestätigung von Ergebnissen
Die Aussage von ... wird durch ... bestärkt.
... bestätigt die Ergebnisse von ...
..., was den Untersuchungsergebnissen von ... entspricht.

Beispiel

„Die Aussage von [146], [149], [150], dass der Betrag der Eigenspannungen in der Austenitphase stets kleiner ist als in der Martensitphase (Abschnitt 2.3.2), wird durch die Eigenspannungsanalysen mit Synchrotronröntgenstrahlung bestärkt."
[Beispielzitat aus Strauss 2013, 108]

Abweichung von Ergebnissen
Entgegen den experimentellen Ergebnissen von ...
Der von (Autor) beobachtete Effekt unterscheidet sich von den Ergebnissen der vorliegenden Untersuchung.
Anders als von (Autor) gezeigt, ...

Beispiel 1

„Die in Abbildung 3.14 dargestellten exemplarischen Versuchsergebnisse verdeutlichen, dass entgegen den experimentellen Erkenntnissen in [93] eine Aufzeichnung des vollständigen Spannungs-Verformungsverhaltens ohne Behinderung der Prüfkörperverdrehung nicht möglich ist."
[Beispielzitat aus Kotan 2011, 62]

Beispiel 2

„Eine weitere Erhöhung der Schichtdicke bringt also, anders als von Ng et al. [72] für die dort verwendete Bauteilarchitektur gezeigt, keine weitere Verbesserung in der Reduktion der Dunkelströme."
[Beispielzitat aus Valouch 2012, 102f.]

Kritik an Ergebnissen / Darstellen eines Forschungsdefizits
   Diese Variante bietet sich zu Beginn der Arbeit an, wo Sie die eigene Forschung begründen.
   Nach wie vor fehlen systematische Untersuchungen zu ...
   Hinsichtlich ... liegen erhebliche Defizite vor.

Beispiel

„Obwohl Untersuchungsergebnisse in [47, 51] belegen, dass der Schädigungsmechanismus der Gesteinsverwitterung auf Ermüdungseffekte zurückzuführen ist, fehlen nach wie vor systematische Untersuchungen zum Ermüdungsverhalten von Sandsteinen."
[Beispielzitat aus Kotan 2011, 50]

Wenn Sie auf den eigenen Forschungs-, Arbeits- oder Rechercheprozess eingehen und sich dabei auf zugrundeliegende Forschung beziehen, so können Sie folgende Formulierungen wählen.

Bezugnahme auf eigene Forschung

Forschung als Grundlage für die eigene Arbeit (beschreibend):
   Unter Zuhilfenahme von ...
   In Anlehnung an ...
   Stellvertretend für die Vielzahl von experimentellen und theoretischen Untersuchungen ist ... Grundlage dieser Arbeit.
   ... erfolgt analog dem Vorgehen von (Autor).

Beispiel

„Der Regularisierungsparameter β für eine optimale Glättung wurde unter Zuhilfenahme des von Morozov 1966 eingeführten Diskrepanzprinzips (discrepancy principle) [72], [163], [164] bestimmt."
[Beispielzitat aus Strauss 2013, 59]

Forschung als Argument für das eigene Vorgehen (argumentierend):
(Autor) ist der Meinung, dass ..., weswegen in dieser Arbeit ...
Aus diesen Gründen wird auf eine Methode von ... zurückgegriffen ...
Für die Untersuchungen kommt der von ... entwickelte ... zum Tragen, mit dem erstmals erfolgreich ...

Beispiel

„Nach einer kurzen Erläuterung der Theorie und den Hintergründen des Ansatzes wird begründet, warum auf den Einsatz der Freien-Volumen-Theorie nach Vrentas und Duda (1977) in dieser Arbeit verzichtet wird."
[Beispielzitat aus Müller 2012, 75]

Darstellen des Rechercheweges/des eigenen Umgangs mit Literatur:
Anhand von ... wurde ... ermittelt.
Die Durchsicht von Forschungsarbeiten zu ... ergibt ...

Beispiel

„Zu Beginn wurden anhand bereits veröffentlichter Daten zum RMI1-Homolog aus Säugern und A. thaliana (Yin et al., 2005; Chelysheva et al., 2008; Raynard et al., 2008; Xu et al., 2008) die zu deletierenden Bereiche des AtRMI1 Homolog anhand der konservierten Sequenzabschnitte ermittelt."
[Beispielzitat aus Bonnet 2013, 54]

Zitieren einer eigenen vorangegangen Arbeit:
In einer vorangegangenen Arbeit ist ...

Beispiel

„Der Vektor pPZP201 wurde in einer vorangegangenen Arbeit in zwei aufeinanderfolgenden Klonierungsschritten modifiziert (Bonnet, 2009)."
[Beispielzitat aus Bonnet 2013, 35]

Tabelle 6.3 bietet eine Übersicht, an welchem der vorangegangenen Beispiele Sie sich in einem konkreten Fall der Darstellung von Inhalten und Forschungsmeinungen für die Einbindung in Ihren Text orientieren können.

Tab. 6.3: Übersicht zur Einbindung von Literatur.

Übernahme von Informationen	
Informationen	Der Text stellt einen direkten Bezug zu der Quelle her, aus der die Information übernommen ist. Beispiele: Aus [12] ist zu entnehmen, dass ... Gemäß den Angaben in Müller [2000] ... Nachgewiesen ist, dass ... [Mü00]
Daten	Konkrete Zahlenwerte oder andere Daten aus Quellen werden in den eigenen Text eingearbeitet. Beispiele: Untersuchungen zeigen, dass Werte von ... erzielt werden. [Müller 2000] In [12] liegen die Angaben zwischen ... und ... Nach Angaben von Müller [2000] liegen die Werte für ... bei ...
weiterführende Forschung	Die Textstelle verweist auf weiterführende Forschung oder auf Passagen, bei denen ein in der eigenen Arbeit nur angerissenes Thema ausführlicher beschrieben ist. Diese Einbindungsmöglichkeit eignet sich z. B. für den Forschungsausblick am Ende der Arbeit oder für Verweise zu Sachverhalten, die in ihren Grundzügen zum Verständnis der eigenen Arbeit notwendig sind, jedoch nicht näher erläutert werden sollen. Beispiele: Weiterreichende Analysen zu diesem Thema sind in [Mü00] zu finden. Die Arbeit von Müller und Meier enthält detaillierte Informationen zu ... [Müller und Meier 2010]
Darstellen von Forschung	
Modelle / Methoden darstellen	Eine bestimmte Methode oder ein Modell wird in Bezug auf den Forscher oder das Jahr, in dem die Studie publiziert wurde, dargestellt. Beispiele: Eine Möglichkeit, ... zu bestimmen, ist ... [Müller 2000] Die Messmethode nach Müller erfordert ... [Mü00] Müller beweist im Jahr 2000 anhand der Studie ..., dass ... [Müller 2000]
Forschungsmeinung darstellen	Die Position eines bestimmten Forschers/einer bestimmten Forscherin wird dargestellt. Beispiele: Theoretische Betrachtungen gehen davon aus, dass ... [vgl. Müller 2000; Meier 2005] Gemäß ... / Nach Müller ... [Mü00] / Laut der Studie von Müller [2000] ... Müller führt im Jahr 2000 Untersuchungen durch, die ... [12]
Forschungsverlauf nachzeichnen	Der Forschungsverlauf zu einem Thema wird dargestellt. Beispiele: In einem späteren Versuch gelingt es Meier, die Ergebnisse von Müller aus dem Jahr 2000 zu revidieren. [Meier 2005] Im Rahmen früherer Forschungsvorhaben zum Thema ...
Forschungsstand darstellen	Der Forschungsstand zu einem Themengebiet wird rekonstruiert. Beispiele: Maßgeblich für den Bereich ... sind die Arbeiten von Müller [2000] und Meier [2005]. Bereits im Jahr 2005 ist die Forschungslage ... [vgl. Müller 2000; Meier 2005; Müller et al. 2010; Kunze 2013] Zur aktuellen Forschungslage liefert Kunze [2013] einen ausführlichen Bericht.

Tab. 6.3 (Fortsetzung): Übersicht zur Einbindung von Literatur.

Kritischer Umgang mit Forschung

Bestätigung	In argumentierenden Teilen der eigenen wissenschaftlichen Arbeit ist es notwendig, sich kritisch mit Forschungsliteratur auseinanderzusetzen. Im Gegensatz zu den bereits dargestellten Möglichkeiten des Umgangs mit Quellen wird dabei nicht lediglich reproduziert, sondern eine Bewertung der Quellen vorgenommen. Zudem können durch die eigenen Untersuchungen Forschungsergebnisse anderer Wissenschaftler/innen bestätigt werden; auch Abweichungen von Ergebnissen finden statt. Beispiele: *Die Aussage von Müller [2000] wird durch Meier [2005] bestärkt.* *[Mei05] bestätigt die Ergebnisse von [Mü00].* *..., was den Untersuchungsergebnissen von Müller [2000] entspricht.*
Abweichung	Sie können auch konkret darauf hinweisen, dass in der Forschung abweichende Ergebnisse präsentiert werden. Beispiele: *Entgegen den experimentellen Ergebnissen von Müller ... [Müller 2000]* *Der von Müller beobachtete Effekt unterscheidet sich von den Ergebnissen der vorliegenden Untersuchung. [Mü00]* *Anders als von Müller [2000] gezeigt, ...*
Kritik	Diese Vorgehensweise bietet sich zu Beginn der Arbeit an, um die eigene Forschung zu begründen. Beispiele: *Nach wie vor fehlen systematische Untersuchungen zu ...* *Hinsichtlich ... liegen erhebliche Defizite vor.*

Bezug zur eigenen Forschung

Forschung als Grundlage für die eigene Arbeit	Es wird auf den eigenen Forschungs-, Arbeits- oder Rechercheprozess und die ihm zugrundeliegende Forschung Bezug genommen. Beispiele: *Stellvertretend für die Vielzahl von experimentellen und theoretischen Untersuchungen ist Müller [2000] Grundlage dieser Arbeit.* *... erfolgt analog dem Vorgehen von Müller [2000].*
Forschung als Argument für das eigene Vorgehen	Möglicherweise haben Sie Ihre Untersuchungen auch durch Zuhilfenahme von Voruntersuchungen durchgeführt, die Sie zum Argument machen wollen. Beispiele: *Aus diesen Gründen wird auf eine Methode von Müller zurückgegriffen ... [vgl. Müller 2000]* *Für die Untersuchungen kommt der von Müller entwickelte ... zum Tragen, mit dem erstmals erfolgreich ... [Mü00]*
Eigener Rechercheweg	Mitunter kann es von Vorteil sein, die eigene Tätigkeit zum Gegenstand Ihrer Ausführungen zu machen. Dies gilt unter Umständen auch für Ihre Recherche. Beispiel: *Anhand von [12] wurde ... ermittelt.*
Vorhergehende eigene Forschung	Wenn Sie bereits publizierte Voruntersuchungen durchgeführt haben, sollten Sie dies durchaus benennen. Beispiel: *In einer vorangegangenen Arbeit ist ...*

Übung

Entscheiden Sie bei den vorliegenden Textbeispielen, welche Einbindungsmöglichkeit von Literatur gewählt wurde.

1. „Für die weitere Verwendung des Begriffs Wissen in dieser Arbeit wird auf die Klassifizierung von [North 99] und [Klimesch 03] zurückgegriffen."
   [Beispielzitat aus Koch 2008, 114]

   Lösung: Forschung als Grundlage für die eigene Arbeit

2. „Unter dem Begriff der Geo-Informationssysteme (GIS) werden heute alle Datenverarbeitungssysteme verstanden, die raumbezogene Daten digital erfassen, speichern und organisieren und darauf aufbauend alphanumerische und graphische Analysen generieren können [Bill 99]."
   [Beispielzitat aus Koch 2008, 86]

   Lösung: Übernahme von Information

3. „[Kohler et al. 1997] zeigt ein Drei-Ebenen-Modell, das die komplexe Zusammenarbeit im Bauwesen so zusammenzufassen versucht, daß Tätigkeiten mit ähnlichem Informationsbedarf gruppiert werden (Bild 2.6: Drei-Ebenen-Modell zur Strukturierung von Integrationsumgebungen.)."
   [Beispielzitat aus Henckels 2005, 17]

   Lösung: Modelle / Methoden / Studien darstellen

4. „Im Verhältnis zur Gesamtzahl der Berufstätigen nimmt die Zahl der Menschen, die in Büros arbeiten, noch immer zu [Mikrozensus 1998; BIBB/IAB Erhebung 1998/99]. Im Jahr 1994 arbeitete bereits jeder zweite Erwerbstätige im Büro [Gottschalk 1994, S. 18]. Beinahe 90 % davon verrichten ihre Arbeit am Computer [Oleg Cernavin in Schneider et al. 2003]."
   [Beispielzitat aus Gossauer 2008, 3]

   Lösung: Übernahme von Daten

5. „Das immer noch gültige Ideal einer allumfassenden Lösung des Entwurfsproblems durch Informationstechnik beschäftigt die Forschung bereits seit spätestens den 70er Jahren [Haller 1974] [Hansen 1974] [Bijl 89], seine Grundlagen reichen jedoch noch weiter zurück [Archer 1964] [Asimow 1964]. Bereits mit [Hovestadt 1994] wurde ein Schlußstrich unter selbständig planende und lösungsentwerfende Systeme gezogen, da diese durch direkte oder indirekte Ein-

griffe die Planungsfreiheit einschränken. Jüngere Arbeiten zielen auf assistierende Systeme, die Werkzeuge zur Unterstützung und damit Effizienzsteigerung der Planungsbeteiligten zur Verfügung stellen."
[Beispielzitat aus Henckels 2005, 8f.]

Lösung: Forschungsverlauf

6. „Als weitere Voraussetzung für die Förderung von Schlüsselqualifikationen wird von [Knauf 03] das möglichst vielfältige und variantenreiche Angebot von Lernumgebungen gefordert, da Lernerfolge durch die Überprüfung der Nützlichkeit und Brauchbarkeit eines Angebots durch die Lernenden bestimmt werden und demzufolge starke individuelle Prozesse darstellen."
[Beispielzitat aus Koch 2008, 109]

Lösung: Forschungsmeinung

7. „Viele Zusammenhänge wurden bis heute trotz eingehender Untersuchungen nicht gefunden oder eindeutig nachgewiesen [z. B. Bischof 2003]. Auch übergeordnete Zusammenhänge und Einflüsse auf das Wohlbefinden und die Nutzerzufriedenheit am Arbeitsplatz wurden noch nicht ausreichend untersucht. Dies ist aber vor allem deshalb wichtig, da insbesondere im Feld starke Wechselwirkungen mit unterschiedlichen und eventuell wechselnden Einflussfaktoren vermutet werden. Mit Feldstudien lassen sich interaktive und komplexe Zusammenhänge besser nachweisen als in Laboruntersuchungen (zu den Unterschieden siehe [Gossauer, Wagner 2007])."
[Beispielzitat aus Gossauer 2008, 11]

Lösung: Forschungsdefizit / eigene vorhergehende Forschung

8. „Die Ergebnisse widersprechen den Annahmen von Weston [Weston 1954] und Aldworth [Aldworth, Bridges 1971]. Diese schreiben, dass die künstliche Beleuchtung nur dann eine genauso hohe Akzeptanz wie das Tageslicht haben wird, wenn eine Methode gefunden wird, das Kunstlicht auf geeignete Weise zu variieren und trotzdem dabei die Beleuchtungssituation hinsichtlich ihrer Annehmbarkeit konstant zu halten. In den evaluierten Gebäuden ist die Zufriedenheit mit dem Kunstlicht im Allgemeinen höher als mit dem Tageslicht. Allerdings ließ es sich im Rahmen der vorliegenden Untersuchung nicht klären, nach welchen Kriterien der Nutzer das Kunstlicht bewertet."
[Beispielzitat aus Gossauer 2008, 129]

Lösung: Abweichung

9. „Bislang wurden Feldstudien in erster Linie dazu genutzt, im Labor gewonnene Ergebnisse zu verifizieren [z. B. Brager, de Dear 1998] oder aber ein Gebäude-Ranking einzuführen [z. B. Leaman, Bordass 2001]. Auch wurden Abhängigkeiten zwischen physikalischen und chemischen Größen und der Gesundheit am Arbeitsplatz eingehend untersucht [z. B. Bischof et al. 2003]. McCartney und Nicol [McCartney, Nicol 2002] haben unter anderem versucht, anhand von Ergebnissen aus Felduntersuchungen in Bürogebäuden eine Methode zu entwickeln, die den Energieverbrauch in klimatisierten Gebäuden anhand eines adaptiven (witterungsabhängigen) Kontrollsystems reduziert."
[Beispielzitat aus Gossauer 2008, 121]

Lösung: Forschungsstand

10. „Die Ansätze zur Dynamisierung variieren zwischen einem einzigen sehr komplexen Produktmodell [Schmitt et al. 1996] und der Definition von „Partialmodellen" entweder mittels einem gemeinsamen Basismodell oder mit geeigneten Transformationen zwischen lokalen Datenmodellen [Rezgui et al. 1996]. Zieht man die unterschiedlichen Sichtweisen auf denselben Planungsgegenstand in Betracht, wird die fehlende Flexibilität eines einzelnen umfassenden Modells deutlich [Willenbacher 2002]. Alle derartigen Projekte gelten heute als gescheitert."
[Beispielzitat aus Henckels 2005, 23]

Lösung: Forschungsstand / Forschungsdefizit

11. „Fleischer [Fleischer 2001] kam bei ihrer Felduntersuchung zu dem Ergebnis, dass bei Bildschirmarbeit eher niedrige Beleuchtungsstärken, bei Schreibtischarbeit eher höhere bevorzugt werden. Dies konnte bei der vorliegenden Untersuchung – auch ohne entsprechende Messungen – bestätigt werden, da die Beleuchtungssituation im Raum und am Arbeitsplatz als im Mittel eher zu dunkel empfunden wurde, am Bildschirm hingegen als ausreichend hell."
[Beispielzitat aus Gossauer 2008, 129]

Lösung: Bestätigung

12. „In den 1990er Jahren ergänzt und korrigiert Papamichael die durchgängig vernunftbasierten Ansätze indem er konstatiert, dass Design-Probleme nicht vollständig rational lösbar sind [Papamichael 93]. Er fordert von den Planern stattdessen ein gleichwertiges Denken und Fühlen in der Handlung ein und führt weiter aus, dass die in Design-Prozessen notwendigen Entscheidungen zwischen guten und schlechten Alternativen nur bis zu einem bestimmten Kom-

plexitätsgrad rational gelöst und danach vornehmlich emotional unterstützt werden. Forschungsarbeiten der Neurologie und der Wahrnehmungspsychologie bestätigen mittlerweile dieses Vorgehen von Menschen in Handlungssituationen [Bechara 97]."
[Beispielzitat aus Koch 2008, 26]

Lösung: Forschungsmeinung / Forschungsverlauf

13. „In der heute üblichen Planung werden Gebäude in verschiedenen Phasen nach unterschiedlichen Kriterien organisiert und beschrieben. Auf Grundlagen der Normen DIN 276 und DIN 277 erfolgt eine Beschreibung der Bauwerke nach Kostengruppen beziehungsweise Flächentypen [Fröhlich 04]."
[Beispielzitat aus Koch 2008, 88]

Lösung: Forschung als Grundlage für die eigene Arbeit

Exkurs: Direkt zitieren?

In den ingenieur- und naturwissenschaftlichen Fächern ist es üblich, bei Verwendung fremder Quellen die übernommenen Inhalte im eigenen Text zu paraphrasieren. Seitens der Natur- und Ingenieurwissenschaftler/innen fällt dennoch oft das Argument, dass eine Wiedergabe in eigenen Worten nicht sinnvoll sei, wenn ein anderer einen Sachverhalt schon treffend ausgedrückt habe. Es sei daher in solchen Fällen angebracht, direkt zu zitieren. Mit diesem Argument zitieren Studierende in der Praxis tatsächlich häufig direkt, ohne sich darüber klar zu werden, wozu das direkte Zitat normalerweise eingesetzt wird.

Bei der Arbeit mit Quellen geht es nicht nur um die bloße Wiederholung des bereits Gesagten. Vielmehr müssen Studierende mit ihrer (Abschluss-)Arbeit zeigen, dass sie in ihrem Studium die notwendigen Kompetenzen erworben haben, Forschungsmeinungen und -leistungen auseinander halten und kritisch beurteilen zu können. Dem geht einher, dass sie verschiedene Argumente synthetisieren können, indem sie Positionen verarbeiten, die Kernaussage eines Textes herausarbeiten oder eine kontroverse Forschungsmeinung im eigenen Text paraphrasieren. Dabei ist in erster Linie relevant, *was* in der verwendeten Quelle mitgeteilt wird.

Es kann nun aber im Unterschied dazu durchaus einmal relevant sein, *wie* etwas gesagt wird. In diesem Fall ist der Inhalt einer Quelle eher zweitrangig, von Interesse ist vielmehr die konkrete Formulierung. Eine sinngemäße Wiedergabe reicht hier also nicht aus. Allerdings sind die Natur- und Ingenieurwissenschaften ergebnisorientierte Wissenschaften, bei denen es nur in seltenen Fällen auf ein bestimmtes Wort oder eine Formulierung im genauen Wortlaut ankommt. Anders als in den

Geisteswissenschaften gibt es in der Regel keine sprachlichen Spielräume, die auf Interpretationen zurückgehen, sondern idealerweise klar definierte Aussagen. Der Schwerpunkt der Arbeit mit Quellen liegt hier also darin, Inhalte auf ihre Relevanz zu prüfen, diese zusammenzufassen, unterschiedliche Meinungen zu erkennen und Forschungsleistungen zu bewerten. Von der Verwendung direkter Zitate ist hier eher abzusehen, so dass die Paraphrase das Mittel der Wahl darstellt.

6.3 Abbildungen und Tabellen einbinden

Beate Bornschein

Neben Informationen in Textform enthält Ihre Abschlussarbeit in den meisten Fällen auch Abbildungen und/oder Tabellen (vgl. Kap. 5). Wenn Sie diese aus Quellen übernehmen, müssen sie genauso wie Paraphrasen oder direkte Zitate belegt werden. Grundsätzlich ist dabei zu unterscheiden, ob Sie eine Abbildung oder Tabelle unverändert übernehmen oder diese Ihrem Zweck gegenüber der Quelle anpassen: indem Sie beispielsweise eine Tabelle dem Gesamtlayout Ihrer Arbeit anpassen oder indem Sie nur die Spalten oder Zeilen übernehmen, die für Ihren Zweck relevant sind. Sollten Sie nur bestimmte Informationen aus Tabellen übernehmen, dann achten Sie unbedingt darauf, dass eine solche Auswahl die Daten nicht verfälscht oder in einen missverständlichen Zusammenhang stellt. Für den Fall, dass Sie sich entscheiden, eine Abbildung zu übernehmen, ist die Copyright- bzw. Urheberrechtssituation (für deutsche Quellen) zu klären. Bei Unklarheiten sollten Sie sich auch hier stets an Ihre/n Betreuer/in wenden. Nachfolgend haben wir einige häufig auftretende Situationen zusammengestellt, die Ihnen den Umgang mit Tabellen und Abbildungen als Quellen veranschaulichen.

Eine Abbildung aus einer gemeinfreien Quelle in die Abschlussarbeit einbinden

Gemeinfreiheit bedeutet, dass bei einer verwendeten Quelle (z. B. einem Foto) kein Urheberrecht besteht. Damit können Sie es ohne Probleme in Ihrer Abschlussarbeit verwenden. Klären Sie aber auf jeden Fall, ob und gegebenenfalls wie der/die Urheber/in des Werks benannt werden muss. Dazu ist unter Umständen Recherchearbeit notwendig. Eine der häufigsten Quellen für gemeinfreie Bilder sind die *Wikipedia*-Seiten. Dort sind die Verwendungsbedingungen direkt mit den Bildern verlinkt. Beachten Sie aber auch hier, dass Sie das Werk aus Gründen der guten wissenschaftlichen Praxis (vgl. Kap. 6.4) als Quelle ausweisen und seinen Herkunftsort belegen müssen. Das bedeutet mit anderen Worten wiederum, dass Sie Bilder, deren Herkunft Sie nicht kennen, für Ihre Abschlussarbeit nicht verwenden dürfen.

Eine Abbildung aus einer Quelle mit Creative Commons-Lizenz (CC-Lizenz) verändert in die Abschlussarbeit einbinden

Besitzt das Bild, das Sie in Ihre Arbeit als Abbildung einbinden wollen, eine CC-Lizenz, dann können Sie anhand der Benennung direkt ersehen, was dabei gestattet ist. Viele Bilder, die Sie auf den *Wikipedia*-Seiten finden, tragen z. B. die Lizenz *CC BY-SA 3.0*. Solche Bilder dürfen Sie unter Angabe des Namens des Urhebers/der Urheberin (BY) verwenden und auch verändern (SA). Genauere Informationen finden Sie auf der Homepage der Creative Commons-Organisation (vgl. http://de.creativecommons.org/).

Eine Abbildung aus einer nicht gemeinfreien deutschen Quelle unverändert in die Abschlussarbeit einbinden

Das deutsche Urheberrechtsgesetz erlaubt Ihnen im § 51, ein Bild als Zitat in Ihre Abschlussarbeit einzubinden, ohne die Erlaubnis des Urhebers/der Urheberin einholen zu müssen, soweit das Bild Ihre eigenen Ausführungen unterstützt. Sollten Sie es nur als schmückendes Beiwerk verwenden wollen, dann benötigen Sie dessen bzw. deren Einverständnis. Die Nutzung einer Abbildung aus beispielsweise einer Doktorarbeit, die Sie benötigen, um Ihre Ergebnisse genauer diskutieren zu können, ist also erlaubt, solange Sie den/die Urheber/in und die Quelle nennen.

Eine Abbildung aus einer nicht gemeinfreien deutschen Quelle verändert in die Abschlussarbeit einbinden

Diese Variante ist nach § 62 des deutschen Urheberrechtsgesetzes nur mit Genehmigung des Urhebers/der Urheberin erlaubt. Wenn Sie z. B. ein Diagramm aus einer deutschen Diplom- oder Doktorarbeit für Ihre Abschlussarbeit benötigen, dann ist der/die Verfasser/in der Arbeit zu kontaktieren und um Erlaubnis zu bitten. Ist dies nicht möglich, dann bleibt Ihnen als Ausweg nur, die Daten aus dem Diagramm zu übernehmen und selbst ein neues Diagramm zu erstellen, bei dem Sie dann entsprechend auf die Quellen der Daten verweisen (vgl. Abb. 6.3).

Abb. 6.3: *Einbindung einer Abbildung aus einer Doktorarbeit. Das linke Bild wurde unverändert aus (Bornschein 2000, Abb. 6.16) übernommen. Das rechte Bild wurde basierend auf den abgebildeten Daten aus (Bornschein, 2000, Abb. 6.16) in leicht veränderter Form neu erstellt.*

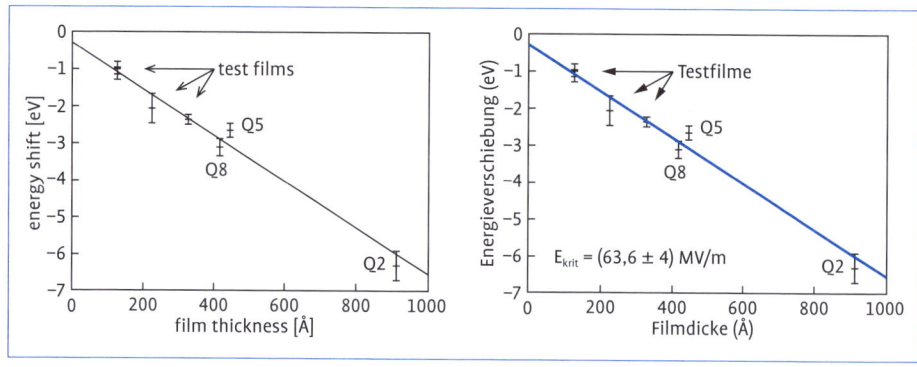

Eine Abbildung mit Daten aus einer Publikation, die die eigene Arbeitsgruppe in einem internationalen Journal veröffentlicht hat, in die Abschlussarbeit einbinden

Dieser Fall tritt in einer größeren Arbeitsgruppe bzw. Kollaboration durchaus häufig auf. Trifft dies auch auf Sie zu, so gibt es folgende Möglichkeiten:

a) Die eigene Arbeitsgruppe hat ihr Copyright nicht an den Verlag übertragen (was aktuell immer häufiger geschieht). Dann können Sie – das Einverständnis der eigenen Arbeitsgruppe vorausgesetzt – das Bild in Ihrer Abschlussarbeit verwenden. Beim Quellennachweis empfehlen wir Ihnen, die veröffentlichen Daten mit dem entsprechenden Journal zu zitieren (wissenschaftliche Redlichkeit) und für das Bild als solches (Urheberrecht) als Quelle Ihre Arbeitsgruppe anzugeben.

b) Die eigene Arbeitsgruppe hat das Copyright dem Verlag übertragen, in dem die Publikation erschienen ist. In diesem Fall können Sie entweder den Verlag um Erlaubnis bitten, diese Abbildung in Ihrer Abschlussarbeit verwenden zu dürfen (siehe nächster Diskussionspunkt) oder aber – falls die betreffenden Daten in der Arbeitsgruppe noch vorhanden sind – das Bild neu erzeugen. Da die Daten aber schon im Journal erschienen sind, sollten Sie sie entsprechend mit dem Journal als Quelle belegen.

Eine Abbildung aus einer fremden Publikation eines internationalen Journals in die Abschlussarbeit einbinden

Dieser Fall tritt ebenfalls häufig auf. Ihr erster Schritt ist es nun, das Journal bzw. den Verlag, der das Journal herausgibt, zu kontaktieren, um die Genehmigung zur Verwendung für die eigene Arbeit zu erhalten. Der einfachste Weg ist der über die Webseiten der Verlage, die üblicherweise auf solche Anfragen schon vorbereitete Menüs anbieten. Da die Platzierung dieser Menüs auf den Webseiten bei den Verlagen nicht einheitlich ist, haben wir im Folgenden vier Beispiele zusammengestellt:

a) IOP Science, *New Journal of Physics*: rechts auf ‚Journal Links' klicken, dann auf ‚NJP copyright statements', weiter auf ‚Permissions'
b) IOP Science, *Journal of Optics*: rechts auf ‚Copyright and Permissions, dann weiter auf ‚CCC' (Copyright Clearance Center).
c) Wiley-VCH, z. B. *Annalen der Physik* und *Advanced Materials*: Auf der Journalseite direkt beim gewählten Aufsatz auf den Icon ‚Request Permissions' klicken.
d) Elsevier, z. B. *Astropartice Physics* und *Applied Surface Science*: Hier gehen Sie direkt auf die Hauptseite von Elsevier (www.elsevier.com), dann auf ‚company information', auf der Seite dann unten auf ‚Policies', dann auf ‚Copyright und ggf. weiter auf ‚Permissions'.

Eine neue Abbildung, die Daten aus fremden Publikationen beinhaltet, selbstständig erstellen und in die Abschlussarbeit einbinden
Solange Sie alle Daten, die Sie verwenden, ordnungsgemäß zitieren, ist dies erlaubt. Für den Fall, dass Sie die Daten nicht nur Tabellen oder dem Text, sondern einer grafischen Darstellung entnehmen, raten wir Ihnen, dies beim Beleg anzugeben.

Beispiel

Daten entnommen aus (Bornschein, 2000, Abb. 6.16)

Eigene Fotos und Skizzen erstellen und in die Abschlussarbeit einbinden
Wenn Sie eigene Fotos und Skizzen erstellen, dann umgehen Sie damit Urheberrechtsfragen und erleichtern sich die Arbeit. Trotzdem müssen Sie auch in einem solchen Fall noch ein paar Dinge beachten. Möchten Sie z. B. Ihre eigene Anlage im Labor fotografieren, so sollten Sie vorher Ihre/n Betreuer/in fragen, ob das in Ihrem Fall erlaubt ist bzw. bei wem Sie um Erlaubnis bitten müssen. Falls Sie Skizzen erstellen möchten, deren Inhalte nicht zum Standardrepertoire Ihres Fachgebiets gehören, sollten Sie die Ursprungsidee zitieren. Wenn die Inhalte zum Standardwissen gehören, ist dies nicht notwendig. Als Beispiel zeigt die Abbildung 6.4 eine Skizze, in der die Kräfteaufteilung bei einer schiefen Ebene dargestellt ist. Da es sich hier um grundlegendes Wissen handelt, ist das Zitat einer Quelle für den Sachverhalt nicht notwendig.

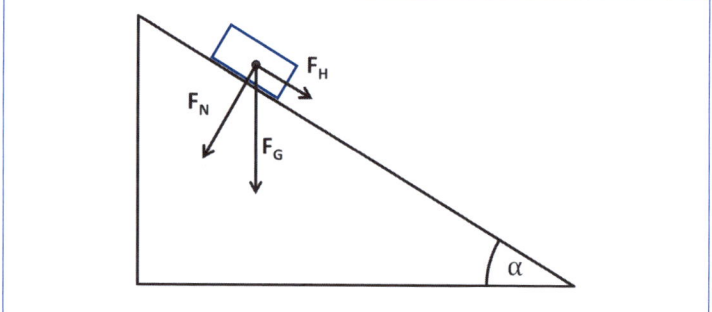

Abb. 6.4:
Kräfteaufteilung bei einer schiefen Ebene.
Die Hangabtriebskraft FH und die Normalkraft FN addieren sich vektoriell zur Gewichtskraft FG. Für ihre Beträge gilt:
FH = FG*sin(α) und FN = FG*cos(α).

Wichtig
Die Quelle, aus der Sie eine Abbildung oder Tabelle übernommen haben, muss in Ihrem Literaturverzeichnis aufgeführt werden. Eine zusätzliche Nennung im Abbildungs- oder Tabellenverzeichnis ist zwar theoretisch möglich, aber unserer Ansicht nach nicht empfehlenswert, da durch diese Quellenangaben die Verzeichnisse unübersichtlich werden. Ebenso wenig ist es sinnvoll, die Quelle alleine im Abbildungs- oder Tabellenverzeichnis zu nennen.

6.4 Gute wissenschaftliche Praxis

Andreas Hirsch-Weber

Mit der Denkschrift *Sicherung guter wissenschaftlicher Praxis* wagte die DFG 1997 ein schwieriges Unterfangen. Das Dokument beinhaltet Hinweise, Empfehlungen und Regeln zum Verhalten in der Wissenschaft, das gleichermaßen etwa für eine/n Elektrotechniker/in wie für einen Mineralogen/eine Mineralogin Gültigkeit haben soll. In den rund 60 Seiten, die in deutscher und in englischer Sprache verfasst sind, stellen die zahlreichen professoralen Mitglieder der Kommission, die sich fast ausschließlich aus den Natur- und Technikwissenschaften zusammensetzen, einen Katalog zusammen, der heute in der Tat für sehr viele Wissenschaftler/innen verbindlichen Charakter besitzt. Zumindest ist seit der ersten Herausgabe der Denkschrift an den Hochschulen einiges geschehen. Viele Universitäten reagierten mit eigenen konkretisierten Empfehlungskatalogen und Selbstverpflichtungserklärungen der Wissenschaftler/innen zum redlichen wissenschaftlichen Arbeiten: Prüfungsordnungen wurden auf die DFG-Richtlinien überprüft, und in der täglichen Arbeit der Wissenschaftler/innen ist das Thema auch aufgrund dieses Dokuments präsenter als je zuvor. Aber auch der öffentliche Druck spielt dabei eine Rolle: Aktuelle prominente Plagiatsfälle führen dazu, dass an Hochschulen und Universitäten immer stärker überlegt wird, wie redliches wissenschaftliches Arbeiten umgesetzt werden kann. Nicht zuletzt versteht sich die Arbeit wissenschaftlicher Schreibzentren und auch der Ihnen hier vorliegende Band als ein Beitrag dazu, Fehlverhalten wie das falsche oder unzureichende Ausweisen von Quellen zu vermeiden.

Wichtig ist dabei, zu verstehen, dass Regeln in und für die Wissenschaft immer mit der grundgesetzlich geschützten Freiheit von Wissenschaft, Forschung und Lehre (Artikel 5, GG) vereinbar sein müssen. Praktisch bedeutet dies, dass das Einhalten von „grundlegenden Werte[n] und Normen" (DFG 2013, 16) immer in der Verantwortung jedes/jeder einzelnen Wissenschaftler/in liegt und dass die Regeln – sofern sie verfassungsrechtlich konform sind – nicht durch Gesetze, sondern durch die Wissenschaftler/innen selbst formuliert und überprüft werden müssen. Die Diskussion darüber, was man in der Wissenschaft darf oder eben nicht darf, findet in diesem Sinne gerade auch innerhalb von experimentell arbeitenden Arbeitsgruppen auf allen Hierarchieebenen vermehrt statt. Konsens ist dabei, dass nun auch die Einweisung von Studierenden in das korrekte wissenschaftliche Arbeiten eine hohe Priorität genießen sollte. Das hat auch mit der Umstellung auf Bachelor- und Masterstudiengänge zu tun, denn die Professoren und Professorinnen sind im Zuge der Bachelorarbeiten früher als zu Diplomzeiten in die Korrektur und Begutachtung studentischer Arbeiten eingebunden (vgl. Kap. 1 und 2). Weil Bachelorarbeiten oftmals ein Stück weit eigene Forschungsleistung beinhalten können und viele Arbeitsgruppen mit den jeweiligen Ergebnissen weiterarbeiten möchten, sind die Verant-

Freiheit von Wissenschaft, Forschung und Lehre

wortlichen daran interessiert, dass die Arbeiten wissenschaftlichen Konventionen genügen und in ihren Ergebnisdarstellungen verlässlich sind. Der/die direkte Betreuer/in Ihrer Arbeit ist dann auch dafür zuständig, dass solche Vorgaben eingehalten werden. Das Vorleben guter wissenschaftlicher Praxis ist daher ein sichtbarer Baustein in der Ausbildung des akademischen Nachwuchses. Und diese Ausbildung beginnt eben mit der Übernahme und Betreuung eines Abschlussarbeitsprojekts.

Fortgeschrittene Studierende als Teil des Wissenschaftssystems

Schon aus solchen Gründen empfiehlt es sich auch für Studierende, die Formulierungen der DFG daraufhin durchzugehen, welche Regeln für das eigene Projekt eine Rolle spielen könnten. Wenn Sie das Dokument lesen, werden Sie schnell merken, dass darin nicht nur Ihre Pflichten formuliert, sondern eben auch berechtigte Anliegen Ihrerseits berücksichtigt sind: Die DFG-Kommission weist explizit darauf hin, dass die Organisationsstrukturen „lebendige Wechselwirkungen" (DFG 2013, 17) beispielsweise durch das Abhalten von Kolloquien ermöglichen sollten. Das heißt beispielsweise, dass auch bei hierarchisch geprägten Arbeitsgruppen kritische Anmerkungen aller Mitglieder durchaus erwünscht sein sollten. Als „fortgeschrittene Studierende" (DFG 2013, 18) werden Sie zum ‚wissenschaftlichen Nachwuchs' ausdrücklich hinzugezählt, dessen „angemessene Betreuung" (ebd.) gesichert sein muss. Dazu gehört, dass Ihnen ermöglicht wird, Ihre Aufgaben innerhalb Ihres Projektes „in einem angemessenen Rahmen" (ebd.) bearbeiten zu können.

Vertrauenspersonen

Viele Studierende wissen nicht, dass an vielen Hochschulen bereits Vertrauenspersonen (Ombudsmänner und -frauen) berufen wurden, welche die Aufgabe haben, „eventuelle Vorwürfe wissenschaftlichen Fehlverhaltens vertraulich entgegenzunehmen und im Bedarfsfall an die verantwortliche Stelle weiterzugeben" (DFG 2013, 19). Auch wenn Sie eventuelle Verstöße (beispielsweise haben Sie den Verdacht, dass Ihr geistiges Eigentum gefährdet ist) gerade als Student/in zunächst in Ihrer Arbeitsgruppe klären sollten, kann der Besuch und die stets vertrauliche Beratung durch die Vertrauenspersonen auch für Sie ein geeigneter Weg sein, um sich über Ihre Rechte aufklären zu lassen und bei Bedarf weitere Schritte anzugehen.

Qualität statt Quantität

Wenn Sie mit erfahrenen Wissenschaftler/innen sprechen, werden Sie oftmals hören, dass bibliometrische Analysen zur Kenntlichmachung der Reputation eines/einer Forscher/in teilweise sehr kritisch gesehen werden. Gemeint ist damit, dass in einer solchen Analyse festgestellt wird, wie oft ein/e Forscher/in in relevanten Fachorganen publiziert hat, um den ‚Wert' eines Wissenschaftlers/einer Wissenschaftlerin zu bemessen. Die DFG weist darauf hin, dass als vorrangiges Kriterium immer die Qualität gesetzt werden muss. Sie dehnt auch hier Ihre Empfehlungen für Leistungs- und Bewertungskriterien auf studentische Abschlussarbeiten aus (vgl. DFG 2013, 20).

Vertrauen

Weitere Beispiele für Empfehlungen, die auch Sie betreffen könnten, sind die Hinweise zur „Sicherung und Aufbewahrung von Primärdaten" (vgl. DFG 2013, 21f.) oder die „Verfahren bei wissenschaftlichem Fehlverhalten" (ebd. 23-27). Sie sehen, es lohnt sich, das Dokument insgesamt gründlich zu lesen, denn so erfahren Sie sehr kompakt sehr viel über das deutsche Wissenschaftssystem. Die teilweise (selbst)kritischen Ausführungen wiederum zeigen zudem, welche Probleme die DFG-Kommission in der derzeitigen Wissenschaftspraxis und im Wissenschaftssystem sieht. An dieser Stelle möchten wir Sie noch auf einen solchen Hinweis aufmerksam machen, der wiederum das Schreiben von wissenschaftlichen Texten direkt betrifft: Die DFG führt zu Problemen der gegenwärtigen Publikationspraxis auf (vgl. ebd. 43f.), dass gerade Datenmanipulationen und Fälschungen durch Gutachter/innen nur schwer zu erkennen seien. Eine vollständige Kontrolle des Wissenschaftssystems sei somit unmöglich. Diese Kontrolle kann aber auch unter Eindruck des eingangs erwähnten Artikels 5 des Grundgesetzes nicht das Ziel sein. Wissenschaftliche Selbstkontrolle im Sinne einer freien Wissenschaft, Forschung und Lehre hat auch ihre Grenzen. Hier setzt eine andere „Grundlage des Systems" an: „das wechselseitige Vertrauen" (ebd. 44).

Quellenverzeichnis

Bahr, C. 2008. Realdatenanalyse zum Instandhaltungsaufwand öffentlicher Hochbauten – ein Beitrag zur Budgetierung. Dissertation. Karlsruhe.

Bonnet, S. 2013. Funktionelle Analyse des Strukturproteins AtRMI1 in der somatischen und meiotischen Rekombination in Arabidopsis thaliana. Dissertation. Karlsruhe.

Bornschein, B. 2000. Untersuchung systematischer Effekte und erste Tritiummessungen mit dem verbesserten Mainzer Neutrinomassenexperiment. Dissertation. Mainz.

Deutsche Forschungsgemeinschaft 2013. Vorschläge zur Sicherung guter wissenschaftlicher Praxis. Denkschrift. Weinheim: Wiley-VCH.

Gossauer, E. 2008. Nutzerzufriedenheit in Bürogebäuden. Eine Feldstudie. Analyse von Zusammenhängen zwischen verschiedenen Komfortparametern am Arbeitsplatz. Dissertation. Karlsruhe.

Henckels, D. 2005. Fehldatenmodellierung. Ein intuitives Informationsaustauschmodell für den rechnergestützten Bauwerkslebenszyklus. Dissertation. Karlsruhe.

Herbert, N. N. 2010. Vakzinierungsstrategien für die Immuntherapie des Nierenzellkarzinoms. Dissertation. Karlsruhe.

Hommel, M. 2010. Detektion und Klassifizierung eingestürzter Gebäude nach Katastrophenereignissen mittels Bildanalyse. Dissertation. Karlsruhe.

Kappler, M. 2013. Ruhestandsmigration der deutschen Nachkriegskohorte. Umzugsneigungen und Umzugspläne im Übergang zum Ruhestand aus individueller Perspektive. Dissertation. Karlsruhe.

Koch, V. 2008. Wissensbasierte Ausbildung von Architekten. Szenarien für Lehre und Praxis in einem erweiterten Berufsumfeld. Dissertation. Karlsruhe.

Kotan, E. 2011. Ein Prognosemodell für die Verwitterung von Sandstein. Dissertation. Karlsruhe.

Müller, M. 2012. Zum Stofftransport schwer flüchtiger Additive in Polymerbeschichtungen. Untersuchungen mit Hilfe der konfokalen Mikro-Raman-Spektroskopie. Dissertation. Karlsruhe.

Strauss, T. 2013. Ermittlung von fertigungsprozessbedingten Eigenspannungen bei komplexer Bauteilgeometrie. Dissertation. Karlsruhe.

Valouch, S. 2012. Organische Fotodioden und deren Ankopplung an mikrooptische Systeme. Dissertation. Karlsruhe.

7 Verzeichnisse und Anhänge erstellen *Lydia Krott*

Eine Abschlussarbeit besteht nicht nur aus Text, Tabellen und Diagrammen. Außer den Kapiteln, in denen Sie die Inhalte zu Ihrem Thema formulieren, gehören dazu auch Verzeichnisse und Anhänge. Neben dem Inhaltsverzeichnis (vgl. Kap. 3) ist insbesondere das Literaturverzeichnis unverzichtbar, weil Sie darin aufführen, auf welcher Forschung Ihre Untersuchung basiert (vgl. Kap. 7.1 und 7.2). Beinhaltet Ihre Arbeit mehrere Tabellen oder Abbildungen, werden diese in einem Tabellen- bzw. Abbildungsverzeichnis gelistet (vgl. Kap. 7.3). Zu den weiteren Verzeichnissen, die in unserem Ratgeber nicht eigens behandelt werden, gehören das Abkürzungs-, das Symbol- und das Indexverzeichnis. Es gibt Computerprogramme, die Ihnen bei der Erstellung von Verzeichnissen behilflich sind. Seien Sie sich aber bewusst, dass jede Automatisierung fehleranfällig ist und Gutachter/innen Ihrer Abschussarbeit unter Umständen ganz genau hinschauen, ob z. B. die Darstellung eines Verzeichnisses korrekt ist, weil sie ihnen als Indiz für das präzise wissenschaftliche Arbeiten eines Studierenden dient.

Verzeichnisse kommen in jeder Abschlussarbeit vor. Nicht jede Arbeit aber benötigt einen Anhang. Bei einem Anhang handelt es sich um einen Zusatz, ohne den Ihre Arbeit zwar verständlich bleibt, der aber weitere notwendige Informationen bereitstellt, die der Überprüfbarkeit Ihrer wissenschaftlichen Erkenntnisse dienen. Das Wort ‚Zusatz' verweist bereits darauf, dass der Anhang nicht der Auslagerung von wichtigen Textteilen dient. Auch im Anhang stehen ausschließlich Inhalte, die unmittelbar mit Ihrem Thema zusammenhängen. Die Ausführungen in Kapitel 7.4 sollen Ihnen als Hilfe bei der Entscheidung darüber dienen, was Sie in den Anhang aufnehmen und was nicht.   *Anhang*

Weil eine wissenschaftliche Arbeit auch ohne Verzeichnisse und Anhänge als vollständig erscheinen sollte, stehen diese ohne Kapitelnummern im Inhaltsverzeichnis (vgl. Kap. 3). Dabei können Sie diesen Zusätzen eine eigene Seitennummerierung, z. B. mit römischen Ziffern, geben. Alle Verzeichnisse und Anhänge müssen im Inhaltsverzeichnis aufgeführt werden. Literaturverzeichnis und Anhang stehen in dieser Reihenfolge am Ende Ihrer Abschlussarbeit. Es ist üblich, alle anderen   *Seitennummerierung*

Verzeichnisse vor das erste Kapitel zu stellen, doch sollten Sie hier den Vorgaben Ihrer Fakultät bzw. des Lehrstuhls folgen, an dem Sie Ihre Abschlussarbeit verfassen.

7.1 Bestandteile von Literaturangaben

Teile eines Literaturbelegs

Damit die Leser/innen Ihrer Abschlussarbeit die im Literaturverzeichnis angegebenen Quellen ausfindig machen können, sind alle notwendigen Informationen über diese Quellen aufzuführen: Unverzichtbar sind jeweils Angaben zum Urheber, zum Titel und zum Erscheinungsdatum einer Publikation; je nach Publikationsform (vgl. Kap. 2) ist auch der Erscheinungsort oder eine Nummerierung anzugeben. Verlagsangaben sind möglich, aber nicht in jedem Belegsystem vorgesehen. In unseren Beispielen unten geben wir z. B. den Verlag an.

Selbstständige vs. unselbstständige Publikationen

Entscheidend für die einzelnen Varianten von Literaturangaben ist die Unterscheidung zwischen selbstständigen und unselbstständigen Publikationen. Selbstständige Publikationen sind von einem oder mehreren Urhebern/Urheberinnen (dann gemeinschaftlich) veröffentlicht. Beispiele sind Monographien, bei denen stets auch der Erscheinungsort (meist der Ort des Verlags oder der publizierenden Universität) angegeben wird. Unselbstständige Publikationen sind Beiträge bzw. Artikel in einem Sammelband oder einer Zeitschrift. Das Deutsche Institut für Normung (DIN) macht Vorschläge, welche Bestandteile einer Literaturangabe – abhängig von der Publikationsform – aufgenommen sein sollten, damit die Quelle lokalisiert werden kann. Wir haben uns auch hier entschieden, Ihnen die entsprechende Norm *DIN ISO 690 Information und Dokumentation – Richtlinien für Titelangaben und Zitate von Informationsressourcen* vorzustellen (vgl. dazu auch Kap. 6.1). Beachten Sie, dass es sich bei dieser Norm lediglich um Empfehlungen und nicht um verbindliche Vorgaben handelt. Insbesondere sind auch Interpunktion und Typographie in unseren Beispielen an diese Norm angelehnt. Die Norm selbst gibt keine eindeutige Empfehlung dazu ab (vgl. ISO 690, 8). Es steht Ihnen frei, sich für eine eigene Zeichensetzung zu entscheiden, also z. B. Kommata statt Punkte oder umgekehrt zu setzen, falls Ihr/e Betreuer/in Sie nicht um ein bestimmtes System bittet. Achten Sie aber darauf, dass Sie ein einmal gewähltes Modell in der ganzen Arbeit durchgängig einhalten. Einheitlichkeit ist auch in diesem Gebiet das oberste Gebot.

Unterschiedliche Belegsysteme

In der Wissenschaft und damit an Universitäten und Hochschulen werden mehrere hundert unterschiedliche Belegsysteme verwendet. Im Grunde funktioniert jedes Literaturbelegsystem aber auf die gleiche Weise: Literatur wird so verzeichnet, dass der Leser strukturiert die notwendigen Angaben zum (Wieder-)Auffinden der Forschung erhält. Wenn Sie die Bestandteile und deren Funktion verstanden haben, dann werden Sie mit jedem Belegsystem in kurzer Zeit zurechtkommen. Sofern Ihr Institut bzw. Ihr/e Betreuer/in kein System vorgeben, können Sie den Empfehlungen der DIN-Norm ohne Abweichung folgen. Doch auch wenn Ihnen Vorgaben auferlegt werden, ist die Norm eine große Hilfe dabei, Antworten auf Fragen zum eigenen System zu finden, weil diese fast alle Eventualitäten beschreibt. Zu bedenken ist zudem, dass Sie im Laufe Ihrer wissenschaftlichen Karriere immer wieder andere Belegsysteme anwenden müssen: So kann es sein, dass Sie für die Bachelorarbeit, die Masterarbeit und die Dissertation jeweils ein anderes System verwenden müssen, wenn Sie Ihre/n Betreuer/in wechseln. Auch Fachzeitschriften haben – falls Sie einen Artikel publizieren – normalerweise ihre jeweils eigenen Vorlagen.

Im Folgenden zeigen wir auf, welche Bestandteile von Literaturangaben die DIN ISO 690 aufführt und unterscheidet. Wie sich aus diesen einzelnen Elementen ein vollständiger Beleg zusammensetzt, können Sie bereits in den Beispielen dieses Abschnitts sehen und dann in Kapitel 7.2 nochmals detailliert nachlesen.

Die Urheber/innen einer Quelle sind Personen oder Organisationen, die für deren Inhalt verantwortlich sind; zumeist handelt es sich um **Autoren bzw. Autorinnen**. Diese werden namentlich in der in der Quelle angelegten Reihenfolge genannt. Bei dem/der Erstautor/in steht der Nachname vor dem Vornamen. Auf diese Weise erfolgt auch die Angabe der weiteren Autoren/Autorinnen. Es ist möglich, die Vornamen abzukürzen, d. h. nur den jeweiligen Anfangsbuchstaben anzufügen. Nachdem Sie sich für eine Variante (Vorname ausschreiben oder abkürzen) entschieden haben, müssen Sie diese durchgehend einhalten. Namenszusätze in Form von akademischen Titeln werden nicht angegeben.

Autoren/Autorinnen

Handelt es sich um Organisationen, so werden die in der Quelle genannten Namen unverändert übernommen, also beispielsweise nicht übersetzt. Die Namen von Institutionen, die üblicherweise in Form ihrer Abkürzungen aufgeführt werden, z. B. UNESCO oder DFG, müssen nicht ausgeschrieben werden. Bei weniger bekannten Organisationen sollte auf die Abkürzung verzichtet werden.

Weist die Quelle zwei oder drei Urheber/innen auf, so wird der/die letztgenannte Urheber/in mit *und* angeknüpft. Bei mehr als drei Urhebern/Urheberinnen empfiehlt es sich, nur den/die Erstautor/in zu nennen und mit einem Zusatz auf weitere Autoren/Autorinnen hinzuweisen, z. B. mittels *et al.* (lat. *et alii*) oder *und andere*. Der Zusatz *[Hrsg.]* hinter dem/der Urheber/in (gegebenenfalls auch mehreren Urhebern/Urheberinnen) weist bei Sammelbänden und Lexika darauf hin, dass man es mit einem herausgegebenen Band zu tun hat.

> **Beispiele**
>
> Povh, B. und Soergel, E. 2014. *Anschauliche Physik für Naturwissenschaftler*. 2., überarbeitete und ergänzte Auflage. Berlin [und andere]: Springer Spektrum.
>
> Takors, R. 2011. Systembiologie in der Verfahrenstechnik. In: Chmiel, H. [Hrsg.] *Bioprozesstechnik*. 3., neu bearbeitete Auflage. Heidelberg: Spektrum Akademischer Verlag. 507-526.
>
> McDonald, J. S. et al. 2014. Sampling Time and Performance in Rat Whisker Sensory System [online]. *PLoS ONE*. doi: 10.1371/journal.pone.0116357.
>
> Deutsches Zentrum für Luft- und Raumfahrt e.V. 2010. *TerraSAR-X – Deutschlands Radar-Auge im All* [online]. Verfügbar unter http://www.dlr.de/eo/desktopdefault.aspx/tabid-5725/9296_read-15979/ [abgerufen am 31.07.2015].

Titel

Der **Titel** wird wie in der Quelle aufgeführt übernommen. Wortlaut, Schreibweise und Sprache bleiben dabei unverändert. Gleiches gilt für einen mitgeteilten Untertitel. Letzterer darf zwar weggelassen werden, dies ist aber nicht zu empfehlen, da er genauere Informationen zum Inhalt eines Textes mitteilen kann.

Ist eine Quelle als Beitrag in einer übergeordneten Publikation erschienen, z. B. als Aufsatz in einem Sammelband oder als Artikel in einer Zeitschrift, so gibt es zwei Titel, die aufzuführen sind: den Titel des Beitrags und den Titel der Publikation selbst. Für den Literaturbeleg wird bei nicht fortlaufenden Publikationen (z. B. in einem Sammelband) der Ausdruck *In:* dem Titel der Veröffentlichung vorangestellt. Entsprechend den Beispielen der DIN-Norm empfehlen wir, den Titel der Hauptvorlage immer kursiv zu setzen. Das bedeutet, dass bei unselbstständigen Publikationen der Titel des Werks, in dem der Beitrag steht, kursiv gesetzt wird. Wenn Sie unseren Band aufmerksam lesen, werden Sie merken, dass wir diesen Hinweis selbst nicht umsetzen.

Das liegt daran, dass wir Vorgaben des Verlags befolgen und damit Kompromisse eingehen. In manchen Varianten werden Zeitschriftentitel abgekürzt (z. B. *J. Mod. Transport.* für *Journal of Modern Transportation*), um Platz einzusparen. Da dieser Aspekt für studentische Abschlussarbeiten nicht relevant ist, empfehlen wir Ihnen, die Titel auszuschreiben. Die Art des Mediums sollte zur präziseren Information angegeben werden: Schreiben Sie z. B. *[online]* hinter den Titel einer Onlinequelle oder *[Karte]* hinter den Titel eines Kartenmaterials.

Beispiele

Povh, B. und Soergel, E. 2014. *Anschauliche Physik für Naturwissenschaftler.* 2., überarbeitete und ergänzte Auflage. Berlin [und andere]: Springer Spektrum.

Takors, R. 2011. Systembiologie in der Verfahrenstechnik. In: Chmiel, H. [Hrsg.] *Bioprozesstechnik.* 3., neu bearbeitete Auflage Heidelberg: Spektrum. 507-526.

Deutsches Zentrum für Luft- und Raumfahrt e. V. 2010. *TerraSAR-X – Deutschlands Radar-Auge im All* [online]. Verfügbar unter http://www.dlr.de/eo/desktopdefault.aspx/tabid-5725/9296_read-15979/ [abgerufen am 31.07.2015].

Das zu einer Quelle angegebene **Datum** ist in aller Regel das Erscheinungsjahr. In den meisten Fällen ist es nicht nötig, Tag und Monat des Erscheinens anzugeben. Eine Ausnahme bilden z. B. Patente, für die der exakte Tag der Veröffentlichung relevant sein kann, so dass dieser in diesem Fall immer anzugeben ist. Auch bei Zeitungsartikeln besteht das Datum aus Jahr, Monat und Tag.

Bei einer Onlinequelle ist neben dem Erscheinungsdatum auch das Abrufdatum wichtig (vgl. unten, Lokalisierungsinformationen). Ist das Erscheinungsjahr einer Quelle unbekannt, wird durch *[kein Datum]* auf diesen Sachverhalt hingewiesen.

Datum

Beispiele

Povh, B. und Soergel, E. 2014. *Anschauliche Physik für Naturwissenschaftler.* 2., überarbeitete und ergänzte Auflage. Berlin [und andere]: Springer Spektrum.

Bosch Rexroth AG. 15.11.2005. *Anordnung zur Dämpfung des von einem Motor/Pumpen-Aggregat ausgehenden Schalls.* DE19960224 A1.

Deutsches Zentrum für Luft- und Raumfahrt e. V. 2010. *TerraSAR-X – Deutschlands Radar-Auge im All* [online]. Verfügbar unter http://www.dlr.de/eo/desktopdefault.aspx/tabid-5725/9296_read-15979/ [abgerufen am 31.07.2015].

Unter **Produktionsinformationen** verstehen wir Auflage, Verlag und Erscheinungsort einer Quelle. Die Produktionsinformationen geben Sie nur bei Büchern (z. B. Monographien oder Sammelbänden) und nicht etwa bei Zeitschriften an. Die Auflage ist im Wortlaut unverändert der Quelle zu entnehmen. Wenn die Quelle z. B. angibt, dass es sich um die *3., veränderte Auflage handelt,* dann wird dies übernommen und nicht

Produktionsinformationen

etwa auf *3. Auflage* verkürzt. Handelt es sich um die erste Auflage, dann entfällt dieses Element. Für eine konsistente Form schlagen wir Ihnen vor, Abkürzungen bei der Auflage auszuschreiben. Sie schreiben dann z. B. *2. überarbeitete Auflage,* wenn in der Quelle *2. überarb. Aufl.* angegeben ist. Vergessen Sie auch nicht eine eventuell notwendige Anpassung der Sprache. Ist Ihre Quelle englischsprachig und in der *fourth edition,* dann schreiben Sie in der Literaturangabe Ihrer deutschsprachigen Abschlussarbeit *4. Auflage.* Als Verlag nennen Sie die Institution bzw. das Unternehmen, bei dem die Quelle erschienen ist. Beim Erscheinungsort handelt es sich meist um den Ort des Verlags, in dem das Buch erschienen ist. Bei mehreren Orten reicht die Nennung des ersten Ortes aus, wobei wir den Zusatz *[und andere]* oder abgekürzt *[u.a.]* empfehlen. Ist der Name des angegebenen Ortes nicht eindeutig zuzuordnen, weil z. B. mehrere Orte dieses Namens existieren, dann hilft eine nähere Bezeichnung zur Orientierung, z. B. *London [Ontario]* für die kanadische gegenüber der englischen Stadt. Sollte in der Quelle kein Ort ausgewiesen sein, empfehlen wir Ihnen die Bezeichnung *[ohne Ort]*. Wir schlagen vor, die Angaben des Ortes und des Verlags in dieser Reihenfolge hintereinander aufzuführen und mit einem Doppelpunkt zu trennen.

Beispiel

Povh, B. und Soergel, E. 2014. *Anschauliche Physik für Naturwissenschaftler.* 2., überarbeitete und ergänzte Auflage. Berlin [und andere]: Springer Spektrum.

Nummerierung

Die **Nummerierung** einer Quelle geht auf die Bandnummer, die Reihennummer oder die Ausgabe zurück. Beispielsweise gibt es Bücher, die sich über mehrere Bände erstrecken oder Teil einer Reihe (auch Serie, engl. *series*) sind. Auch bei Zeitschriften gibt es den Begriff des Bandes neben dem des Jahrgangs: Ein einzelner Artikel wird in einer Ausgabe (auch Heft, engl. *issue* oder Nummer, engl. *number*) gedruckt, und in regelmäßigen Abständen (z. B. jährlich) werden die Ausgaben (z. B. monatlich, vierteljährlich) zu Bänden (engl. *volume*) zusammengefasst. Bei der Aufführung eines Zeitschriftenartikels im Literaturverzeichnis gilt: Zuerst wird der Band/Jahrgang und dann die Ausgabe/Heft-Nummer genannt. Zur typographischen Abgrenzung kann die Bandnummer fettgedruckt und die Ausgabe in Klammern geschrieben werden, z. B. **5**(2).

Seitenzahlen

Bei Sammelbänden und Zeitschriftenaufsätzen, die mehrere Aufsätze von unterschiedlichen Autoren/Autorinnen in einem Buch bzw. einer Nummer vereinen, werden die **Seitenzahlen** des gemeinten Aufsatzes angegeben, damit die/der Leser/in diesen schnell finden kann. Die Norm stellt frei, ob Sie zur Trennung der Nummerierung und des Seitenbereichs des Artikels einen Doppelpunkt oder ein Komma verwenden und ob Sie die Seite als solche durch ‚S.' markieren, also z. B. **5**(2), 12–19 oder **5**(2): 12–19 oder **5**(2), S. 12–19. Möchten Sie die dritte

Form verwenden und schreiben Sie eine englischsprachige Arbeit, dann müssen Sie *S.* durch *p.* (engl. *page*) ersetzen. Achten Sie auch hier auf Einheitlichkeit.

Beispiele

Quane, S. L. et al. 2009. Time scales of compaction in volcanic systems. *Geology.* **37**(5): 471–474.

Fitzner, K. [Hrsg.] 2008. *Raumklimatechnik.* Band 2. 16., völlig überarbeitete und erweiterte Auflage. Berlin [und andere]: Springer-Verlag.

Takors, R. 2011. Systembiologie in der Verfahrenstechnik. In: Chmiel, H. [Hrsg.] *Bioprozesstechnik.* 3., neu bearbeitete Auflage Heidelberg: Spektrum Akademischer Verlag. 507–526.

Die **Lokalisierungsinformationen** enthalten Angaben über Zugang und Verfügbarkeit einer Quelle. Bei Onlinequellen sind hier ein *Uniform Resource Locator* (URL) mit Abrufdatum oder ein *Persistent Identifier* (PI) gemeint. Der URL kann mit *verfügbar unter* und das Abrufdatum mit *[abgerufen am]* eingeleitet werden. Hat eine Quelle einen PI, z. B. einen *Digital Object Identifier* (DOI), so ist diese permanente Zuordnung dem sich potentiell ändernden URL vorzuziehen. Auch hier empfiehlt sich eine entsprechende Bezeichnung, z. B. *doi:*.

Lokalisierungsinformationen

Eine andere Form von Identifikatoren sind internationale Standardnummern, z. B. ISBN und ISSN. Obwohl das Deutsche Institut für Normung (vgl. ISO 690) deren Angabe im Literaturverzeichnis nahelegt, werden sie in der Praxis selten für Literaturangaben verwendet. Deshalb empfehlen wir Ihnen an dieser Stelle, von der DIN-Norm abzuweichen.

Tab. 7.1: Bestandteile einer Literaturangabe nach Publikationsformen.

Bestandteil	Beschreibung	Aufnahme nach Publikationsform
Urheber/in	Personen oder Organisationen, mehr als drei Autoren/Autorinnen mit et al. nach dem/der Erstautor/in abkürzen	alle
Titel	Titel und Untertitel, Titel des Beitrags und Titel der Hauptvorlage typographisch absetzen	alle
Datum	Erscheinungsjahr der Publikation	alle
Produktionsinformationen	Auflage, Verlag, Erscheinungsort	Monographien, Sammelbände
Nummerierung	Reihennummer, Bandnummer, Ausgabe	Monographien, Sammelbände, Zeitschriftenartikel
Seitenzahlen	Seitenbereich	Aufsätze in Sammelbänden, Zeitschriftenartikel
Lokalisierungsinformationen	URL oder Persistent Identifier, individuelle Standortinformation (z. B. Archiv, Privatbesitz)	Onlinequellen, schwer zugängliche Quellen

Beispiele

> McDonald, J. S. et al. 2014. Sampling Time and Performance in Rat Whisker Sensory System [online]. *PLoS ONE*. doi: 10.1371/journal.pone.0116357.
>
> Deutsches Zentrum für Luft- und Raumfahrt e. V. 2010. *TerraSAR-X – Deutschlands Radar-Auge im All* [online]. Verfügbar unter http://www.dlr.de/eo/desktopdefault.aspx/tabid-5725/9296_read-15979/ [abgerufen am 31.07.2015].

7.2 Literaturverzeichnis

Das Literaturverzeichnis versammelt die Angaben über die Literatur, die in der Abschlussarbeit zitiert wurde. Im Fließtext informieren Kurzbelege die/den Leser/in über diese verwendeten Forschungsbeiträge (vgl. Kap. 6). Zu jedem Kurzbeleg im Fließtext muss ein Vollbeleg im Literaturverzeichnis vorhanden sein, der dort über die notwendigen Details informiert. Der Vollbeleg ist also eine vollständige bibliographische Angabe, mit der die Quelle eindeutig bestimm- und auffindbar wird. Erst durch ihn ist garantiert, dass der/die Leser/in den Bezugnahmen (Zitaten oder Paraphrasen, vgl. Kap. 6.1 und 6.2) die korrekten Quellen zuordnen kann. Andererseits muss jede im Literaturverzeichnis aufgeführte Quelle auch im Fließtext genannt sein.

Im Folgenden stellen wir Ihnen übliche Systeme vor, wie Reihenfolge, Interpunktion und Typographie gestaltet sein können. Wenn Sie sich für ein System entschieden haben, dann müssen Sie dieses durchgängig einhalten. Oberstes Gebot ist also auch hier die Einheitlichkeit.

Achtung
Anhand des Literaturverzeichnisses kann ein/e Betreuer/in feststellen, ob ein/e Kandidat/in wissenschaftlich und sorgfältig gearbeitet hat. Inkonsistenzen und Unvollständigkeiten fallen hier besonders schnell negativ auf und können sich in einer entsprechenden Bewertung der Abschlussarbeit niederschlagen.

Beim Anlegen eines Vollbelegs sollten Sie vor allem dann auf Fehlerquellen achten, wenn Sie Ihr Literaturverzeichnis automatisiert von einem Programm erstellen lassen. Programme können Ihnen zwar Arbeit beim Aufsetzen des Verzeichnisses abnehmen, dennoch müssen Sie das Ergebnis unbedingt prüfen.

Beim Numerischen System (vgl. Kap. 6.1) sind die Quellen in der Reihenfolge angegeben, in der sie im Text erscheinen. Für eine schnelle Zuordnung steht vor jedem Vollbeleg der zugehörige Kurzbeleg. Eine Aufteilung in zwei Spalten – links stehen die Kurzbelege und rechts die Vollbelege – hilft dabei, die Literaturangabe schnell aufzufinden.

Numerisches System
[1] Urheber/in. Titel des Artikels. *Titel des Buches / des Sammelbands / der Zeitschrift.* Produktionsinformationen. Datum. Nummerierung. Lokalisierungsinformationen. Seitenangabe bei Artikeln in Sammelbänden und Zeitschriften.

Beispiel: Auszug aus einem Literaturverzeichnis
[1] Foulger, G. R. und Anderson, D. L. A cool model for the Iceland hotspot. *Journal of Volcanology and Geothermal Research.* 2005. 141(1–2): 1–22.
[2] Clauser, C. *Einführung in die Geophysik. Globale physikalische Felder und Prozesse in der Erde.* Berlin [und andere]: Springer-Verlag. 2014.
[3] Deutsches Zentrum für Luft- und Raumfahrt e. V. *TerraSAR-X – Deutschlands Radar-Auge im All* [online]. 2010. Verfügbar unter http://www.dlr.de/eo/desktopdefault.aspx/tabid-5725/9296_read-15979/ [abgerufen am 31.07.2015].

Beim Name-Datum-System sind die Quellen alphabetisch nach dem/der erstgenannten Urheber/in geordnet. Haben mehrere Quellen den/die gleiche/n Urheber/in, so werden diese nach den Erscheinungsjahren geordnet. Da die ersten beiden Bestandteile der Literaturangabe genau dem Kurzbeleg entsprechen, muss dieser nicht eigens aufgeführt werden.

Name-Datum-System
Urheber/in Datum. Titel des Artikels. *Titel des Buches / des Sammelbands / der Zeitschrift.* Produktionsinformationen. Nummerierung. Lokalisierungsinformationen. Seitenangabe bei Artikeln in Sammelbänden und Zeitschriften.

Beispiel: Auszug aus einem Literaturverzeichnis
Clauser, C. 2014. *Einführung in die Geophysik. Globale physikalische Felder und Prozesse in der Erde.* Berlin [und andere]: Springer-Verlag.

Deutsches Zentrum für Luft- und Raumfahrt e. V. 2010. *TerraSAR-X – Deutschlands Radar-Auge im All* [online]. Verfügbar unter http://www.dlr.de/eo/desktopdefault.aspx/tabid-5725/9296_read-15979/ [abgerufen am 31.07.2015].

Foulger, G. R. und Anderson, D. L. 2005. A cool model for the Iceland hotspot. *Journal of Volcanology and Geothermal Research.* 141(1–2): 1–22.

Beim verkürzten Name-Datum-System sind die Quellen wie beim Name-Datum-System alphabetisch nach dem/der erstgenannten Urheber/in geordnet. Die Kurzbelege vor den Vollbelegen ermöglichen eine schnelle Zuordnung.

> **Verkürztes Name-Datum-System**
> [Abc12] Urheber/in Datum. Titel des Artikels. *Titel des Buches / des Sammelbands / der Zeitschrift.* Produktionsinformationen. Nummerierung. Lokalisierungsinformationen. Seitenangabe bei Artikeln in Sammelbänden und Zeitschriften.
>
> **Beispiel: Auszug aus einem Literaturverzeichnis**
> [Cla15] Clauser, C. 2014. *Einführung in die Geophysik. Globale physikalische Felder und Prozesse in der Erde.* Berlin [und andere]: Springer-Verlag.
>
> [DLR10] Deutsches Zentrum für Luft- und Raumfahrt e. V. 2010. *TerraSAR-X – Deutschlands Radar-Auge im All* [online]. Verfügbar unter http://www.dlr.de/eo/desktopdefault.aspx/tabid-5725/9296_read-15979/ [abgerufen am 31.07.2015].
>
> [Fou05] Foulger, G. R. und Anderson, D. L. 2005. A cool model for the Iceland hotspot. *Journal of Volcanology and Geothermal Research.* 141(1-2): 1–22.

Auch im Fußnotensystem sind die Einträge alphabetisch nach dem/der erstgenannten Urheber/in geordnet. Da im Gegensatz zum Numerischen System keine festen Zuordnungen zwischen den Zahlen und Quellen erfolgen, enthält das Literaturverzeichnis nur Vollbelege und keine Kurzbelege.

> **Fußnotensystem**
> Urheber/in Datum. Titel des Artikels. *Titel des Buches / des Sammelbands / der Zeitschrift.* Produktionsinformationen. Nummerierung. Lokalisierungsinformationen. Seitenangabe bei Artikeln in Sammelbänden und Zeitschriften.
>
> **Beispiel: Auszug aus einem Literaturverzeichnis**
> Clauser, C. 2014. *Einführung in die Geophysik. Globale physikalische Felder und Prozesse in der Erde.* Berlin [und andere]: Springer-Verlag.
>
> Deutsches Zentrum für Luft- und Raumfahrt e. V. 2010. *TerraSAR-X – Deutschlands Radar-Auge im All* [online]. Verfügbar unter http://

www.dlr.de/eo/desktopdefault.aspx/tabid-5725/9296_read-15979/ [abgerufen am 31.07.2015].

Foulger, G. R. und Anderson, D. L. 2005. A cool model for the Iceland hotspot. *Journal of Volcanology and Geothermal Research.* 141(1–2): 1–22.

Das im Folgenden vorgestellte Belegsystem differenziert nach Publikationsformen und orientiert sich dabei am Name-Datum-System. Aus den Beschreibungen ergeben sich auch die Literaturangaben für hier nicht vorgestellte Publikationsformen.

Monographie
Urheber/in Jahr. *Titel. Untertitel.* Ggf. Auflage. Erscheinungsort: Verlag.

Beispiel
Steudel, R. 2008. *Chemie der Nichtmetalle. Von Struktur und Bindung zur Anwendung.* 3., vollständig neu bearbeitete Auflage. Berlin [und andere]: de Gruyter.

Hochschulschriften, z. B. Dissertationen, sind Spezialfälle von Monographien. Bei ihnen entfällt oft die Angabe eines Verlags, z. B. wenn die/der Autor/in die geforderte Anzahl an Exemplaren in einem Copyshop drucken lässt und direkt bei seiner/ihrer Fakultät einreicht, d. h. nicht in einem Verlag publiziert. In diesem Fall wird der/die Leser/in über die Art der Qualifikationsschrift informiert, z. B. durch die Angabe *Masterarbeit* oder *Dissertation* (Doktorarbeit in Deutschland) bzw. *PhD thesis* (Doktorarbeit im englischsprachigen Ausland). Erscheint die Abschlussarbeit in einem Verlag, wird sie wie eine Monographie behandelt.

Hochschulschrift
Urheber/in Jahr. *Titel. Untertitel.* Art der Hochschulschrift. Erscheinungsort.

Beispiel
Mohringer, T. 2012. *Entwurf von Ein- und Auslaufbauwerken von Pumpspeicherwerken.* Dissertation. Karlsruhe.

Sammelband
Herausgeber/in [Hrsg.] Jahr. *Titel. Untertitel.* Ggf. Bandnummer, ggf. Auflage. Erscheinungsort: Verlag.

Beispiel
Kunze, E. [Hrsg.] 2001. *Korrosion und Korrosionsschutz.* Band 3. Weinheim: Wiley-VCH.

Beitrag in einem Sammelband
Urheber/in des Beitrags Jahr. Titel des Beitrags. Untertitel des Beitrags. In: Herausgeber/in des Sammelbandes [Hrsg.] *Titel des Sammelbandes. Untertitel des Sammelbandes.* Ggf. Bandnummer, ggf. Auflage. Erscheinungsort: Verlag. Seitenangabe.

Beispiel
Baeckmann, W. v. 2001. Elektrochemischer Korrosionsschutz. In: Kunze, E. [Hrsg.] *Korrosion und Korrosionsschutz.* Band 3. Weinheim: Wiley-VCH. 1757-1788.

Artikel in einer Zeitschrift (Paper)
Urheber/in Jahr. Titel. Untertitel. *Zeitschrift.* Band(Ausgabe): Seitenangabe.

Beispiel
Schuchmann, K. und Müller, V. 2013. Direct and Reversible Hydrogenation of CO_2 to Formate by a Bacterial Carbon Dioxide Reductase. *Science.* 342(6164): 1382-1385.

Onlinequelle mit Persistent Identifier
Urheber/in Jahr. Titel. Untertitel [online]. Ggf. *Zeitschrift* oder Institution. Persistent Identifier.

Beispiel
Smyth, T. J. et al. 2014. Ocean Net Heat Flux Influences Seasonal to Interannual Patterns of Plankton Abundance [online]. *PLoS ONE.* doi: 10.1371/journal.pone.0098709.

Onlinequelle mit URL
Urheber/in Jahr. *Titel. Untertitel.* Institution. Verfügbar unter URL [abgerufen am Datum].

Beispiel
Hansen, K. et al. 2014. *Satellite Shows High Productivity from U.S. Corn Belt* [online]. Verfügbar unter http://www.nasa.gov/press/goddard/2014/march/satellite-shows-high-productivity-from-us-corn-belt [abgerufen am 22.04.2014].

Norm
Bezeichnung. Titel (Ggf. Version).

Beispiel
DIN ISO 690. Information und Dokumentation – Richtlinien für Titelangaben und Zitate von Informationsressourcen (ISO 690:2010).

Software
Wir empfehlen, Software wie von dem/der Programmierer/in bzw. Rechteinhaber/in gewünscht zu bibliographieren. Wenn es einen Artikel zur Funktionsweise der Software gibt, so sollte dieser zitiert werden. Für den Artikel gelten dann die Regeln des gewählten Belegsystems und es ist darüber hinaus nicht nötig, die Software als solche zusätzlich im Literaturverzeichnis aufzuführen.

Beispiele
MATLAB and Statistics Toolbox Release 2012b. The MathWorks, Inc., Natick, Massachusetts, United States.

Brun, R. und Rademakers, F. 1997. ROOT – An Object Oriented Data Analysis Framework. *Nuclear Instruments and Methods in Physics Research.* A 389(1-2): 81-86. Siehe auch http://root.cern.ch/ [abgerufen am 10.11.2015].

Übung

Im Folgenden präsentieren wir Ihnen Ausschnitte aus Veröffentlichungen. Bestimmen Sie jeweils die Publikationsform und erstellen Sie anschließend eine vollständige Literaturangabe (Vollbeleg) nach dem Name-Datum-System. Wir raten Ihnen, die Übung manuell und nicht mit einem Programm durchzuführen, damit Sie ein besseres Verständnis für Inhalt und Form von Belegen erhalten. In dieser Übung lernen Sie, aktuelle Forschungsliteratur zu bibliographieren. Die von uns ausgewählten Quellen sind daher in der heute weit verbreiteten Publikationssprache Englisch verfasst. Da wir selbst die Beispiele zitieren müssen, um nicht das Urheberrecht zu verletzen, enthält jedes Beispiel einen Kurzbeleg. Dieser wiederum führt Sie zur Lösung der Aufgaben: Die Vollbelege stehen im Literaturverzeichnis am Ende dieses Kapitels.

Übung 1
„Turbulence, Coherent Structures, Dynamical Systems and Symmetry

Second Edition

Philip Holmes
    Princeton University
John L. Lumley
    Cornell University
Gahl Berkooz
    Information Technology Division, Ford Motor Company
Clarence W. Rowley
    Princeton University

CAMBRIDGE UNIVERSITY PRESS
    Cambridge, New York, Melbourne, Madrid, Cape Town, Singapore, Sao Paulo, Delhi, Mexico City

Cambridge University Press
    The Edinburgh Building, Cambridge CB2 8RU, UK

Published in the United States of America by Cambridge University Press, New York

www.cambridge.org
    Information on this title: www.cambridge.org/9781107008250

© P. Holmes, J. L. Lumley, G. Berkooz, C. W. Rowley 2012
    This publication is in copyright [...]

First publication 1996
    First paperbook edition 1998
    Second edition published 2012

Printed in the United Kingdom at the University Press, Cambridge
    [...]

ISBN 978-1-107-00825-0 Hardback"
[Beispiel aus: Holmes et al. 2012]

Übung 2

Hinweis: Die Artikel in dieser Publikation sind thematisch in zwölf Teile (von engl. *parts*) gegliedert. Es gibt Part I bis Part XII. Zwischen den Artikeln eines Teils gibt es keine leeren Seiten. Der dritte Artikel von Part I endet auf Seite 26. Bibliographieren Sie sowohl einen einzelnen Artikel als auch die gesamte Publikation.

„Earth on the Edge: Science for a Sustainable Planet

Proceedings of the IAG General Assembly, Melbourne, Australia,
June 28 – July 2, 2011

Edited by
   Chris Rizos Pascal Willis

Springer

Volume Editors
Chris Rizos
   School of Surveying
   University of New South Wales
   Sydney
   Australia

Pascal Willis
   Institut national de l'Information
   Geographique et Forestière
   Direction Technique
   Saint-Mande
   France

[...]

ISSN 0939-9585
ISBN 978-3-642-37221-6   ISBN 978-3-642-37222-3 (eBook)
DOI 10.1007/978-3-642-37222-3
Springer Heidelberg New York Dordrecht London

Library of Congress Control Number: 2013956350

© Springer-Verlag Berlin Heidelberg 2014
This work is subject to copyright. [...]
Printed on acid-free paper Springer is part of Springer Science + Business Media (www.springer.com)

[...]

Part I JG01: Space Geodesy-Based Atmospheric Remote Sensing as a Synergistic Link Between Geodesy and Meteorology

Generation and Assessment of VMF1-Type Grids Using North-American Numerical Weather Models 3
   Landon Urquhart, Marcelo C. Santos, Felipe G. Nievinski, and Johannes Böhm

DORIS Tropospheric Estimation at IGN: Current Strategies, GPS Intercomparisons and Perspectives 11
   Pascal Willis, Olivier Bock, and Yoaz E. Bar-Sever

The Australian Space Research Program Project:
Platform Technologies for Space Atmosphere and Climate:
Progress and Preliminary Results 19
   K. Zhang, J. Sang, C.S. Wang, J.C. Bennett, B. Carter, R. Norman, and S. Wu"
[Beispiel aus: Rizos und Willis 2014]

Übung 3
„Phys. Chem. Minerals (2005) 32: 165–174
DOI 10.1007/s00269-005-0459-6

R. Keller · L. Masch · J. Pohl · E. Schmidbauer

Mineralogy, ^{57}Fe Mössbauer spectra and magnetization of chalcolithic pottery

Received: 17 May 2004/ Accepted: 26 January 2005/Published online: 12 May 2005
© Springer-Verlag 2005

Abstract Three chalcolithic pottery sherds, paint removed from the surface of each sherd, and an unheated red pigment [...] were analysed."
[Beispiel aus: Keller et al. 2005]

7.3   Weitere Verzeichnisse

Für Tabellen- und Abbildungsverzeichnisse gelten jeweils die gleichen Vorgaben. Ziel beider Verzeichnisse ist das schnelle Auffinden von Visualisierungen im Text (vgl. dazu Kap. 5). Zu diesem Zweck enthält jede Visualisierung eine Nummer, die dem Verweis auf die Tabelle bzw. Abbildung innerhalb des Textes dient – und somit auch dem schnellen Auffinden über ein Verzeichnis. Nutzen Sie in Ihrem Text Tabellen und/ oder Abbildungen, so bedeutet das nicht unbedingt, dass Sie ein entsprechendes Verzeichnis anlegen müssen. Falls Ihr Institut oder Ihr/e Betreuer/in keine anderen Vorgaben macht, empfehlen wir Ihnen, erst ab etwa fünf Abbildungen bzw. Tabellen ein entsprechendes Verzeichnis anzulegen. Haben Sie sich dazu entschieden, ein Verzeichnis zu erstellen, so müssen Sie alle Visualisierungen des entsprechenden Typs darin aufnehmen. Es ist nicht möglich, dass Sie in Ihren Verzeichnissen nur eine Auswahl listen. Im Übrigen ist es auch legitim, nur ein Tabellen- und kein Abbildungsverzeichnis aufzuführen und umgekehrt.

Im Abbildungsverzeichnis werden alle Abbildungen aus allen Teilen (Kapitel und Anhänge) Ihrer Arbeit in der Reihenfolge, in der sie im Text erscheinen, aufgelistet. Für jede Abbildung gibt es einen Eintrag, der aus drei Teilen besteht: der Abbildungsnummer aus dem Fließtext, dem Titel der Abbildung aus dem Fließtext und der Seitenzahl, auf der die Abbildung aufzufinden ist.

Abbildungsverzeichnis

2.1 *Titel der Abbildung* 11
2.2 *Titel der Abbildung* 13

Falls es sich nicht vermeiden lässt, dass der Titel Ihrer Abbildung länger als zwei Zeilen ist, können Sie für das Abbildungsverzeichnis eine Kurzform des Titels wählen. Für das Tabellenverzeichnis gelten die gleichen Regeln.

Tabellenverzeichnis

2.1 *Titel der Tabelle* 12
2.2 *Titel der Tabelle* 14

Haben Sie insgesamt wenige Visualisierungen, so können Sie ein gemeinsames Darstellungsverzeichnis erstellen. Alle Abbildungen und Tabellen erhalten dann die Bezeichnung *Darstellung* und werden fortlaufend nummeriert.

Darstellungsverzeichnis

2.1 *Titel der Darstellung* 12
2.2 *Titel der Darstellung* 14

7.4 Anhänge

Wir stellen Ihnen Situationen vor, in denen es sinnvoll ist, Informationen in einem Anhang aufzuführen. Wenn Sie einen Anhang anlegen, müssen Sie in Ihrem Fließtext mindestens ein Mal darauf verweisen. Möchten Sie verschiedenartige Informationen anhängen, dann können Sie die Anhänge in Anhang A, Anhang B etc. untergliedern und gegebenenfalls ein Verzeichnis zu diesen Anhängen anlegen.

Tabellen und Abbildungen im Anhang strategisch darstellen

Haben Sie eine große Anzahl an gleichartigen **Tabellen** und **Abbildungen**, dann kann es für den Lesefluss hinderlich sein, alle davon in Ihren Fließtext zu integrieren. Gleiches gilt für Tabellen mit einer großen Menge an Daten, die mehr als eine Seite in Anspruch nehmen. Es bietet sich an, solche Visualisierungen in den Anhang auszulagern. Falls sich Ihre Tabellen oder Abbildungen zu einem Aspekt sehr ähneln, dann können Sie beispielhaft nur einige dieser Darstellungen zeigen. Im Fließtext gehen Sie aber auf alle Daten und Informationen ein, ohne diese in vollem Umfang im Kapitel selbst zu visualisieren. In diesem Fall verweisen Sie darauf, dass weitere Daten und Informationen im Anhang vorzufinden sind. Falls Sie große Tabellen mit vielen Zahlen haben, können Sie die vollständige Tabelle in den Anhang auslagern (z. B. im Querformat) und im Fließtext lediglich Auszüge präsentieren. Achten Sie dabei darauf, dass Ihr Auszug aussagekräftig ist und alle von Ihnen als wichtig erachteten Aspekte enthält. Denken Sie daran, im Fließtext eine Interpretation aller Zahlen zu geben, auch derer, die nur im Anhang zu finden sind.

Die Darstellung Ihrer Daten und Informationen im Anhang folgt den Prinzipien, die wir in Kapitel 5 erläutert haben. Achten Sie dabei z. B. auf Lesbarkeit, indem Sie eine ausreichend große Schriftgröße wählen. Auch die Visualisierungen im Anhang müssen vollständig sein. So dürfen z. B. Achsenbeschriftungen nicht fehlen. Zwar ist ein zusätzlich erläuternder Text im Anhang nicht nötig, Tabellen und Abbildungen sollten dennoch wie auch im Fließtext mit Über- bzw. Unterschrift gekennzeichnet werden. Die Nummerierung folgt einer eigenen Gliederungslogik innerhalb des Anhangs: Beispielsweise können Sie die Visualisierungen mit 0.1, 0.2, ... nummerieren, falls Sie Ihren Anhang nicht weiter untergliedert haben, oder mit A.1, A.2, ... im Anhang A und B.1, B.2, ... im Anhang B etc. benennen. Die Tabellen und Abbildungen im Anhang kommen auch im Tabellen- bzw. Abbildungsverzeichnis vor.

Quelltext

Manche Abschlussarbeiten beinhalten eine Programmieraufgabe (vgl. Kap. 3 zu Simulationen und Rechnungen). Zusätzlich zu Ihren Daten und zum geschriebenen Text produzieren Sie dann auch Quelltexte, d. h. Programmanweisungen, die in einer Programmiersprache geschrieben sind und von einem Computer verarbeitet werden können. Die theoretischen Grundlagen und die praktische Umsetzung der Simulationen oder Rechnungen werden in der Abschlussarbeit erläutert und diskutiert. Der zugehörige Quelltext muss dann von einem/einer anderen Wissenschaftler/in reproduziert werden können. Die Arbeit ist zwar ohne den Quelltext verständlich, dieser kann aber für die Überprüfbarkeit der Ergebnisse hilfreich sein. Sie müssen zwar nicht alle von Ihnen produzierten Quelltexte im Anhang aufführen, sollten damit jedoch auch nicht zu sparsam umgehen. Stellen Sie insbesondere sicher, dass Sie alle Teile aufnehmen, die Sie eigenständig entwickelt haben, denen Ihre Ideen zugrunde liegen oder in denen wichtige Schritte ausgeführt werden. Quelltexte, die nur dem reibungslosen Programmablauf oder der Erstellung von Grafiken dienen, müssen Sie nicht unbedingt anhängen.

Es empfiehlt sich, den ausgewählten Quelltext dynamisch in Ihr Textdokument einzubinden. Die Textverarbeitungsprogramme Word und LaTeX weisen diese Option auf, bei der ein eingebundener Quelltext durch die Synchronisierung aktualisiert wird und nicht nach jeder Änderung manuell ersetzt werden muss. Wenn möglich, dann übernehmen Sie auch die korrekte farbliche Hervorhebung (Syntax Highlighting) des Quelltextes in Ihrem Anhang. Da Ihr Quelltext als Text verstanden wird und keine Visualisierung darstellt, erhält dieser keine Über- oder Unterschrift. Es bietet sich aber an, Quelltexte jeweils mit einem oder mehreren einleitenden Sätzen zu versehen. So behält der/die Leser/in bei der Durchsicht Ihres Anhangs die Übersicht, ohne wiederholt im Fließtext nachlesen zu müssen.

Dynamisches Einbinden

Abhängig von Ihrem Thema und Ihrer Fachrichtung gibt es weitere Inhalte, die Sie im Anhang aufführen sollten. Beispielhaft seien hier **Protokolle, Interviews, Berichte** sowie **Karten** und **technische Zeichnungen** genannt. Ein zusätzlicher Grund, Material im Anhang aufzuführen, ist eine eventuell schwere Zugänglichkeit der Quelle. Wenn Sie also z. B. die Erlaubnis erhalten, Kopien von Material aus einem Archiv anzufertigen, dann können Sie dort auch nachfragen, ob Sie entsprechende Scans im Anhang Ihrer Arbeit aufführen dürfen. Beachten Sie hierbei aber immer auch das Urheberrecht. Ihre Arbeit ist dann für den/die Leser/in auch im Blick auf solche Inhalte und Quellen nachvollziehbar, ohne dass sich diese/r selbst Zugang zum Archiv verschaffen muss.

Quellenverzeichnis

DIN ISO 690 2010. Information und Dokumentation – Richtlinien für Titelangaben und Zitate von Informationsressourcen.

Holmes et al. 2012. Turbulence, Coherent Structures, Dynamical Systems and Symmetry. 2. Auflage. New York: Cambridge University Press.

Keller et al. 2005. Mineralogy, ^{57}Fe Mössbauer spectra and magnetization of chalcolithic pottery. Phys. Chem. Minerals. 32: 165–174.

Rizos, C. und Willis, P. [Hrsg.] 2014. Earth on the Edge: Science for a Sustainable Planet. Proceedings of the IAG General Assembly, Melbourne, Australia, June 28 – July 2, 2011. Berlin [u. a.]: Springer-Verlag.

Urquhart, L. et al. 2014. Generation and Assessment of VMF1-Type Grids Using North-American Numerical Weather Models. In: Rizos, C. und Willis, P. [Hrsg.]. Earth on the Edge: Science for a Sustainable Planet. Proceedings of the IAG General Assembly, Melbourne, Australia, June 28 – July 2, 2011. Berlin [u. a.]: Springer-Verlag. 3–10.

Willis, P. et al. 2014. DORIS Tropospheric Estimation at IGN: Current Strategies, GPS Intercomparisons and Perspectives. In: Rizos, C. und Willis, P. [Hrsg.]. Earth on the Edge: Science for a Sustainable Planet. Proceedings of the IAG General Assembly, Melbourne, Australia, June 28 – July 2, 2011. Berlin [u. a.]: Springer-Verlag. 11–18.

Zhang, K. et al. 2014. The Australian Space Research Program Project: Platform Technologies for Space Atmosphere and Climate: Progress and Preliminary Results. In: Rizos, C. und Willis, P. [Hrsg.]. Earth on the Edge: Science for a Sustainable Planet. Proceedings of the IAG General Assembly, Melbourne, Australia, June 28 – July 2, 2011. Berlin [u. a.]: Springer-Verlag. 19–26.

8 Texte prüfen
Lydia Krott

Gegen Ende Ihres Abschlussarbeitsprojekts befassen Sie sich vor allem mit der schriftlichen Anfertigung Ihrer Ergebnisse. Unabhängig davon, ob Sie schon frühzeitig oder erst nach der Erschließung der letzten Inhalte mit dem Schreiben beginnen, müssen Sie Ihren Text auf Fehler und Mängel überprüfen: Während des Schreibens können Ihnen etwa Tippfehler unterlaufen sein, oder eine Abbildung ist vielleicht an eine falsche Stelle gerutscht. In diesem Kapitel zeigen wir Ihnen, wie Sie Ihren Text auf solche und andere Fehler korrigieren lernen. Wir geben Ihnen dafür eine Checkliste mit Kriterien an die Hand (vgl. Kap. 8.1). Diese fasst viele Inhalte dieses Ratgebers zusammen und kann entsprechend während Ihres gesamten Abschlussarbeitsprojekts als Hilfestellung genutzt werden.

Die Kapitel 8.2 bis 8.4 bestehen jeweils aus einem Beispieltext mit Vorschlägen für Korrekturen. Die Reihenfolge unserer Vorschläge bildet dabei die Reihenfolge Ihres Vorgehens ab: An erster Stelle ist es wichtig, dass Inhalt und Logik Ihrer Aussagen stimmen, so dass alle Angaben und Argumente korrekt und nachvollziehbar sind (vgl. Kap. 8.2). Für eine klare Vermittlung Ihrer Inhalte verwenden Sie die wissenschaftliche Sprache, die in Ihrem Fachgebiet üblich ist. Helfen sollen Ihnen dazu unsere Vorschläge zu Ausdruck und Stil, die in Kapitel 4 behandelt sind (vgl. Kap. 8.3). Die Einhaltung formaler Kriterien schließlich dient dazu, die wissenschaftliche Kommunikation zu erleichtern und Ihre Arbeit gut lesbar zu machen (vgl. Kap. 8.4).

Wir ermutigen Sie, unsere Beispiele als Übungen zu verstehen. Die jeweils zu korrigierenden Stellen sind blau markiert und mit einer Nummer in Klammern versehen. Die Nummer führt Sie zu unserem Korrekturvorschlag. Versuchen Sie zunächst, selbst herauszufinden, was an den markierten Stellen fehler- oder mangelhaft ist und wie man dies verbessern könnte. Lesen Sie erst danach unsere Anmerkungen.

8.1 Checkliste Korrekturkriterien

Im Prozess der Anfertigung Ihrer Abschlussarbeit ist es unabdingbar, Ihre Arbeitsweise stets einer kritischen Prüfung zu unterziehen. Nachfolgende Übersicht soll Ihnen dafür eine Anleitung sein. Anhand der Leitfragen und der Liste an beigefügten Aufgaben können Sie sowohl den Verlauf Ihres Abschlussarbeitsprojekts als auch die formale und inhaltliche Ausgestaltung Ihrer Abschlussarbeit kontrollieren. Zunächst gehen wir auf die Zeitplanung ein, danach geht es um die inhaltliche, stilistische und formale Korrektur Ihrer Abschlussarbeit. Insgesamt können Sie die Übersicht (vgl. Tab. 8.1) als Checkliste zur Korrektur in jedem Stadium Ihres Abschlussarbeitsprojekts nutzen.

Tab. 8.1: Übersicht über Leitfragen und zugehörige Aufgaben für die Korrektur der eigenen Arbeitsweise und Abschlussarbeit.

Zeitplanung	
Ist der tabellarische Zeitplan vollständig und umsetzbar?	• Liste der Arbeitsaufgaben auf Vollständigkeit prüfen • Umfang der Arbeitsaufgaben hinsichtlich des zeitlichen Aufwands und der Abhängigkeit von externen Faktoren prüfen • Plan mit Betreuer/in abstimmen
Ist der Projektplan ausführlich genug, zudem logisch und stilistisch einheitlich?	• Informationen zu Thema, Methodik und Rahmenbedingungen in die Projektskizze aufnehmen • Arbeitsaufgaben von einander absetzen und in einen optimalen zeitlichen Verlauf ordnen • Darstellung entweder auf ausformulierte Sätze oder Stichpunkte hin vereinheitlichen • Betreuer/in oder andere fachinterne Person gegenlesen lassen
Gliederung	
Ist die Gliederung an das Thema angepasst?	• Standardgliederung als Hilfestellung übernehmen • Gliederung an fachliche Konventionen angleichen • Wichtige Inhalte nicht in untergeordnete Gliederungsebenen stellen • Gliederung mit Betreuer/in abstimmen
Ist das Inhaltsverzeichnis sinnvoll angelegt?	• Kapitelüberschriften aussagekräftig wählen • Gliederungsebenen evtl. reduzieren • Überschriften stilistisch einheitlich formulieren
Inhalt	
Sind die Angaben, Aussagen und Argumente fachlich korrekt und nachvollziehbar?	• Literatur und Literaturangaben prüfen • Betreuer/in oder andere fachinterne Person befragen und Teile der Abschlussarbeit lesen lassen • Widersprüche, unpräzise und missverständliche Aussagen aufspüren und auflösen • Argumente überprüfen
Ist ein roter Faden der Arbeit erkennbar?	• Gliederung prüfen und gegebenenfalls anpassen • Abschlussarbeit an einem Stück (evtl. laut) lesen und dabei Zusammenhänge, Argumentation und Übergänge prüfen
Sind alle offenen Fragen der Aufgabenstellung beantwortet?	• Aussagen und Erkenntnisse sorgfältig formulieren • Aspekte aus der Einleitung in der Zusammenfassung oder im Ausblick aufgreifen

Tab. 8.1 (Fortsetzung): Übersicht über Leitfragen und zugehörige Aufgaben für die Korrektur der eigenen Arbeitsweise und Abschlussarbeit.

Gute wissenschaftliche Praxis	
Wird korrekt zitiert und paraphrasiert?	• Text auf fehlende Kurzbelege prüfen • Einheitlichkeit der Kurzbelege kontrollieren • Zitate aus zweiter Hand vermeiden und stattdessen die Originalquelle zitieren und paraphrasieren
Ist das Urheberrecht eingehalten?	• Inhalte nur mit direktem Bezug zu den Inhalten der eigenen Abschlussarbeit übernehmen • Großzitate und fremde Abbildungen nur mit Erlaubnis des Rechteinhabers einbinden • Veränderungen kenntlich machen (z. B. *verändert nach...*)
Ist das Literaturverzeichnis formal korrekt?	• Vollbelege (Literaturangaben) zu jedem Kurzbeleg aufnehmen • Nur zitierte Publikationen bibliographieren • Belegsystem einheitlich anwenden
Ausdruck und Stil	
Ist der Lesefluss beeinträchtigt?	• Text durch Absätze als Sinneinheiten unterteilen (Richtwerte ca. 3 bis 4 Sätze oder 1/3 Seite pro Absatz) • Schachtelsätze auflösen (Richtwert maximal zwei Nebensätze) • Verwendung von Passiv vermeiden
Sind Relativierungen nötig?	• Relativierungen durch Modalverben (*können, sollen, müssen, dürfen*) und Konjunktive (*hätte, könnte, sollte*) auf Notwendigkeit prüfen • Vermutungen durch Formulierungen statt Modalverben oder Konjunktiv kenntlich machen (z. B. *eine mögliche Erklärung ist...*) • Subjektive Wertungen streichen
Visualisierungen	
Wird die Botschaft tatsächlich vermittelt?	• Tabellen zur Darstellung und zum Vergleich einzelner Zahlen verwenden • Diagramme zur Veranschaulichung von Verläufen und Zusammenhängen verwenden
Sind die formalen Regeln eingehalten?	• Abbildungen mit Unterschriften und Tabellen mit Überschriften versehen • Für Beschriftungen eine ausreichend große Schriftgröße wählen • Abbildungen, Tabellen und Schemata auf wissenschaftliche Korrektheit (z. B. Darstellung von Einheiten) überprüfen
Rechtschreibung und Zeichensetzung	
Ist der gesamte Text grammatikalisch korrekt?	• Fehler durch lautes Vorlesen auffinden • Wörter auf korrekte Schreibweise prüfen (bei Unsicherheiten Duden heranziehen) • Satzbau und Kommasetzung prüfen • Verben auf Singular und Plural prüfen • Personen mit sicheren Grammatikkenntnissen Korrektur lesen lassen
Ist der Text im EDV-Programm korrekt verarbeitet?	• Texte langsam lesen und dabei Tippfehler und Fehler verbessern • Texte mit Rechtschreibsoftware prüfen (ohne sich darauf zu verlassen)
Formalia und Layout	
Sind die formalen Vorgaben beachtet?	• Vorlage oder bestätigte Musterarbeiten des Betreuers/der Betreuerin verwenden • Schriftart, -größe und Abstände auf Einheitlichkeit überprüfen • Nummerierung von Seiten, Formeln, Abbildungen und Tabellen prüfen • Deckblatt mit allen geforderten Informationen erstellen
Ist die gesamte Abschlussarbeit einheitlich gestaltet?	• Kursiv- und Fettdruckschreibung prüfen • Abkürzungen durchgängig verwenden • Verzeichnisse, Belege und Verweise im EDV-Programm aktualisieren

8.2 Inhalt und Logik

Übungstext

Aufgrund induzierter Erdbeben im Bereich Landau und Insheim in der Südpfalz finden dort seit 2009 seismologische **und andere** (1) Messungen statt (Ritter und Groos 2014). **Da es für das Untersuchungsgebiet noch keine dreidimensionalen Geschwindigkeitsmodelle gibt, ist es notwendig, sich damit zu beschäftigen.** (2) Um dreidimensionale Effekte, wie laterale Anomalien der seismischen Geschwindigkeiten im Untergrund und Anisotropieeffekte, zu berücksichtigen, können 1-D-Modelle mit stationsabhängigen Korrekturwerten versehen werden (Kissling et al. 1995). Ziel dieser Arbeit ist es, aus vorhandenen Geschwindigkeitsmodellen ein Minimum-1-D-Modell zu erstellen, welches den Untergrund optimal beschreibt, und mit Stationskorrekturen zu erweitern. Die Lokalisierungen mit modifizierten Geschwindigkeitsmodellen werden mit den Ergebnissen **gewöhnlicher** (3) Lokalisierungen verglichen. Abschließend werden die Quellen seismischer Aktivitäten und die erstellten Geschwindigkeitsmodelle mit geologischen bzw. tektonischen Modellen korreliert.

Korrekturvorschläge

1) In einem wissenschaftlichen Text werden Inhalte präzise benannt. Achten Sie darauf, alle Sachverhalte so genau als nötig darzulegen. Nutzen Sie Verweise innerhalb Ihrer Arbeit sowie Kurzbelege als Verweise auf fremde Arbeiten, wenn Sie Aspekte nicht weiter ausführen, weil sie z. B. für Ihre Argumentation nur marginal bzw. nicht relevant sind.

2) Argumentationsstrukturen in einer wissenschaftlichen Arbeit müssen logisch und für den/die Leser/in nachvollziehbar sein. An dieser Stelle wird argumentiert, dass etwas getan werden muss, weil es bisher niemand getan hat. Natürlich beschäftigt sich in der Regel jede/r Forscher/in mit neuen Themen, aber daraus ergibt sich noch keine Notwendigkeit, ein bisher unbehandeltes Thema tatsächlich bearbeiten zu müssen. Achten Sie also besonders beim Verfassen der Einleitung Ihrer Abschlussarbeit auf die Nachvollziehbarkeit Ihrer Argumente.

3) Die Wörter innerhalb eines Satzes müssen zusammenpassen. Achten Sie bei der Wortwahl auf den Sinn der Formulierungen. Gibt es tatsächlich „gewöhnliche Lokalisierungen" und somit *ungewöhnliche Lokalisierungen*? Um solche Fehler zu erkennen, können Sie mit weiteren Varianten eines Satzes spielen. Ein ähnlicher Fehler wäre z. B., „gewöhnliche" durch *klassische* und *weniger klassische Lokalisierungen* zu ersetzen.

8.3 Ausdruck und Stil

Übungstext

Die Gattung *Alternaria* gehört zu den Schwarzfäulepilzen und umfasst derzeit ca. 300 versch. **(1)** Arten. Systematisch wird diese Gattung zu den sogenannten **(2)** Askomyzeten gezählt. Die meisten Vertreter dieser Art parasitieren als pflanzenpathogen spezifisch bestimmte, **(3)** vor allem geschwächte Pflanzen. Da aber auch einige Arten als Saprobionten leben, findet man Vertreter dieser Art weltweit und in verschiedenen Quellen wie Samen, Früchten, Erde und totem Pflanzenmaterial.

Gemeinsames Merkmal aller Arten **(4)** sind die grünliche bis bräunliche Farbe und die mehrteiligen, aneinandergereihten Konidiosporen, die an wenig verzweigten Konidiophoren sitzen [Kück 2009].

Zu den häufigsten Vertretern der Gattung *Alternaria* gehört die Art *Alternaria alternata*. *A. alternata* ist ein saprophytischer Pilz, **(5)** der auch geschwächte Pflanzen befallen kann (das nennt man dann Schwächeparasit). **(6)** Er ist ein weltweit auf Samen, Nüssen und Früchten vorkommender Produzent von Mykotoxinen, wie beispielsweise Alternariol oder Tenuazonsäure. Die Sporulation des Pilzes kann **(7)** von Licht beeinflusst werden. Im Dunkeln werden mehr Konidien gebildet als im Licht. Die Konidien sind mehrkammerig, dickwandig, bis zu 50 μm lang und werden von den Konidienträgern in Ketten gebildet. Die dunkle Färbung der Konidien wird **(8)** von Melaninen hervorgerufen. Der Temperaturbereich, in dem *Alternaria alternata* **(9)** wachsen kann, reicht von 2,5 bis 32,0 °C mit einem Optimum bei 25 bis 28 °C. Des Weiteren ist Wachstum über einen besonders **(10)** weiten pH-Toleranzbereich von pH 2,7 bis 8 möglich. Neben Glukose, Maltose und Saccharose kann der Pilz auch Substrate wie Cellulose und Phenol-Lignin-Verbindungen abbauen, weshalb er biotechnologisch interessant ist. [Kück 2009]

Schimmelpilze der Gattung *Alternaria* produzieren rund 30 verschiedene toxische Substanzen, aber nur sieben dieser Substanzen sind als Kontaminanten in und auf Lebensmitteln zu finden, wobei diese sieben zu drei verschiedenen Strukturklassen zählen, nämlich erstens die Dibenzo-α-pyrone, zu denen Alternariol, Alternariolmonomethylether und Altenuen gehören, zweitens die Perylen-Derivate Altertoxin I, II und III sowie drittens ein Derivat der Tetraminsäuren, die Tenuazonsäure [Pinto 2008]. **(11)**

Untersuchungen an argentinischem Weizen zeigen, dass Tenuazonsäure in höheren Mengen von den Schimmelpilzen gebildet wird **(12)** als Alternariol oder Alternariolmonomethylether [Patriarca 2007]. Fehr et al. [2008] zeigen, dass die Toxine AOH und AME in DANN29- und A431-Zellen zu vermehrten DANN-Strangbrüchen führten. **(13)** Dafür könnte eine Affinität der Toxine zur großen und kleinen Furche der DANN verantwortlich sein, was ich aber nicht glaube. **(14)** Ebenso hemmt Alternariol die katalytische Aktivität der Topoisomerase Typ I [Fehr 2008]. Ebenso **(15)** wirken Extrakte aus *A. alternata* mutagen auf V79 Zellen [Dong 1987 und Brugger 2006].

Korrekturvorschläge
Der vorgegebene Text enthält lateinische Gattungsnamen, welche korrekterweise kursiv geschrieben sind.

1) Wörter sollten nur begründet abgekürzt werden. An dieser Stelle handelt es sich weder um eine Abkürzung aus dem Duden noch um eine Abkürzung eines häufig vorkommenden Begriffs. Vermeiden Sie also diese Abkürzung, da der Lesefluss Ihres Lesers/Ihrer Leserin dadurch unnötig behindert wird.
2) Bei der Einführung oder Erstnennung eines Fachbegriffs ist es nicht nötig, diesen mit „sogenannt" einzuleiten. Insbesondere könnte es negativ auffallen, wenn Sie dieses Adjektiv einem im Fachgebiet häufig gebrauchten Begriff voranstellen, weil es den Eindruck vermittelt, dass Sie mit dem abstrakten Wort nicht vertraut sind.
3) Auch Bedeutungsdoppelungen sind zu vermeiden. Achten Sie bei Ihren Formulierungen darauf, redundante Wörter zu vermeiden. Ein weiteres Beispiel ist der Ausdruck *weiter verbessern* gegenüber dem Wort *verbessern*, welcher einen Satz nur quantitativ erweitert, nicht aber das Wort *verbessern* in seiner Bedeutung näher bestimmt.
4) Verzichten Sie auf Absätze mit nur sehr wenigen Zeilen – insbesondere auf Absätze, die wie hier aus nur einem Satz bestehen. Wir empfehlen, keine Absätze mit weniger als fünf Zeilen zu setzen. Ebenso sind absatzlose Abschnitte über mehr als zwei Seiten zu vermeiden.
5) Hervorhebungen sollten sparsam eingesetzt werden. Grundsätzlich werden Wörter im Fließtext weder unterstrichen noch fett gesetzt. Eine Ausnahme bildet etwa die Kursivschrift von lateinischen Gattungsnamen. Sicherlich fällt Ihnen nun auf, dass der Fettdruck in diesem Ratgeber mehrfach als Hervorhebung eingesetzt wird. Das liegt in diesem Fall daran, dass es sich nicht um eine wissenschaftliche Abhandlung, sondern um einen Ratgeber handelt, in dem wir in einem gewissen Umfang bewusst leserlenkende Maßnahmen ergreifen.
6) Das Sprachniveau einer Abschlussarbeit orientiert sich an der wissenschaftlichen Sprache im Fach. Umgangssprache und Redewendungen sind darin nicht angemessen. Zudem ist von langen Ausführungen innerhalb von Klammern abzusehen. Wichtige Informationen sollten ohnehin immer im Fließtext außerhalb einer Klammer stehen. Wenn eine Information für Ihr Thema nicht relevant ist, dann muss diese auch nicht in Klammern oder in einer Fußnote benannt sein.
7) Wird die Sporulation von Licht beeinflusst oder nicht? An dieser Stelle verhindert das Modalverb „können" eine klare Satzaussage. Modalverben und Konjunktive schränken Aussagen ein. Verwenden Sie diese also nur, wenn Sie genau das beabsichtigen.
8) Die häufige Verwendung von Passiv ist dem Lesefluss weniger förderlich als die Verwendung von Aktiv. Die letzten drei Sätze dieses

Absatzes sind mit „werden" oder „wird" gebildet, obwohl der Akteur jeweils angegeben ist. Alternative Formulierungen sind:
Der Pilz bildet im Dunkeln mehr Konidien als im Licht.
Konidienträger bilden die Konidien in Ketten.
Melanin ruft die dunkle Färbung der Konidien hervor.

9) Wenn Sie ein Wort abkürzen, so müssen Sie dies einheitlich im gesamten Text tun. Hier ist *Alternaria alternata* ausgeschrieben, obwohl die Abkürzung *A. alternata* an früherer Stelle eingeführt wurde.

10) Persönliche Wertungen passen nicht zur objektiven Arbeitsweise eines Wissenschaftlers/einer Wissenschaftlerin. Seien Sie sparsam mit wertenden Formulierungen, die z. B. die Wörter *sehr* und *wichtig* beinhalten. Ihre begründet fachbezogene Meinung können Sie im Diskussionsteil Ihrer Arbeit einfließen lassen (vgl. Kap. 3).

11) Lange Sätze, die mehrere Zeilen umfassen, sowie Schachtelsätze, die viele eingeschobene Nebensätze beinhalten, sind in den meisten Fällen schwer zu lesen. Wir empfehlen, Sätze mit maximal zwei Nebensätzen zu bilden. Im vorliegenden Fall sollte der Satz in zwei bis drei Sätze aufgetrennt werden. Ist eine Trennung aufgrund einer komplexen Argumentation nicht möglich, dann sollten Sie auf grammatikalisch korrekte und inhaltlich eindeutige Bezüge achten.

12) Der Satzbau im Deutschen sieht vor, dass das Prädikat (in diesem Fall „gebildet wird") in einem Komparativsatz (Vergleichssatz) an dessen Ende steht. Achten Sie auf eine leserfreundliche Satzstruktur, so dass der/die Leser/in Ihre Sätze nicht mehrfach lesen muss, um sie zu verstehen.

13) Die Zeitform des wissenschaftlichen Schreibens ist das Präsens. Aussagen in publizierten Schriften sind unabhängig vom Verlauf der Zeit gültig, weshalb sie in der Gegenwartsform beschrieben werden. Tempuswechsel sind oft nicht nötig.

14) Wenn Sie Ihre persönliche Meinung einbringen möchten, so muss diese zumindest begründet sein. Müssen Sie sich z. B. zwischen mehreren Vorgehensweisen entscheiden, so ist eine Argumentation über Ihre Wahl unter Umständen ein wichtiger Teil Ihrer Arbeit. Eine gut durchdachte Begründung ist immer nötig; der persönliche Geschmack ist dabei nie von Bedeutung.

15) Eine gute Textgestaltung zeichnet sich unter anderem durch eine Variation der Satzanfänge, Satzgestaltung und Wortwahl aus. Ziel ist die gute Lesbarkeit. Markieren Sie bei der Korrektur Ihres Textes Wörter und Formulierungen, die Sie häufig verwenden, z. B. in Farben. Dadurch werden Sie sich Ihrer Lieblingswörter bewusst und können gezielt an einigen der markierten Stellen Änderungen vornehmen. Oft finden sich auf diese Weise auch Lieblingswörter, die ersatzlos gestrichen werden können. Beispiele hierfür sind die ständige Verwendung von *nun, auch* und *dann*.

8.4 Formale Kriterien

Übungstext

Wasserstoff besitzt drei Isotope: Protium, Deuterium und Tritium, wobei Tritium am seltensten auftritt. Im Gegensatz zu Protium (kein Neutron) und Deuterium **[ein Neutron]** (1) besteht der Tritiumkern aus einem Proton und zwei Neutronen. Aufgrund der großen Massendifferenz der einzelnen Isotope besitzen diese abweichend von anderen Elementen eigene Bezeichnungen. Tritium wird auch als „überschwerer" (2) Wasserstoff bezeichnet. Das auf der Erde vorhandene Tritium entsteht **hauptsähclich** (3) in der Stratosphäre durch den Einfluss kosmischer Strahlung. Schnelle Protonen können durch Spallation direkt Tritium erzeugen. Bei der Spallation wird ein Atomkern durch die Kollision mit einem Teilchen von hoher Energie in kleine Bruchstücke zerteilt. Ebenso kann durch dabei entstehende sekundäre Neutronen aus Stickstoff der Atmosphäre Kohlenstoff und Tritium erzeugt werden.

$$^{14}_{7}N + n \rightarrow ^{12}_{6}C + ^{3}_{1}T \quad (4) \qquad (2.1)$$

■■■ (5)

Eine künstliche Quelle von Tritium sind **Kernreaktoren die** (6) mit schwerem Wasser (Deuteriumoxid) moderiert werden. In diesen kann Deuterium ein Neutron aus dem Kernzerfall des Spaltmaterials einfangen und Tritium bilden.

Im Gegensatz zu den anderen Wasserstoffisotopen ist der Tritiumkern nicht stabil und zerfällt über den Betazerfall mit einer Halbwertszeit von 12,3 Jahren bzw. etwa **4.500 Tagen** (7)
[U.S. Department of Energy 1994]. Bei diesem **β⁻-Zerfall** (8) wandelt sich ein Neutron in ein Proton um und es wird ein **β-Elektron** (9) sowie ein Antineutrino emittiert:

$$n^0 \rightarrow p^+ + e^- + \bar{\nu}_e \quad (10) \qquad (2.2)$$

Demzufolge entsteht beim Betazerfall von Tritium das Heliumisotop ³He:

$$T \rightarrow {}^3He + e^- + \bar{\nu}_e. \; \mathbf{(2.3)} \; (11)$$

Die beim Zerfall freiwerdende Energie teilt sich hauptsächlich zwischen dem Elektron e⁻ und dem Neutrino $\bar{\nu}_e$ auf. Aufgrund dieser Aufteilung ist das Energiespektrum der Elektronen ein kontinuierliches und kein diskretes Spektrum, wie in Abbildung 2.1 abgebildet. Die Maximalenergie **der Elektronen** (12) beträgt dabei **18,6keV** (13), die mittlere Energie etwa 5,7 keV.

Die Energieverteilung kann mit Hilfe von Fermis Goldener Regel [Weinheimer 2003]

$$\frac{dN}{dE} = C \cdot F(E, Z+1) \cdot p_e \cdot (E + m_e c^2) \cdot (E_0 - E)$$
$$\cdot \sqrt{(E_0 - E)^2 - m_{\bar{\nu}}^2 c^4} \cdot \Theta(E_0 - E - m_{\bar{\nu}} c^2) \quad (2.3)$$

berechnet werden. Dabei bezeichnet E die Energie, p_e den Impuls und m_e **(14)** die Masse des Elektrons. Die Fermifunktion $F(E, Z+1)$ beachtet die Coulombwechselwirkung zwischen emittiertem Elektron und resultierendem Tochterkern mit Kernladungszahl $Z+1$. Die maximal mögliche kinetische Energie des Elektrons entspricht E_0, wenn eine Neutrinomasse von $m_{\bar{\nu}} = 0$ angenommen wird. Für die Energieerhaltung sorgt die Heaviside-Funktion Θ. Die Skalierungskonstante

$$C = \frac{G_F^2}{2\pi^3 \hbar^7 c^5} \cdot \cos^2(\theta_C) \cdot |M^2_{\text{nucl}}| \quad (2.4)$$

wird durch die Fermikonstante G_F, den Cabbibowinkel θ_C sowie das Übergangsmatrixelement M für den Betazerfall von Tritium bestimmt.

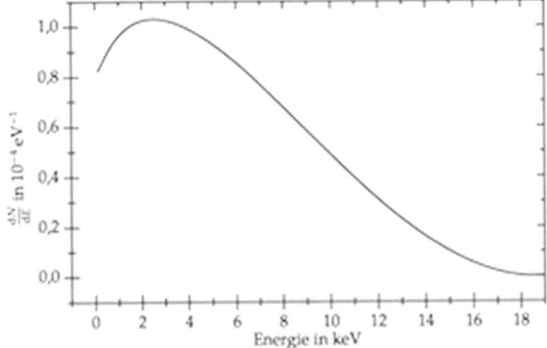

Abbildung 2.1: (15) Das Energiespektrum der entstehenden Elektronen beim Betazerfall von Tritium. Das Spektrum ist nach Gleichung (2.4) berechnet, wobei die Fläche unter der Kurve auf 1 normiert ist. Der Verlauf des Spektrums ist kontinuierlich, da die Zerfallsenergie zwischen dem entstehenden Elektron und Antineutrino aufgeteilt **werden** **(16)**. Die Maximalenergie der Zerfallselektronen beträgt 18,6 keV, die mittlere Energie in etwa 5,7 keV.

Durch eine genaue Bestimmung der Endpunktsenergie des Betaspektrums können modellunabhängige Messungen des Massenquadrats von $m_{\nu e}$ durchgeführt werden. **(17)** Hierzu wird der Einfluss der Neutrinomasse auf die Form und Maximalenergie des Spektrums untersucht. Dies ist Aufgabe des *Karlsruher Tritium Neutrino Experiments* [KATRIN Collaboration 2005], für welches das Tritiumlabor Karlsruhe eine Tritiumquelle mit hoher Intensität beiträgt **[Bor06]**. **(18)**

Korrekturvorschläge

1) Zu einer konsistenten Zeichensetzung gehört die einheitliche Verwendung von Klammern. Wir empfehlen runde Klammern für Einschübe. Für Kurzbelege verwenden Sie entweder runde oder eckige Klammern. Auf geschweifte Klammern sollten Sie im Text verzichten.
2) Doppelte Anführungszeichen sind direkten Zitaten vorbehalten. Falls Sie eine Hervorhebung für notwendig erachten, können Sie den jeweiligen Ausdruck kursiv setzen oder mit einfachen Anführungszeichen versehen. In den meisten Fällen ist dies aber nicht nötig. In unserem Beispiel könnten Sie die Anführungszeichen löschen und hätten trotzdem einen verständlichen Satz.
3) Tippfehler wie dieser Buchstabendreher lassen sich durch eine sorgfältige Rechtschreibkorrektur vermeiden. Verwenden Sie Prüfsoftware und lassen Sie ihren Text von rechtschreibsicheren Korrektoren/Korrektorinnen lesen.
4) Eine Formel ist kein eigenständiger Satz. Binden Sie Formeln deshalb in den Satzbau ein und achten Sie dabei auf eine korrekte Zeichensetzung.
5) Zu einem guten Layout gehört die einheitliche Setzung von Einzügen, Abständen, Absätzen und Umbrüchen. Vermeiden Sie große Lücken in Ihrem Text und achten Sie auch auf einheitliche Abstände vor und nach Formeln, Abbildungen und Tabellen.
6) Vor Relativsätzen steht ein Komma. Machen Sie sich bewusst, dass zur formalen Korrektheit auch die Kommasetzung gehört. Vergewissern Sie sich der Kommaregeln und lassen Sie Ihren Text von anderen prüfen.
7) In der Dezimalschreibweise ist der Punkt als Gliederungszeichen nicht zulässig. Das liegt daran, dass der Punkt im amerikanischen Bereich als Trennzeichen zwischen dem ganzzahligen und dem gebrochenen Teil einer Zahl verwendet wird und Verwechslungen ausgeschlossen werden sollen. Im europäischen Raum wird das Komma als Trennzeichen verwendet, und ab fünf ganzzahligen Stellen kann mit Dreierblöcken gegliedert werden: *4500 Tage* und *11 600 Tage*. Dabei fördert eine halbe feste Verbindung zwischen den Dreierblöcken die Lesbarkeit: *11 600 Tage* statt *11 600 Tage* (vgl. DIN 1333). Bei der Verwendung eines geschützten Leerzeichens ist zudem sichergestellt, dass die zusammengehörigen Zahlen nicht durch einen Zeilenumbruch getrennt werden.
8) Wechselnde Schreibweisen sind zu vermeiden. In diesem Text sollte sich der/die Autor/in zwischen den Schreibweisen „Betazerfall" und „β-Zerfall" entscheiden.
9) Verbindungen innerhalb eines zusammengesetzten Wortes werden mit einem kurzen Bindestrich ‚-' gesetzt. Der lange Gedankenstrich ‚–' ist für Einschübe mit jeweils einem Leerzeichen davor und dahinter vorgesehen.

10) Wenn eine Formel am Ende eines Satzes bzw. Teilsatzes steht, dann folgt nach ihr ein Punkt bzw. Komma (vgl. DIN 1338). Sie können eine Formel beispielsweise mit einem Doppelpunkt einleiten, wobei Sie dies zugunsten der Lesbarkeit nicht ständig machen sollten. Wechseln Sie idealerweise zwischen verschiedenen Möglichkeiten des Satzbaus. Die Formeln (2.4) und (2.5) beispielsweise sind gut in den Satz integriert.
11) Gewählte Formate sind durchgängig zu verwenden. Achten Sie bei der Endkorrektur auf das Layout und stellen Sie sicher, dass Nummerierungen, Formeln, Abbildungen und Tabellen nicht verschoben sind, sondern dass das EDV-Programm diese an die von Ihnen intendierte Position stellt.
12) Zwischen den Wörtern im Beispiel steht ein überflüssiges Leerzeichen. Abhängig von Ihrem Textverarbeitungsprogramm können Sie sich Formatierungszeichen anzeigen lassen und prüfen.
13) Bei Größen steht ein (halbes, geschütztes) Leerzeichen zwischen dem Zahlenwert und der Einheit (vgl. DIN 1301-1). Dies gilt auch für das Prozentzeichen % (vgl. DIN 5477). Außerdem stehen Einheitenzeichen gerade und nicht kursiv (vgl. DIN 1338).
14) Der Index der Masse des Elektrons ist hier fälschlicherweise kursiv gesetzt. Kursiv oder geneigt geschrieben werden frei wählbare Variablen und Funktionen (z. B. $f(x)$) sowie Formelzeichen für physikalische Größen (z. B. Masse m). Diese Regeln gelten auch für Indizes (vgl. Kap. 5.2).
15) Die Abbildung ist unscharf und linksbündig. Achten Sie bei der Einbindung anderer Dateiformate auf eine genügend hohe Auflösung und zentrierte Position. Beachten Sie bei der Erstellung eigener Abbildungen und Tabellen die Regeln, die in Kapitel 5 ausgeführt sind.
16) An dieser Stelle steht fälschlicherweise der Plural. Da die Zerfallsenergie als Subjekt im Singular steht, muss auch das Verb im Singular gebildet werden. Prüfen Sie insbesondere dann, wenn Sie Sätze umformulieren, ob die grammatikalischen Beziehungen noch stimmen.
17) Ein Wechsel zwischen Schriftarten und -größen ist nur in wenigen Fällen sinnvoll. Beispielsweise ist die Abbildungsunterschrift von Abbildung 2.1 zur Abgrenzung kleiner als der übrige Fließtext. Auch sollte der gesamte Text zugunsten der Lesbarkeit im Blocksatz stehen. Bei manchen Textverarbeitungsprogrammen müssen Sie in der Endkorrektur manuell Zeilenumbrüche setzen, damit keine großen Lücken zwischen den einzelnen Wörtern einer Zeile entstehen.
18) Zur formalen Korrektheit einer wissenschaftlichen Arbeit gehört das Zitieren. Sobald ein Kurzbelegsystem gewählt wurde, ist dieses durchgängig zu verwenden. Es ist nicht zulässig, zwischen unterschiedlichen Systemen zu wechseln.

Quellenverzeichnis

Bornschein, B. 2006. The closed tritium cycle of KATRIN. Progress in Particle and Nuclear Physics. 57(1), 38–48.

Brugger, E.-M. 2006. Mutagenicity of the mycotoxin alternariol in cultured mammalian cells. Toxicology Letters. 164(2006), 221–230.

DIN 1301-1 2010. Einheiten – Teil 1: Einheitennamen, Einheitenzeichen.

DIN 1333 1992. Zahlenangaben.

DIN 1338 2011. Formelschreibweise und Formelsatz.

DIN 5477 1983. Prozent, Promille; Begriffe, Anwendung.

Dong, Z. 1987. Induction of mutagenesis and transformation by the extract of A. alternata isolated from grains in Linxian, China. Carcinogenesis. 8(7), 989–991.

Fehr, M. et al. 2009. Alternariol acts as a topoisomerase poison, preferentially affecting the IIa isoform. Molecular Nutrition & Food Research. 53(4), 441–451.

KATRIN Collaboration 2005. KATRIN Design Report 2004, FZKA Scientific Report 7090. Technischer Bericht. Karlsruhe: Forschungszentrum.

Kissling, E. et al. 1995. Improved seismic velocity reference model from local earthquake data in northwestern italy. Terra Nova. 7, 528–534.

Kück, U. et al. 2009. Schimmelpilze. Lebensweise, Nutzen, Schaden, Bekämpfung. 3. Auflage. Berlin [u. a.]: Springer-Verlag.

Patriarca, A. et al. 2007. Mycotoxin production by Alternaria strains isolated from Argentinean wheat. International Journal of Food Microbiology. 119(3), 219–222.

Pinto, V. F. 2008. Detection and determination of Alternaria mycotoxins in fruits and vegetables. In: Barkai-Golan R., Paster N. [Hrsg.]. Mycotoxins in fruits and vegetables. San Diego: Academic Press.

Ritter, J. und Groos, J. 2014. Abschlussbericht MAGS-EP1.

U.S. Department of Energy 1994. Primer on Tritium Safe Handling Practices. DOE-HDBK-1079-94. Oak Ridge: Office of Scientific and Technical Information.

Weinheimer, C. 2003. Laboratory Limits on Neutrino Masses. In: Winter, K. und Altarelli, G. [Hrsg.]. Neutrino Mass. Bd. 190. Berlin [u. a.]: Springer. 25–52.

... und dann?

Nachdem Sie Ihren Text geprüft haben, müssen Sie sich dazu durchringen, Ihre Abschlussarbeit abzugeben. Völlig zufrieden werden Sie dabei nicht sein, denn das sind die wenigsten Autorinnen und Autoren am Ende eines Abschlussarbeitsprojekts. Perfektion ist bei Texten eben nur sehr, sehr schwer zu erreichen – wenn es sie denn überhaupt gibt. Vieles hätte man konkreter beschreiben, klarer formulieren oder besser strukturieren können, manches erweist sich im Nachhinein womöglich sogar als unnötig oder hätte zumindest anders angegangen werden können. Zum Schluss ist man immer klüger. Zweifeln gehört zum wissenschaftlichen Schreiben genauso dazu wie ein gesundes Maß an Selbstkritik. Und so geht es auch uns, nachdem wir dieses Buch geschrieben, wieder und wieder überarbeitet und letztendlich in der nun vorliegenden Form finalisiert haben. Gerne hätten wir weit mehr Disziplinen eingebunden, gerne hätten wir unsere Beispiele noch weiter aufgefächert, gerne hätten wir Ihnen ein Buch präsentiert, von dem wir begründet sagen können, es beinhaltet alle Informationen, die Sie brauchen, um eine Abschlussarbeit zu schreiben.

Je professionalisierter Sie wissenschaftliche Texte aber abfassen (und wir unterstellen unserem Buch diesen wissenschaftlichen Anspruch), desto klarer wird Ihnen vor Augen geführt, dass das Ziel eines inhaltlich, argumentativ, strukturell und stilistisch perfekten Textes kaum zu erreichen ist. So müssen auch wir damit leben, dass unser Ratgeber Lücken enthält – genauso wie Sie damit leben müssen, dass Ihre Abschlussarbeit Ihr Themenfeld wohl nicht vollständig abdeckt. Für Sie ergibt sich hieraus eventuell die wissenschaftliche Konsequenz, weiterzumachen. Vielleicht stellen sich aus Ihren Forschungen Anschlussoptionen ein, die es Ihnen ermöglichen, aus einer Bachelorarbeit eine Masterarbeit oder aus einer Masterarbeit eine Dissertation zu machen? Eventuell arbeitet ein Kommilitone oder eine Kommilitonin an Ihrem Thema weiter? Das wichtigste Merkmal von Wissenschaft ist es, dass sie nicht abschließbar ist und nur durch gemeinsames, kooperatives Handeln, Überprüfen und Weiterentwickeln funktioniert.

Auch wir haben vor, mit den Lücken in unserem Buch wissenschaftlich umzugehen. Das heißt wir beginnen bereits jetzt damit, alle Inhalte, die wir darin vermitteln, von Neuem zu überprüfen – gerne auch unter Einbezug des Feedbacks, das Sie uns zukommen lassen können, damit wir dieses Buch (vielleicht noch) besser machen können.

Forschungsergebnisse bewerten 160
Forschungsfrage 45, 46
– formulieren 46
Forschungsliteratur 49
– exzerpieren 57
– strategisch lesen 56
Forschungsstand ermitteln 49
Fremdes Bildmaterial 140
Fußnotensystem 148
Fußnotenzeichen 148

G
Gantt-Diagramm 25
Gefahren, rhetorische Mittel 105
– Spannung 105
– Variation 105
Gliederung 71
– Ebenen 59, 67, 77
– Muster 67
– Prinzipien 66
– Punkte 77
– Typen 79
Google Schola 51
Grundlagenteil 94
Gute wissenschaftliche Praxis (DFG 1997) 173

H
Harvard-System 149
Häufigkeitsverteilung 124
– als Liniendiagramm 130
– als Säulendiagramm 128

I
IMRAD-Schema 68, 69, 80
Informationsbeschaffung 49, 53
Informationskompetenz 49
Inhaltsverzeichnis 66
– Checkliste Gliederung 90
– endgültiges 86
– Fehlerquellen 89
– Formatierung von Überschriften 87
– formulieren 86
– Reihenfolge der einzelnen Elemente 87

K
Kapitelüberschriften 86
Kartenmaterial 138
Kernbotschaften formulieren 48
Kommunikationsprobleme 92
Konjunktiv 102
Kontraste 131
Kontrastfarbe 126
Konzept erarbeiten 7
Konzeption 82
Korrelation 124
– Darstellung mit Balken 127
Kurzbeleg 147, 148, 184
– ergänzen 146
Kurzbelegsystem 146

L
Lesbarkeit 115
Leseransprache 103
Leser/in 100
Lesetechniken 57
Liniendiagramm 123, 130
Literaturangaben, Autoren/Autorinnen 179
– Bachelorarbeit 179
– Beispiele 180
– Bestandteile 178
– Datum 181
– Digital Object Identifier (DOI) 183
– Dissertation 179
– Lokalisierungsinformationen 183
– Masterarbeit 179
– Publikationsformen 183
– Norm DIN ISO 690 178
– Nummerierung einer Quelle 182
– Produktionsinformationen 181
– Publikationen, selbstständige 178
  – unselbstständige 178
– Seitenzahlen 182
– Titel 180
– Uniform Resource Locator (URL) 183
Literaturarbeiten 30, 70, 85
Literaturliste 49
Literaturverzeichnis 184
– Artikel in einer Zeitschrift (Paper) 188
– Beispiele 185

Literaturverzeichnis
- Beitrag in einem Sammelband 188
- Fußnotensystem 186
- Hochschulschrift 187
- Monographie 187
- Name-Datum-System 185
- numerisches System 184, 185
- Onlinequelle mit Persistent Identifier 188
- verkürztes Name-Datum-System 186

M
Masterarbeit 143
- Projektablaufplan 38
Material und Methoden 68, 82, 94
Meilensteine bei der Zeitplanung 31
Messmethoden 135, 137
Modalverben 102
Modellierung und Simulation 83
Motivation 47

N
Name-Datum-System 149
Numerische Ergebnisse 83

O
Objekt 99
Onlinequellen 144
- mit URL Norm 189
- Software 189

P
Paraphrase, indirektes Zitat 145
Paraphrasieren 145
Partizip II 99
Passiv 99, 100
Passivsätze in Aktivsätze umformulieren 100
Plagiatsvorwürfen entgehen 143
Prädikat 99
Präsens 101
Präsentation der Abschlussarbeit 140
Präteritum 101
Praktische Arbeiten 29
Prinzip der Gleichheit 117
- der Nähe 117
Problemstellung 47, 109
Projektablaufplan 32

- Abschlussarbeit 40
- Arbeitsschritte 33
- Bachelorarbeit 35
- Durchführung 41
- Form 34
- Masterarbeit 38
- Unsicherheiten 33
Projektmanagement 16
Projektskizze 18, 63
- Gliederung 64
- Literaturverzeichnis 64
- offene Übung 65
- Textprobe 64
- Themenstellung 64
- Zeitplan 64
Prozesse 135, 137
Psychologie des Betreuers/der Betreuerin 55, 61
Publikationsformen 53
Punktdiagramm 123, 129
- erstellen 129

Q
Quellen 144
- korrekt ausweisen 143
- studentische Abschlussarbeit 144
- in den Text einbeziehen 151
- zitierbare 144
- zitieren 143
Quelltexte im Anhang 195

R
Rangliste 124
Recherche, systematische 50
- unsystematische 52
Recherchetechniken 49
Recherchewege 54
Rechnung 70
Rechnungen 29
- und Beweise 83
Rhetorische Mittel 106

S
Säulendiagramm 123, 128
Satzbau 97
- einfacher 97

– komplexer 98
Satzkonstruktionen 59
Schlussfolgerung 111
Schreibphase 43
Shibboleth-Zugang 50
Simulationen 70
Spannung 106
Sprache und Stil 59
Sprachliche Merkmale 96
Sprachniveau 105
Stand der Forschung 143
Standardgliederungen 68, 95
– Arbeiten, praktische 69, 81
  – theoretische 69, 81
– Aufgabenstellung, genaue 71
– auswählen 67
– Entwicklung einer Versuchsanordnung 73
– Experiment 71
– Feldversuch 72
– Literaturarbeit 76
– Rechnung 74
– Simulation 75
Stil 58
– eigenen, entwickeln 57
– und Sprache 96
Stilempfinden 94
Stöbern, in der Bibliothek 52
Studentische Texte in Abschlussarbeiten 55
– Zitierbarkeit 54
Subjekt 99
Substantivierung 100
Suchergebnisse eingrenzen 50
Systematische Recherche 50

T
Tabellarischer Zeitplan 25
Tabellen 113, 114, 117, 139
– Beschriftung 139
– Diagramme 119
– DIN 1338 119
– Einheiten 119, 121
– einheitliche Schriftgröße und -art 121
– Erläuterung 139
– Fehlerquellen bei der Erstellung 120
– Formelzeichen 119

– Funktionen 119
– Fußnotenzeichen 121
– Positionierung im Text 139
– Sonderzeichen 121
– Zahlenwerte 121
Tabelleneinträge 117
Tabellengitter 118
Tabellenkopf 117
Tabellenlayout 117
Tabellenüberschrift 117
Tabellenverzeichnis 193
Technische Zeichnungen 138
Tempus 101
Test und Optimierung 83
Texte gliedern 66
– prüfen 197
  – Argumentationsstrukturen 200
  – Ausdruck und Stil 201
  – formale Kriterien 204
  – Inhalt und Logik 200
  – Korrekturkriterien 198
– wissenschaftlich formulieren 92
Textfluss 104
Textgestaltung 104
Textprobe 63
Thema bearbeiten 44
– eingrenzen 44, 45
– entwickeln 44
– organisieren 43
– suchen 13, 16, 43
Themenvergabe 44
Themenwahl 12
Theorie/Grundlagen 81
Theorieteil 94
Titelwahl 45
Tortendiagramm 123, 126
Transparenzfunktion 133
Trichtermethode 107
Trichtermodell 107

U
Übernahme von Informationen, Daten 152
– Ergebnisse 152
Uniform Resource Locator (URL) bei Literaturangaben 183
Universitätsbibliotheken 54

Unsystematische Recherche 52
Untersuchungsergebnisse 94
Untersuchungsgebiet 82
Urheberrecht 143
Urheberrechtsgesetz 170

V

Vergleichstyp 122, 123
Vergleichstypen nach Zelazny (2007) 124
Verhalten von Betreuer/in beobachten 62
Verständlich Schreiben 92
Verständlichkeit 99, 115
Versuchsanordnung, Aufbauten 135, 137
– Entwicklung 70
Vertrauenspersonen 174
Verzeichnisse erstellen 177
Visualisierungen 113
– Leitfragen für die Gestaltung 114
Vollbeleg 184
Volltextsuche 50
Vorgehensweise 47

W

Wertmaßstäbe von Betreuern/
  Betreuerinnen 62
Wikipedia 144
Wortwahl 105

Z

Zeitform 101
Zeitplan 23, 24, 26
– Arbeitsprozess einer Literaturarbeit 30
  – einer Rechnung 28
  – für praktische Arbeiten 27
– tabellarischer 25
Zeitplanung 24
– Meilensteine 31
Zeitreihe 124
– als Säulendiagramm 128
– mit Anteilsvergleich 128
Zielsetzung 47
Zitat, direktes 145
– indirektes, Paraphrase 145
Zitationssystem 143
– APA Style 148
– DIN ISO 690 146
– Harvard (Name-Datum-System) 147
– numerisches 147
– verkürztes, Harvard 147
– Vor- und Nachteile 149

Zitierbarkeit 144
Zitieren 143
Zusammenfassung und Ausblick 84

Abschlussarbeit leicht gemacht

Susanne Kühl, Michael Kühl
Die Abschlussarbeit in den Life Sciences
Ein Leitfaden für Studierende
ISBN 978-3-8252-4449-1
Ulmer. 1. A. 2016.
160 S., 7 Abb., 3 Tab.
€ 11,99 | € (A) 12,40

Ein Leitfaden für Studierende

Das Buch stellt einen Leitfaden für Studierende der Lebenswissenschaften zum Verfassen von Bachelor-, Master- und Doktorarbeiten dar. Zu Beginn wird der Fokus auf ein optimales Schreib- und Zeitmanagement gelegt. Im mittleren Teil beschreiben die Autoren das optimale Herangehen an die Einzelkapitel einer Arbeit. Eine kurze exemplarische Abschlussarbeit rundet das Buch ab. Geeignet für die Bereiche Biochemie, Biologie, Biomedizin, Medizin, Molekularbiologie, Molekulare Medizin.

Mehr unter www.utb-shop.de

Praxisratgeber für Studierende

Cornelia Estner, Wolfgang Öchsner
Prüfungen erfolgreich bestehen in den Life Sciences
ISBN 978-3-8252-4574-0
Ulmer. 1. A. 2016.
160 S., zahlreiche Checklisten, Tipps und Übersichten, 5 Abb., 12 Tab.
€ 9,99 | € (A) 10,30

Ausgerichtet auf die speziellen Erfordernisse in den Studiengängen der Lebenswissenschaften vermittelt der Praxisratgeber alles, was für die erfolgreiche Vorbereitung schriftlicher, mündlicher und praktischer Prüfungen wichtig ist: Prüfungsformate, Übungsgruppen, Zeitmanagement, Lernstrategien, Umgang mit Prüfungsangst, Rechtliches u.v.m. Mit hilfreichen Checklisten!

Mehr unter www.utb-shop.de

Für eine erfolgreiche Prüfungsvorbereitung

Jutta Schmid, Joanna Fietz
Prüfungen erfolgreich bestehen im Fach Ökologie
ISBN 978-3-8252-4568-9
Ulmer. 1. A. 2016.
182 S., 43 farb. Abb.
€ 12,99 | € (A) 13,40

Die Autorinnen dieses Titels vermitteln eine kompakte und strukturierte Übersicht über das Fach Ökologie. Die Teilgebiete der Ökologie werden in acht thematisch aufeinander abgestimmten Kapiteln mit Verständnisfragen und ausführlichen Antworten erörtert. Zahlreiche anschauliche Beispiele ordnen die Fragen in einen Gesamtzusammenhang ein. Zusätzliche Transferfragen dienen der ergänzenden Lernzielkontrolle und zeigen, ob gelerntes Wissen auch problemlos auf andere Bereiche übertragen werden kann.

Mehr unter www.utb-shop.de